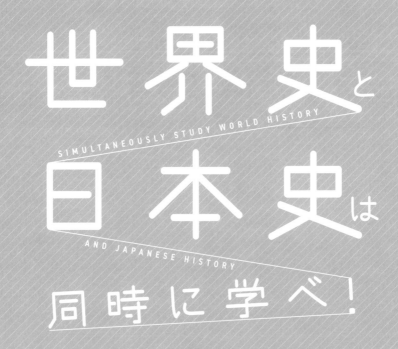

世界史と日本史は同時に学べ！

山﨑圭一

はじめに

世界史と日本史は「ヨコの視点」で同時に学べ！

　私は、高校の地理歴史の教員として20年以上、世界史や日本史の授業を行ってきました。また、YouTuberとして、世界史や日本史の授業動画も配信しています。

　こうした活動を続けていくうちに気づいたことがあります。

　それは、授業の感想や、動画のコメントの中に、「世界史を学んでみると、日本史がこれまで以上に面白く感じられる！」という声がとても多いということです。

　日本史が何倍も面白くなるのには、ちゃんと理由があります。日本も世界の「一部」であり、世界の中のひとつの地域だからです。

　世界史を学んだうえで、日本がどのようにその中で動いたかということを学ぶことで、理解がより深くなり、面白くなるということなのです。

　高校に、「世界史」「日本史」「地理」をひとまとめにした「地理歴史科」という教科があるように、「世界史」「日本史」「地理」の3つの科目には密接なつながりがあります。

　2023年に出版した拙著『世界史と地理は同時に学べ！』では、「世界史」と「地理」が両方とも深くかかわる事件や事柄を選び、世界史と地理の両方の視点から読み解きました。

　その第2弾として、本書では、世界の歴史と日本の歴史を切れ目なく見渡すことができる23枚の歴史地図を用いることで、「世界史」と「日本史」

を同時に学べる内容にしました。

　具体的には、次の2つの工夫により、世界史と日本史をつなげています。

①世紀ごとの歴史地図を用いて、「ヨコの視点」で世界と日本を同時に
　とらえる
②世紀ごとに、世界史と日本史の「接点」となるトピックを取り上げて
　解説

　近年、高校の歴史教育において、近現代の世界史と日本史を合わせて学ぶ「歴史総合」という科目が登場しました。本書はこの「世界史の中の日本史」という考え方を、近現代のみならず、古代から現代まで広げています。

　学生時代の「科目」の影響もあるかもしれませんが、多くの人が「世界史」と「日本史」を別物として考えがちです。しかし、日本もあくまで世界の中のひとつの地域であり、世界の動きに影響を及ぼしたり、及ぼされたりしながら存在しています。

　ひとりでも多くの人に「世界史」でも「日本史」でもない、ひとつの「歴史」を学んでほしい、という思いでこの本を書きました。

　本書が、歴史を見る新たな視点を持つきっかけとなれば幸いです。

2024年10月

山﨑圭一

CONTENTS

はじめに 世界史と日本史は「ヨコの視点」で同時に学べ！ 2

ホームルーム 23枚の歴史地図でつながる世界史と日本史 6

紀元前	**人類の誕生と紀元前の世界** .... 9 〜縄文時代から弥生時代へ〜
1・2世紀	**つながる東西の大帝国** .... 17 〜後漢王朝にアクセスする日本〜
3・4世紀	**「3世紀の危機」の混乱時代** .... 33 〜倭国大乱と女王卑弥呼〜
5・6世紀	**外来の民族による国家建設** .... 49 〜大型前方後円墳が造られた日本〜
7世紀	**社会に秩序をもたらしたルール** .... 65 〜律令国家へ向かう日本〜
8世紀	**繁栄する東西帝国の都** .... 81 〜仏教を重視した奈良の天皇〜
9世紀	**再び分裂・衰退の時代に** .... 97 〜藤原北家の権力伸長〜
10世紀	**武人勢力の伸長** .... 113 〜律令制の崩壊と文化の国風化〜
11世紀	**複雑化する権力構造** .... 129 〜摂関政治と院政の時代〜
12世紀	**武人たちが競演した時代** .... 145 〜平氏政権と鎌倉幕府の成立〜
13世紀	**ユーラシアをまたにかけたモンゴル帝国** .... 161 〜執権政治の展開〜
14世紀	**「14世紀の危機」と長期戦乱** .... 177 〜南北朝の争乱の時代〜

15世紀	つながる海のネットワーク ·········· 193
	～室町幕府と日明貿易～
16世紀	国家を率いる「国王たちの世紀」 ·········· 209
	～戦国を勝ち上がった信長と秀吉～
17世紀	「17世紀の危機」とアジアの安定 ·········· 225
	～江戸時代の始まり～
18世紀	産業革命の始まりと新興国の成長 ·········· 241
	～改革を試み続けた江戸幕府～
革命の時代 (1760ごろ～1815)	アメリカとフランスで芽生えた民主主義 ·········· 257
	～寛政の改革の時代～
19世紀前半 (1815～1848)	革命の嵐が吹き荒れたヨーロッパ ·········· 273
	～「嵐の前の静けさ」の日本～
19世紀後半 (1848～1880)	大英帝国栄光の時代 ·········· 289
	～ペリーの来航と明治維新～
帝国主義と 第一次世界大戦 (1880～1915)	列強による「世界分割」の時代 ·········· 305
	～日本の近代化と日清・日露戦争～
ロシア革命と 戦間期の世界 (1915～1928)	世界が平和に向かう第一次大戦後の世界 ·········· 321
	～大正デモクラシーと関東大震災～
世界恐慌と 第二次世界大戦 (1929～1945)	経済危機がもたらした世界の分断 ·········· 337
	～戦争の道へと歩んだ日本～
冷戦の時代 (1945～1980)	核兵器を持ってにらみ合った米ソ ·········· 353
	～敗戦国から経済大国への道を歩んだ日本～
グローバル化が 進む世界 (1980～)	テクノロジーの発達が促した世界の一体化 ·········· 369
	～相互に関連し合う世界と日本～

おわりに ·········· 383

世界史と日本史は同時に学べ！

ホームルーム

23枚の歴史地図でつながる世界史と日本史

本書の2つの特長

「はじめに」でもお話ししましたが、「世界史」と「日本史」を別々のものとして考えがちです。そこで本書では、「世界史と日本史」をつなげた「ひとつの歴史」という見方をみなさんにお見せしたいと思います。具体的には、次の2つの特長があります。

特長① 世紀ごとの歴史地図を用いて、「ヨコの視点」で世界と日本を同時にとらえる

本書は、**世界の歴史を世紀ごとに分け、その世紀の歴史地図を見ながら、おおむね西から東に向かって、いろいろな地域の歴史について説明しています**。世界史と日本史を同時に学ぶには「地図を利用し」「ヨコの視点」から見ることが有効なのです。

その世紀の世界の様々な地域について学んだうえで、「最後のピース」として世界の動きの中に日本史をはめ込むと、その時代の「歴史の完成図」になるというわけです。

本文中の日本史は「世界の歴史の中のひとつの地域として日本史が記述されるならばこのようになるだろう」という考えのもと、主要な事件や世界史との関連が深い事項を選んで記述しています。

私が過去に出版した『一度読んだら絶対に忘れない世界史の教科書』『一度読んだら絶対に忘れない日本史の教科書』では年代を使用しませんでしたが、本書ではさまざまな事件が起きた年代を積極的に紹介しています。

その世紀に視点を固定することで（17世紀の章で登場する年代はすべて、上2ケタが必ず「16」から始まるというような、学ぶうえでの「安心感」

があるために)、年代の把握も容易になるはずです。

 特長② 世紀ごとに、世界史と日本史の「接点」となるトピックを取り上げて解説

　世紀ごとに世界史と日本史をつなぐ手がかりとなる「接点」として、「時代を読み解く」ためのトピックを各世紀の冒頭に取り上げています。
　14世紀の「百年戦争」と「南北朝の争乱」が14世紀の危機といわれる「気候変動」でつながったり、18世紀の「七年戦争」と「清の人口増加」と「享保の改革」が「イモ」でつながったり、第一次世界大戦後の世界における「アメリカの繁栄」と「関東大震災」が「ラジオ放送」でつながったりするのです。
　この接点を年代の「目安」として把握することで、世界をまたいだ時代の「横軸」が浮かび上がるのです。

 時代区分と取り上げる事件について

　本書は、おおむね世紀ごとに分割して、その時代を「ヨコ」に見ていきます。本編は1世紀からですが、紀元前についても、補足的に「序章」として概要を説明しています。
　本編はおおむね、1世紀ごとに区分していますが、時代が進むにつれて情報量が増加する傾向にあるため、1世紀から6世紀までは2世紀ごと、7世紀から17世紀までは1世紀ごとにまとめました。そして、18世紀後半以降は、それぞれの場面に応じて、「革命の時代」「帝国主義と第一次世界大戦」「ロシア革命と戦間期の時代（第一次世界大戦後の世界）」「世界恐慌と第二次世界大戦」「冷戦の時代」「グローバル化の時代」と細分化しました。
　本文で取り上げた事件は、おおむねそれぞれの世紀の中で起きていますが、その世紀にかかわりの深い事件などについては、前後10年ほどの幅をもってその世紀に含めている場合もあります。

本書の地図について

　本書で用いている地図は、その世紀を1枚で表現しようとした「模式図」です。その世紀の前半に滅亡した国家と、その世紀の後半に成立した国家など、本来同時に存在していない国家を両方とも表記している場合もあります。

 「ひとつの歴史」という見方が身につくと……

　「ひとつの歴史」という見方がみにつくと、世界史の話題が出てきても、日本史ではどの時代にあたるのかということが、すぐに頭に浮かぶようになります。旅行や映画、文学などのコンテンツをさらに楽しむことができるようにもなります。

　また、本書は、社会人向けの歴史入門書ではありますが、みなさんの中には、中高生や受験生もいるかもしれません。日本史を主として学習する中学生であれば、「同じころに世界ではなにが起きていたのか？」という興味を満たすことができたり、日本と世界の歴史を融合させて学ぶ高校生の「歴史総合」の学習にも使えたりするはずです。

紀元前

人類の誕生と
紀元前の世界

~縄文時代から弥生時代へ~

人類の登場と新人の移動

約700万年前に始まった人類の歴史

世界各地に広がった人類の祖先

46億年の地球の歴史の中で、類人猿から直立二足歩行を行うヒト族が分かれたのは今から700～600万年前のことです。

猿人、原人、旧人などヒト族にあたる様々な人類の登場を経て、私たちと同じ現生人類に属する新人（ホモ＝サピエンス）がアフリカに登場したのは約20万年前のことです。新人の居住地は次第に広がり、数万年前ごろまでには世界各地に分布するようになりました。西南ヨーロッパのクロマニョン人や中国の周口店上洞人などがその代表です。新人は薄く石を加工した精巧な剥片石器をつくり、骨や角でつくった骨角器を用い、狩猟や採集、漁労などによって生活しました。

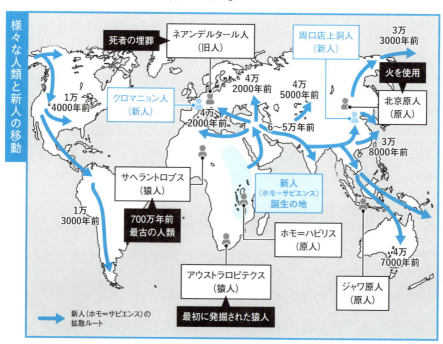

様々な人類と新人の移動

紀元前20世紀以前の世界

農耕が始まり大河の流域で文明が生まれた

🔍 人口を飛躍的に増加させた灌漑農業

　今から約1万年前ごろに氷期が終わって気候が温暖化し、約9000年前の西アジアで、麦の栽培や家畜の飼育が始まりました。初期の農耕は雨水に頼り、収穫が少ないものでした。しかし、水のある場所から水をひくという灌漑農業が始まると、食糧生産が増え、より多くの人口をやしなうことが可能になります。こうしてエジプトやメソポタミア、インダス川周辺、黄河や長江の流域をはじめとする各地に人口が集中して文明が誕生し、宗教や交易の中心である都市が生まれました。

　日本では、今から1万6000年前ごろから土器や弓矢、磨製石器を特徴とする縄文文化が始まり、縄文時代に入りました。

紀元前20世紀〜紀元前11世紀

様々な文明と接触した インド＝ヨーロッパ系の民族

🔍 ユーラシア大陸西部の民族のもととなったインド＝ヨーロッパ系

紀元前2000年ごろから、**インド＝ヨーロッパ系**の民族が各地に広がりました。彼らは馬にひかせる戦車を用い、様々な文明と接触しました。

小アジアの**ヒッタイト王国**や、エーゲ海周辺に南下した**ギリシア人**、イラン高原に居住した**ペルシア人**、インドに侵入した**アーリア人**、また、**ケルト人**や**ラテン人**、**ゲルマン人**、**スラヴ人**など、ヨーロッパ各地の民族もインド＝ヨーロッパ系にあたります。このインド＝ヨーロッパ系の起源は、南ロシアの草原地帯と考えられています。一方で、中国の黄河流域では高度に発達した青銅器を特徴とする**殷**王朝があらわれました。

このころの日本は、縄文時代の晩期にあたります。

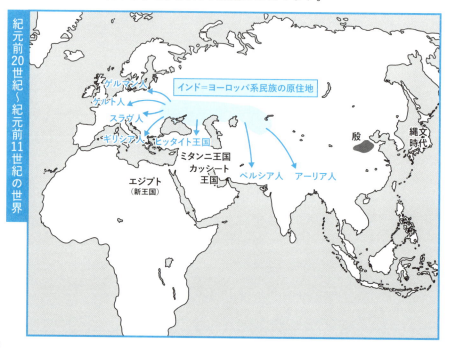

紀元前20世紀〜紀元前11世紀の世界

紀元前10世紀〜紀元前7世紀

生産力と軍事力の増大をもたらした鉄器の使用

紀元前

初の世界帝国となったアッシリア

　この時代の特徴は、鉄器の広がりです。前1000年を過ぎると鉄器が広く使用され、生産力や軍事力の増大をもたらしました。

　紀元前7世紀には、鉄製の武器を用い、強大な軍事力をほこった**アッシリア**がオリエントを統一しました。歴史上、初めて多数の民族を支配することになったことから、アッシリアは「帝国」の名をつけて呼ばれます。

　紀元前11世紀、中国では**周**王朝が殷王朝にとってかわりましたが、紀元前8世紀には内部対立で弱体化し、春秋時代の戦乱期になります。日本は縄文時代の最末期にあたり、紀元前8世紀ごろから九州北部で水田による米づくりが始まりました。

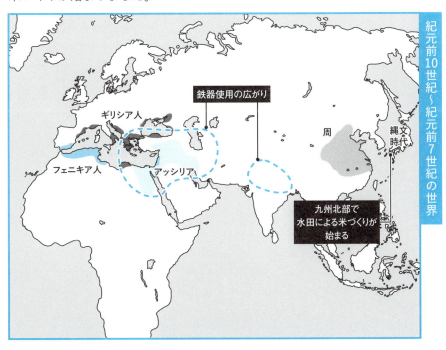

紀元前10世紀〜紀元前7世紀の世界

紀元前6・5世紀の世界

「史上初の世界帝国」ペルシア帝国

ペルシア帝国の最盛期と大思想家の時代

　紀元前6世紀から紀元前5世紀の地図では、多くの民族を服属させた「初の世界帝国」ともいわれるアケメネス朝ペルシア帝国の存在感が際立っています。紀元前5世紀前半、アケメネス朝は数度にわたってギリシアに侵攻するものの、撃退されています（ペルシア戦争）。

　また、この時代にはギリシアのソクラテス（前470頃～前399）、仏教を生んだガウタマ＝シッダールタ（前563頃～前483頃）、中国の孔子（前551頃～前479）など、多くの哲学者・思想家が活動しています。

　日本では紀元前5世紀から4世紀ごろに水田での米づくりが東日本にまで広がり、農耕を特徴とする弥生文化が始まります。

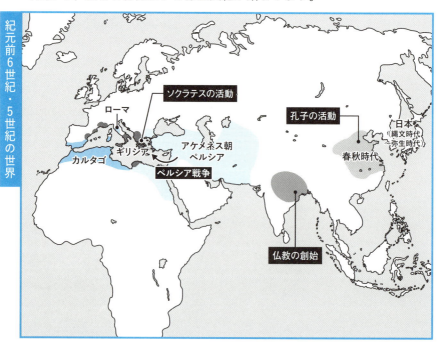

紀元前6世紀・5世紀の世界

紀元前4・3世紀の世界

英雄アレクサンドロスの大帝国

紀元前

🔍 ペルシア帝国を滅ぼし東西をつなげた若き英雄

　この時代の主役は、大帝国を築いた英雄**アレクサンドロス**です。ちょうど、前の時代のペルシア帝国の領域が、アレクサンドロスの帝国に置き換わっているように見えます。これは、アレクサンドロスが行った「東方遠征（前334～前324）」の結果、アケメネス朝ペルシア帝国が滅びたからです。**アレクサンドロスの帝国はギリシアからインドの北西まで及び、東西の文化が融合したヘレニズム文化が生み出されました。**

　インドでは、アレクサンドロスの遠征に刺激され、統一のムードが高まり、紀元前4世紀末にはマウリヤ朝という王朝が成立します。中国では、春秋時代から戦国時代へ、それから始皇帝が治める秦に移行しています。

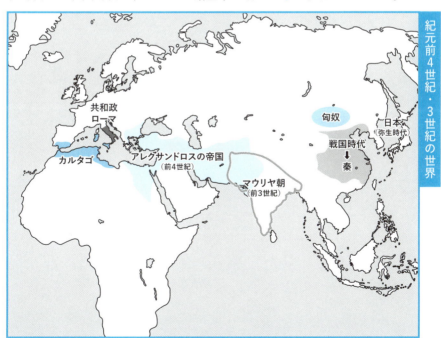

紀元前4世紀・3世紀の世界

15

紀元前2・1世紀の世界

東西で成長した 共和政ローマと前漢王朝

🔍 カルタゴを破って地中海の覇者となったローマ

　紀元前2世紀から紀元前1世紀ごろの地図には、東西に**ローマ**と**前漢**という有名な国家が存在しています。ローマはまだ皇帝が存在しない「**共和政**」の段階で、**ポエニ戦争**（前264〜前146）において、北アフリカを中心に地中海に大きな勢力をほこるカルタゴという国家を破り、地中海を支配しようとしていました。**前漢**は紀元前3世紀の最末期に成立しましたが、当初はモンゴル高原の遊牧国家である**匈奴**にかなり圧迫されており、**武帝**（前141〜前87）が匈奴を破るまで、事実上の属国のような存在でした。

　この時代の日本は、「**倭**」と呼ばれており、前漢に使者を送る者がいたということが前漢の歴史書の『漢書』に記されています。

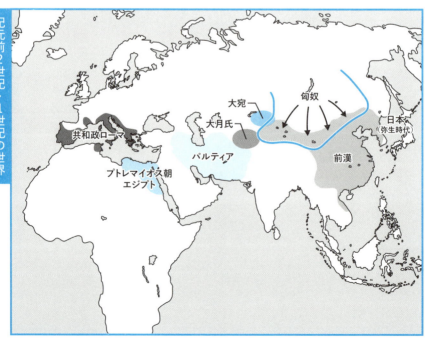

紀元前2世紀・1世紀の世界

1・2世紀

つながる東西の大帝国

~後漢王朝にアクセスする日本~

1・2世紀の世界

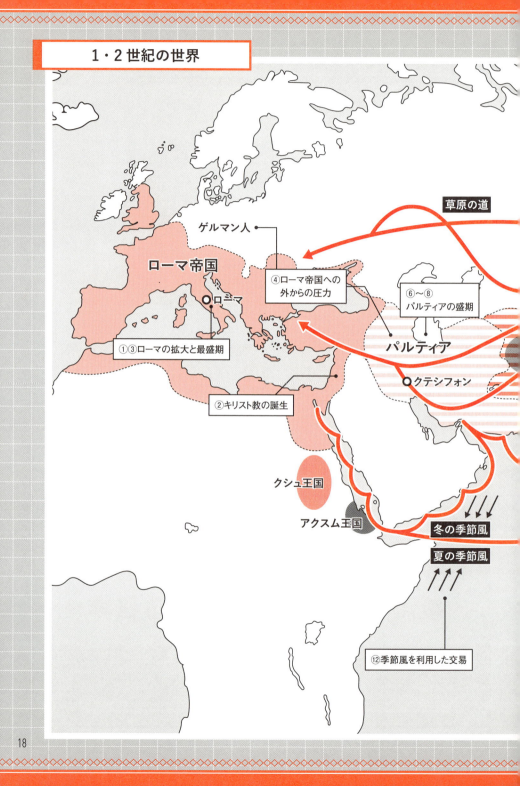

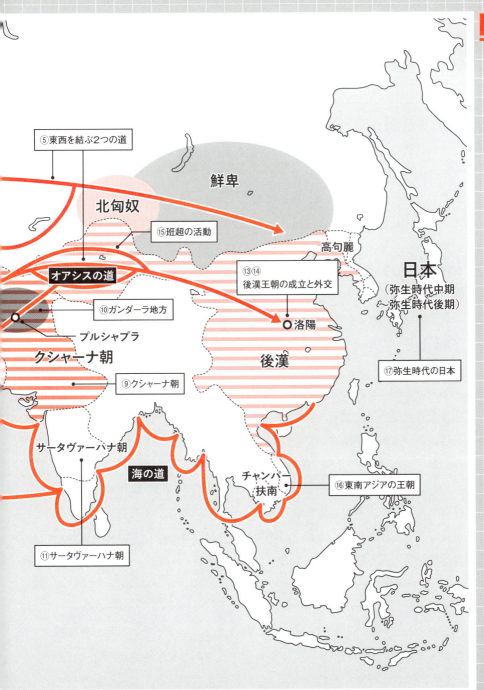

1・2世紀を読み解く

東西の帝国がつながる
シルクロード最初の発展期

🔍 東西交流の歴史を示す少女のミイラ

　イタリアの「東京駅」にあたるローマのテルミニ駅。この駅のそばにローマ国立博物館のひとつであるマッシモ宮があります。この博物館には、古代のローマ帝国時代の遺物が豊富に展示されています。

　この博物館の「目玉」の展示品のひとつが、「グロッタロッサの少女」といわれる、8歳ぐらいの少女のミイラです。2世紀のローマ帝国時代の少女のミイラがお棺や副葬品とともに展示されているのですが、小ぶりながらも神話の世界が彫刻されている棺や、身にまとった絹の服、そして宝石や象牙の副葬品など、大切に育てられた少女だったことがわかります。ローマの時代にはこのようなミイラの作例は珍しく、この少女を含めても数例しかありません。

　なぜ、このようなミイラの話をしたかといえば、**この少女のミイラこそが、1世紀から2世紀にかけての、活発な東西交流を示す好例だからです**。身にまとった絹は中国の、ネックレスにつけられたサファイアは南インドの、象牙の人形はインドの生産品です。

　そうした世界各地の産物がエジプト文化の影響を受けたミイラとともに存在する（少女の家は、当時流行したエジプトの神に対する信仰を持っていたようです）ということは、**当時のローマは、ユーラシア大陸全域からの産物が手に入る状況にあったということです**。

🔍 シルクロードが最初の繁栄を迎えた1～2世紀

　このような少女のミイラが出土した背景には、1～2世紀ごろの世界情勢があります。この時代は「シルクロードが最初の繁栄を迎えた時代」といわれ、東西に安定した統治を行っていた大帝国が並び、活発に交易して

いたのです。

西から見ていくと、ヨーロッパや地中海には**ローマ帝国**、メソポタミアやイランには**パルティア**、インドには**クシャーナ朝**、中国には後漢王朝と、歴史に名を刻む大帝国が同時に存在しており、これらの王朝同士が、シルクロードを通して活発に交易していたのです。

「シルクロード」は、一本の道というわけではなく、多くの交易ルートからなっていました。それぞれの交易ルートを大きくまとめると、「**草原の道**」「**オアシスの道**」「**海の道**」の3つに分かれます。

「草原の道」はシルクロードの中でも最も北に位置しており、牧畜を営む遊牧民がたてた遊牧国家が交易を担っていました。

「オアシスの道」は、草原の道のやや南に位置し、中国の西から、インドの北部、そして現在のウズベキスタンやトルクメニスタンに位置し、山麓や砂漠のオアシスの町を結んでいました。これらオアシス都市の民族は、時に中国やインド、イランなどの国家の支配下に置かれながらも東西交易に従事しました。

そして、「海の道」は、エジプトやアラビア半島、インド、そして東南アジアから中国までの、港町を結ぶ海上交易ルートです。

こうした交易ルートが、ローマ帝国、パルティア、クシャーナ朝、後漢王朝の安定期を背景にそれぞれの都市を結び付け、この時代に「道」として十分に機能し始めたのです。

🔍 倭のクニの王が「金印」を授かった時代

この時代の日本は、弥生時代の中期から後期にさしかかる時代でした。日本には多くのクニが存在しており、**その中の有力なクニが中国の後漢王朝に使者を送り、その権威を背景にして、他の国に対して有利な立場を得ようとしていたのです**。特に知られるのが、「漢委奴國王」の金印を授かった奴国の王です。また、日本の人物の名前が歴史書に初めて記載されたのもこの時代です。

1・2世紀の地中海、ヨーロッパ

名君たちによってもたらされた「ローマの平和」

クローズアップ ①「尊厳者」によって幕をあけたローマの帝政

　１世紀の始まりは、ローマの帝政の始まりでもありました。ローマは、イタリア半島の都市ローマを中心に、地中海一帯からヨーロッパにかけての広い地域を支配した古代の国家です。**ひとくちに「ローマ」といっても、前半の「皇帝がいない時代」の共和政の時代と、後半の「皇帝がいる時代」の帝政（いわゆる「ローマ帝国」）の時代に分かれます。**

　その帝政が始まった時代は、ちょうどこの１世紀の始まりごろです。詳しく言えばローマの初代の皇帝が紀元前27年に皇帝となり、その統治のうちに１世紀を迎えたので、「初代皇帝の時代が１世紀の始まり」ということになるのです。この、**「１世紀のスタート＝イエスの誕生のころ＝ローマの帝政の始まり」というのを、世界史の「原点」として把握しておくと、歴史を頭に入れるうえで、何かと都合がよいのです。**

　この、紀元前27年にローマの初代皇帝になった人物が**オクタウィアヌス**です。オクタウィアヌスは皇帝になったとき、「尊厳なるもの」という意味の「アウグストゥス」の名を与えられたので、初代皇帝としては「**アウグストゥス**」と呼ばれます。

　アウグストゥスは実質的には政治の権限のほとんどすべてを手にしていながらも、「元老院の第一人者」として、あくまでも有力者が集まった政治機関である元老院を尊重するというスタンスをとりました。このような、皇帝とはいえ、名目上は元老院の中でリーダーシップをとる人、という位置づけで政治を行うしくみのことを「**元首政**」といい、ローマの帝政の前期に位置付けられます。

　長い内乱を制して最高権力者となったアウグストゥスは西暦14年に亡くなるまで国家の再建を行い、長期にわたる帝政の基礎をつくりました。

クローズアップ ②パレスチナの地で産声をあげたキリスト教

アウグストゥスの治世の時代、帝国の東部に位置するパレスチナ地方で、のちの世界史に大きな影響を与える人物が登場します。それが**イエス**です。当時、パレスチナの地でおもに信仰されていたのは、ユダヤ教でした。

ローマ帝国におけるユダヤ人の生活は、楽ではありませんでした。当時のローマは、ユダヤ教の信仰自体は許容していたものの、ユダヤ人を対象にした税をかけており、さらに徴税人が本来の税より多くの税をとりたて、差額を懐に入れることが横行していたため、多くのユダヤ人が重税に苦しんでいたのです。

一方で、ユダヤ教の祭司たちは、貧困に苦しみ、救済を求める民衆の声に寄り添わず、こんなときだからこそ神から与えられた掟（律法）を守り、正義を実現しなければならないと、戒律と、それを守らない場合の神による罰を説いていました。

そうした中でイエスが登場し、「神は罰ではなく、愛を与えるのだ」という、神の愛と隣人愛を説き、ユダヤ教の司祭たちを形式主義だと批判したのです。「愛」という考え方が八方ふさがりのユダヤ教徒に受け入れられ、イエスの考えは広まっていきました。これが、**キリスト教**の始まりです。

しかし、イエスはあくまで、「ひとりのユダヤ教徒」として、ユダヤ教のありかたに疑問を唱えた、いわばユダヤ教の「改革者」にすぎません。ペテロやパウロといった、「使徒」と呼ばれたイエスの弟子たちやその後継者たちが、イエスの教えや行動をもとに「キリスト教」を始め、広めていったのです。現在では世界宗教となったキリスト教も、本章で扱う1世紀から2世紀の時代には弾圧の対象と見られていました。

クローズアップ ③ローマの最盛期「五賢帝」の時代

初代アウグストゥスの死後、2世紀の終盤にいたるまでローマの統治は安定していました（カリグラやネロといった、文学や映画などでも知られ

る「暴君」が登場し、内乱もしばしば起こりましたが）。特に、**1世紀末から2世紀後半にかけて登場した「五賢帝」といわれる皇帝たちの時代（96～180）は、政治と社会が最も繁栄した帝国の最盛期といわれています。**

　5人の皇帝を紹介すると、老人で治世は短いながらも、血縁関係のない地方の属州出身者（現在のスペイン）のトラヤヌスを後継者に指名した**ネルウァ帝**、帝国の最大領域をもたらした**トラヤヌス帝**、そして各地に防壁をつくり帝国の防衛を固めた**ハドリアヌス**、「最も平穏な時期であった」といわれる**アントニヌス＝ピウス**、そして、哲学者としても知られる**マルクス＝アウレリウス＝アントニヌス**です。

　この5人の有能な皇帝の下、ローマは地中海世界を安定して支配し、対外的にも優位に立ちました。帝国の周辺部には軍隊を派遣し、周辺の勢力の征伐にあたらせました。**軍隊を配置するということは、ローマの文化がその場所に根付くということになります。現在のロンドンやパリ、ウィーンは、もともとローマの基地だったところです。**

> ### クローズアップ ④「ローマの平和」と外からの圧力

　初代皇帝アウグストゥスから「五賢帝」の時代までは、おおむね、「**ローマの平和**」の時代と呼ばれています。強大なローマの力によって、地中海世界に平和が保たれていたのです。

　しかし、ローマにもライバル国家がいました。それが**パルティア**です。ローマ帝国の東方のパルティアに対して、ローマは圧倒的といえるほどの優位には立てませんでした。一時はローマがメソポタミアまで征服しましたが、その領地を維持できませんでした。

　また、ライン川の向こう側の周辺異民族、いわゆる**ゲルマン人**の諸勢力も、ローマの悩みの種でした。ローマはここに遠征軍を派遣しますが、西暦9年にローマ帝国軍が殲滅されるという大敗北を喫し、実質、ローマはライン川の向こうの征服をあきらめ、ライン川とドナウ川に沿った防衛線の構築に努めることになりました。

1・2世紀の草原・オアシス地帯、中東

交易で発展した
ローマのライバル国家パルティア

クローズアップ ⑤ユーラシアの内陸をつないだ草原・オアシスの民

交易路として活発にモノや人が移動した「草原の道」や「オアシスの道」などの交易に欠かせない存在が、中央ユーラシアの諸民族です。特に、草原の道をルーツにする遊牧民族は、機動力の高い騎馬軍団を持ち、内陸交易に携わりながらも、時には南方に広がる農耕民に対して軍事的に優位に立つこともありました。

一方で、「オアシスの道」に存在する民族は、大国の内部に取り込まれることが多く、その保護を受けながら、オアシスをつなぐ隊商交易に従事していました。

現在のイランやイラクの地域を中心とした**パルティア**と、北インドを中心とした**クシャーナ朝**は、1〜2世紀を代表する大国ですが、どちらも中央ユーラシアの遊牧民からおこった国家です。

クローズアップ ⑥交易で繁栄していたパルティア

紀元前3世紀、共和政と呼ばれていた時代のローマが、ようやくイタリア半島を統一したころに成立し、その後西アジアで勢力を拡大させたのが**パルティア**という国家です。

パルティアは、中央アジアの遊牧部族がイランの北西部に侵入して建国した国家です。ティグリス河畔のクテシフォンを拠点とし、ローマと中国を結ぶ東西の交易路をおさえ、特に絹の貿易で繁栄しました。

ローマが陸路で東方の産物を手に入れるには、パルティアが独占する交易路を使うことになるため、その中継交易でパルティアは繁栄したのです。パルティアの存在は中国でも知られ、「安息」と呼ばれました。これは建国者の「アルサケス」の音が由来だとされています。

1・2世紀
3・4世紀
5・6世紀
7世紀
8世紀
9世紀
10世紀
11世紀
12世紀
13世紀
14世紀
15世紀
16世紀
17世紀
18世紀
革命
19世紀前半
19世紀後半
帝国
戦間
恐慌
冷戦
グロ

25

⑦ ローマと互角に渡り合ったパルティア

　ローマ帝国とパルティアは、それぞれの勢力範囲を拡大させたことによって国境を接するようになり、対立関係となります。

　両者は互角といっていいほどの戦いを繰り広げ、パルティア側に侵入を試みるローマに対して、パルティアが撃退するというパターンが数多く繰り返されました。

　パルティアに最も打撃を与えたローマの皇帝が、ローマの「五賢帝」のひとりで、ローマに最大領域をもたらしたトラヤヌスです。**トラヤヌスはパルティアの首都クテシフォンを占領しました。一時はメソポタミアまで進出し、ペルシア湾に達するほどの領土を獲得しました。**

　しかしながら、ローマがメソポタミアの地を支配したのは115年から117年で、およそ2年間の「一時占領」にすぎませんでした。後継者のハドリアヌスは維持の困難さからこの地を放棄し、再びローマとパルティアはにらみ合いをする、という構図が続きました。

⑧ パルティアの軍事力を支えた軽騎兵

　パルティアの軍事力を支えたのは、遊牧民を由来とするパルティアならではの騎馬隊の運用です。

　パルティアは、弓矢を主体とする軽装備の騎兵を整備しました。そして、敵をひきつけてから馬首を返し、後退しながら馬上で振り向きざまに矢を射る「パルティアン=ショット」といわれる一撃離脱の戦法を活用しました。このような機動力を生かした戦法に、重装備のローマ兵は大いに苦しめられたといいます。

　ただ、ローマとの抗争は確実にパルティアの国力を奪いました。内部対立が激化し、2世紀後半には衰退が進みました。3世紀の初頭には、農耕民を由来とするササン朝によって滅ぼされてしまいます。それとともに、ローマの抗争相手もササン朝へと引き継がれました。

1・2世紀のインド

陸と海をつないだインドの2王朝

クローズアップ **⑨ローマとの交易で繁栄したクシャーナ朝**

　1世紀の前半、「オアシスの道」周辺の遊牧民の一部が南下し、インド北西部を支配した王朝が**クシャーナ朝**です。クシャーナ朝はインド（南アジア）の歴史に位置付けられることが多いのですが、もともとは中央ユーラシアの民族からおこった国家であり、**インドの王朝といっても、だいぶ北寄りに位置しています。**

　そのため、**東西の交易路が国家を貫いて存在している格好となり、クシャーナ朝は東西を結ぶ交易で大いに繁栄しました。**

　クシャーナ朝最大の「お得意様」はローマ帝国でした。クシャーナ朝はローマへ胡椒・宝石・象牙などを輸出し、反対にローマからはワインやオリーブ油などを輸入しました。インドの産物はローマの人々に高い需要がありました。輸出入額で見ると、**ローマがクシャーナ朝から購入する額のほうが多かったため、その代金としてローマの金が大量にクシャーナ朝にもたらされました。**この金を利用して、クシャーナ朝ではローマの貨幣の重量を基準とした金貨がつくられました。

　クシャーナ朝とローマの間には海を経由した交易路も結ばれました。クシャーナ朝が南下してインダス河の河口にまで達し、ローマと海で直接結ぶルートが開かれたのです。ローマ側にもこの交易路は大きなメリットがありました。間のパルティアを経由しなくなることで、パルティアに上乗せされる価格をおさえることができると考えたのです。

クローズアップ **⑩ガンダーラで花開いた仏教美術**

　クシャーナ朝はインドの王朝というよりも、中央ユーラシア遊牧民の王朝という性格が強い王朝でしたが、次第にインドの文化を受け入れ「イン

1・2世紀
3・4世紀
5・6世紀
7世紀
8世紀
9世紀
10世紀
11世紀
12世紀
13世紀
14世紀
15世紀
16世紀
17世紀
18世紀
革命
19世紀前半
19世紀後半
帝国
戦間
恐慌
冷戦
グロ

ド化」しました。また、クシャーナ朝の最盛期の王である**カニシカ王**は仏教を保護しました。東西の交易路を伝わってパルティア、中央アジア、中国などに仏教が広がるきっかけをつくりました。

クシャーナ朝の都になったプルシャプラの周辺を**ガンダーラ地方**といいます。**ガンダーラ地方ではギリシア文化の影響から、仏の姿を像にあらわすという、最初期の仏像がつくられました**。ギリシア彫刻の流れをくむ仏像であるために、鼻筋がとおった、どことなく西洋風の顔立ちをしており、ギリシア風の服を着ているなど、現代の人がイメージする仏像とは少し雰囲気が違います。このような様式の仏像を「ガンダーラ様式」、それを含むガンダーラ地方で発展した美術を「**ガンダーラ美術**」といいます。

クローズアップ ⑪海の交易で発展したサータヴァーハナ朝

クシャーナ朝は「インドの王朝」として認識されることが多いですが、由来は中央ユーラシアの民族からきており、かなり北によっています。この当時、インド洋に突き出た半島部（インド亜大陸）に存在していた国家が**サータヴァーハナ朝**です。

サータヴァーハナ朝はインド洋のど真ん中に存在していたため、**ローマ帝国と中国の後漢王朝の間に立ち、東西をつなぐ海上交易で繁栄していました**。特に、ローマ帝国との貿易が盛んで、ローマから大量の金貨がもたらされました。

クローズアップ ⑫交易に活用されたインド洋の季節風

クシャーナ朝やサータヴァーハナ朝に繁栄をもたらしたインド洋交易ですが、**この交易で大きな役割を果たしたのが、インド洋を吹き渡る季節風です**。夏にはユーラシア大陸が暖められて低気圧が発生し、大陸に向かう季節風が吹きます。冬にはユーラシア大陸が冷やされて高気圧が発生し、大陸から海へと風が吹きます。夏には東行き、冬には西行きにこの風を使うことで、商人たちはインド洋を横断することができました。

1・2世紀の中国、東南アジア

周辺国家にも大きな影響を与えた後漢王朝の外交

クローズアップ ⑬漢王朝を復活させた光武帝

　1世紀から2世紀にかけて、シルクロードの東の起点にあたる場所には、後漢王朝が存在しています。「後漢」があるということは、「前漢」王朝もあるのですが、1世紀のはじめに、この前漢王朝は皇帝の親戚筋にあたる王莽という人物に皇帝の位を奪われて滅亡してしまいます。

　西暦8年に王莽がつくった新という王朝は（「新」という王朝名に反して、極端な復古政治をとりました）反乱が勃発してわずか15年で滅びてしまいました。

　その混乱をおさめ、西暦25年に漢王朝を復活させたのが劉秀という人物です。この王朝は後漢と呼ばれ、劉秀は光武帝と呼ばれます。

クローズアップ ⑭日本だけではなかった「金印」の存在

　光武帝が漢を再興して後漢王朝をつくると、周辺の国家や民族は相次いで後漢との外交関係を結びます。このとき、中国と周辺の国家や民族は「冊封」という関係でつながります。

　冊封という外交関係は、**中国の王朝を君主、そして周辺の国家を臣下とみなしてつながりを持つ、という関係です**。このしくみのもとになっているのは（あくまでも中国の王朝側の視点の話ですが）、中国の皇帝は天から世のすべてを支配する天命が与えられた「天子」であり、周辺の国家や民族は、天子からその地を治めることを委ねられた臣下であるという考え方です。

　もちろん、この考え方は中国の王朝から見た「建前」にすぎず、周辺の民族や国家によって、実際に臣下のようにふるまう場合もあれば、ごく形式的に、名目上の主従関係を結ぶような場合もあります。

1・2世紀
3・4世紀
5・6世紀
7世紀
8世紀
9世紀
10世紀
11世紀
12世紀
13世紀
14世紀
15世紀
16世紀
17世紀
18世紀
革命
19世紀前半
19世紀後半
帝国
戦間
恐慌
冷戦
グロ

このしくみを利用して、周辺の国家や民族は中国と貿易したり、文化・技術を吸収したりすることができました。代わりに、中国の王朝は自らの支配が及ばない地域にも影響力を強め、相互の安全保障に役立てることができたのです。

　後漢初期は、新しい王朝を安定軌道に乗せようとした光武帝が、積極的に外交関係を求め、様々な国家と冊封関係を結びました。この、冊封のときに、周辺諸国は貢ぎ物を中国王朝に贈り（朝貢といいます）、冊封のしるしとして臣下としての辞令と印綬（印章と組みひも）を授けられました。この印章は金や銀、銅などの材質や、紫、青、黒などの紐の色で区別されており、材質や紐の色で、家臣としてのランクがわかるようになっています。**その印章のひとつが日本のクニの王が授かったといわれる「金印」なのです**。

　後漢は冊封関係を多くの国家や民族と結んだため、「金印」は日本だけのものではありません。じつは、日本以外の様々な国家や民族もそれぞれの材質と紐の色の「印綬」を授かっていたのです。

クローズアップ ⑮オアシスの道を確保した班超

　これまで見てきたように、世界史的に1〜2世紀は東西の交流が活発な時代でした。

　前漢のころから漢王朝はシルクロード、とりわけオアシスの道の国家と冊封関係を結び、間接的に支配しました。

　しかし、前漢から後漢に移行する漢王朝の混乱期に、中国の北方に位置する民族である匈奴の一派（北匈奴）が勢力を拡大させており、後漢の時代のはじめにはオアシスの道への十分な支配力を及ぼせない状況でした。

　そこで登場したのが、班超という人物です。

　班超の活躍時期は、おおむね光武帝の死後、2代皇帝から4代皇帝にまたがる時代です。歴史家の家に生まれた班超は、もともと文章の作成にあたっていた下級の役人でしたが、武将として能力を発揮し、**北匈奴を駆逐**

してオアシスの道を確保し、**西域都護（漢の北西一帯をおさめる役所の長官）になりました**。後漢が西の国家と交易できたのは、班超のおかげといっても過言ではありません。

オアシスの道一帯を支配する西域都護となった班超には、さらに西に存在する「安息」と呼ばれたパルティアや「大秦国」と呼ばれたローマ帝国などの国家の情報も入っていたことでしょう。

班超は1世紀の末に部下のひとりである甘英という人物をローマ帝国に派遣して、より西の世界を探ろうとしました。甘英はローマ帝国に辿り着けませんでしたが、西方の多くの情報を中国にもたらしました。

クローズアップ ⑯中国とインドの中継地点として発達した東南アジア

東西の活発な交流は、草原の道やオアシスの道だけでなく、**「海の道」も発展させました。その結果、中国とインドの中継地点にあたる東南アジアの沿岸の都市も発展することになります**。東南アジアは貿易の中継点として、そして香辛料や象牙、真珠やサンゴなどの物産の供給地として発展し、中国の文化とインドの文化の両方の影響を受けながら、独自の文化を築きます。

こうした状況下で、東南アジアに次々と国家が生まれます。

まず登場したのは、マレー半島や大陸部の沿岸にできた、**港市国家**と呼ばれる、港町を拠点にした交易を経済の基盤とする国家たちです。その後、徐々に内陸の農耕文化との結びつきを深め、広い領域を持つ国家も出現しました。その代表が、現在のタイ南部からカンボジア、ベトナム南部にいたる領域を持ち、「東南アジア初の王朝」と呼ばれることもある扶南です。扶南の主要な港であった**オケオ**の遺跡からは、インドの仏像や中国の銅鏡をはじめ、ローマ帝国の金貨も発見されており、活発な東西交易の様子がうかがえます。

また、ベトナム中部の沿岸には、後漢王朝から自立した林邑（チャンパー）が成立しています。この国家も、海洋交易で繁栄しました。

1・2世紀の日本

倭の王が後漢王朝とかかわり「金印」を授かった

クローズアップ ⑰弥生時代中期の日本

　1世紀から2世紀ごろは、弥生時代の中期から後期にさしかかり、「**クニ**」と呼ばれる多数の小国家が存在していた時期です。

　中国の歴史書の『**後漢書**』には、西暦57年に倭の「クニ」のひとつである奴国が後漢王朝に朝貢し、光武帝から印綬を授かったことと（「**漢委奴國王**」の金印と考えられています）、107年には倭国王の「帥升等」が生口160人を後漢の皇帝に献上したことが記されています。生口とは「生きている人」を示し、奴隷のことだと考えられています。これらの国家は、銅鏡や金属器などの大陸の文物や称号を手に入れることで、**他の小国家に対して倭国内での地位を高めようとしたと考えられます**。

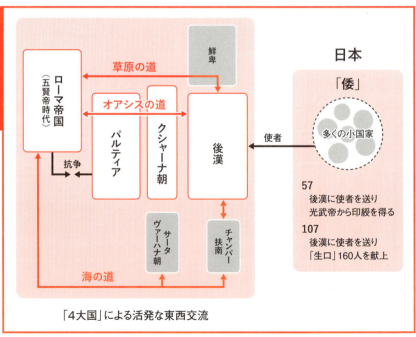

1・2世紀のまとめ

「4大国」による活発な東西交流

3·4世紀

「3世紀の危機」の混乱時代

～倭国大乱と女王卑弥呼～

3・4世紀の世界

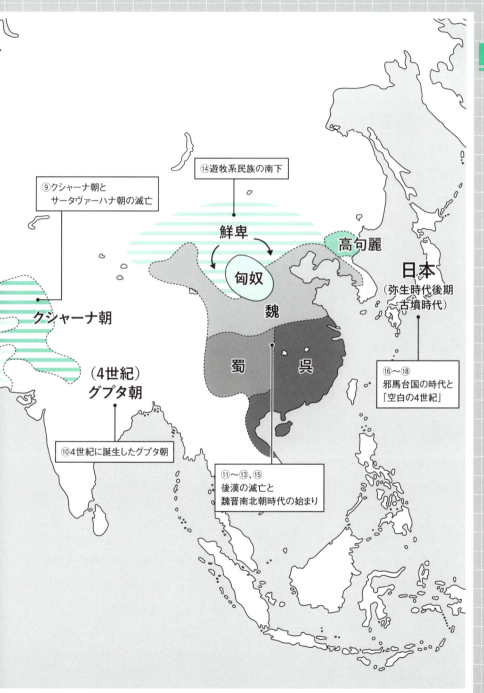

3・4世紀を読み解く

「大国の時代」から一転、「混乱の時代」へ

🔍 2世紀末から始まった危機の時代

　前章で「大国」として登場したローマ帝国や後漢、パルティアは、いずれも2世紀末に弱体化の時代を迎えます。詳しく見ると、いずれも西暦180年から190年の間に、変化を迎えています。

　ローマで五賢帝時代が終わり、混乱の時代にさしかかるのが180年、中国で後漢王朝が滅びるもととなる黄巾の乱が起きたのが184年、そしてパルティアは190年代に起きた大規模な反乱とローマの攻撃により大幅に弱体化します。日本でも、180年代に「倭国大乱」と呼ばれる混乱期のあったことが中国の歴史書に書かれています。不思議と、2世紀末という同時期、しかもだいぶ近い時代に世界の各地で国家の弱体化につながる変化が起きているのです。そして、その変化が3世紀の本格的な混乱の時代を招くことになるのです。

🔍 歴史ファンのロマンをかきたてる「卑弥呼」と「諸葛孔明」

　古代史にロマンを感じる歴史ファンにとって、邪馬台国とその女王卑弥呼は特別な響きを持つ言葉でしょう。邪馬台国がどこに存在したのか、卑弥呼はどんな人物だったのか、俗説を含めて日本各地で「ここが邪馬台国だった！」と、様々な推測がされています。

　また、歴史ファンにとって、中国の『三国志』の時代や、その中に登場する諸葛孔明という名前も、特別な響きを持つ言葉です。弱小勢力だった主君の劉備玄徳に仕えて軍師になり、あっと驚くような奇策を用いたり、大軍を手足のように動かして敵を破ったりして、主君の劉備を三国の一角にまで押し上げるという、小説『三国志演義』の諸葛孔明のストーリーは、読む者の胸を熱くさせます。

じつは同時代に活躍した卑弥呼と諸葛孔明

古代日本の人物である卑弥呼と、『三国志』の登場人物である諸葛孔明は、一見、別の世界の人物のように見えます。**しかし、この2人は、同じ時期に活躍した人物という共通点があるのです**（卑弥呼のほうがお姉さんですが、没年は諸葛孔明のほうが早いので、諸葛孔明の生きた年代は卑弥呼の年代とすべてかぶります）。

2人の活躍には、**ともに2世末から3世紀にかけての「乱世」が背景になっています**。卑弥呼はなかなかおさまらない「倭国大乱」の中で共同の王に立てられ、ようやく乱がおさまったとされる人物です。諸葛孔明は「黄巾の乱」から続く群雄の争乱期に登場しています。

卑弥呼と諸葛孔明をつなぐ「魏」の存在

それもそのはず、じつは、**この2人は同じ書物によって世に知られているのです**。それが、三国時代の歴史書『三国志』です。

『三国志』は、3世紀末に陳寿という人物が書いた三国時代の歴史書です。「三国」とあるように、中国の三国時代の国家である「魏」「蜀」「呉」に対応した、「魏志」「蜀志」「呉志」の3つの歴史書からなります（多くの人がイメージする三国志は、中国の明王朝の時代に成立した、『三国志』に大幅な脚色が加えられた小説としての『三国志演義』です）。

諸葛孔明はこの『三国志』の中の「蜀志」において、「三国」のひとつである「蜀」の重臣として登場します。

一方、卑弥呼のほうはどうでしょうか。諸葛孔明が三国志の中の「蜀志」に登場するように、卑弥呼は「魏志」のほうに登場するのです。（ここまで説明すると、わかった人もいると思いますが）いわゆる「魏志」倭人伝がそれにあたります。正確にいえば、「魏志」の中の、魏にかかわった異民族を扱った、「烏丸鮮卑東夷伝」の「倭人の条」に邪馬台国と卑弥呼の記述があり、それが「魏志」倭人伝といわれるのです。

「三国志」の中で、諸葛孔明は魏のライバル国家の蜀の軍師として魏を倒すために戦った人物であり、卑弥呼は自らの権威を高めるために魏と友好関係を結ぼうとした人物です。ここには、同じ「魏」という国家が登場しています。2人の活躍する時期が近いというのも、うなずける話です。

混乱の時代を生んだ「3世紀の危機」

こうした、「倭国大乱」や三国時代を生んだ2世紀末の混乱や、それに続く3〜4世紀の不安定な時代の背景はなんでしょうか。

そのひとつが、気候の変動といわれています。世界史では、「14世紀の危機」や、「17世紀の危機」のように、世紀に「危機」という言葉をつけて、不安定な時代であったことを表現しますが、この3世紀も「危機」の言葉をつけ、「3世紀の危機」と呼ぶ場合があります。**これらの時代はともに、世界的に気候が寒冷化した時代という共通点があります。**

気候の寒冷化は世界各地の農業や牧畜に打撃を与えます。その中でも、もともと寒くて乾燥した草原地帯は、環境の悪化の影響を受けやすく、各地で遊牧や牧畜を営む人々が、周囲の農耕地帯に移動してくるようになります。**それまで「ギリギリ遊牧ができる」「ギリギリ牧畜ができる」「ギリギリ耕作ができる」という限界付近に住んでいる人々が、それらが可能な地域まで南下してくるので、人口移動の圧力が農耕地帯にかかってくるのです。**農耕地帯の人々にとってそれは「外敵の襲来」に他なりません。3世紀のヨーロッパではゲルマン人の南下や西進、中国では鮮卑の南下などが見られました。また、農耕地帯の内部でも収穫の減少から奪い合いが発生し、社会が不安定化しました。

このときの気温低下は2世紀末から3世紀末にかけて、2.5度ほどの低下と指摘されています。現在の日本の基準でも、夏の気温が平年より0.2度から0.5度下がっただけでも「冷夏」といわれ、農作物への影響が心配されるほどですから、**このときの気温の変化は世界に大きなインパクトを与えるのに十分だったのです。**

3・4世紀の地中海、ヨーロッパ

衰退から再建、
そして分裂と姿を変えたローマ帝国

クローズアップ ①ローマを弱らせた内外の問題

　2世紀には最盛期を迎え強大さをほこったローマ帝国も、3世紀に入ると衰退期に突入します。気候変動などを背景として、ローマ帝国への「外からの圧力」と内部の「仲間割れ」という要素が同時に起こっていたのがこの時代です。

　「外からの圧力」の代表が、ライン川やドナウ川の北方の諸民族、いわゆる**ゲルマン人**です（ローマの人々からは「ゲルマン人」といわれていましたが、様々な部族が存在し、ゲルマン系の部族の間では「ゲルマン人」という共通認識はありませんでした）。ゲルマン人は、3世紀以前の時代にもローマにしばしば侵入していました。武力を伴う侵入もあれば、交易品を運んでローマ内で商売を行ったり小作人のような存在や傭兵になったりしてローマ社会に「浸透」する例もありました。

　3世紀に入ると、ゲルマン人の諸部族がだんだんとまとまって強大化し、ライン川やドナウ川を越えてローマ帝国内に侵入する頻度が上がりました。さらに、東方からは新興国家だったササン朝の侵入も始まりました。こうなると、ローマは国境線の防衛に力を入れざるを得ません。

　こうした、国境を守る各地の軍隊の中では「たたき上げ」の軍人が一目置かれるようになり、それぞれの軍隊で「自分たちの指揮官を皇帝にしたい」と望むようになります。こうして、各地の軍隊の指揮官が皇帝の位をめぐって争う「**軍人皇帝時代（235〜284）**」という時代が始まるのです。

クローズアップ ②社会不安とともに広がったキリスト教の信仰

　社会不安の時代は、宗教の時代でもありました。もともと、ローマ帝国はギリシアの影響を受け、多くの神々を信仰する多神教の信仰を持ってい

ました。この中にあって、ただひとつの神を信仰し、独特な習慣を持つキリスト教徒は、奇異な集団と見られていました。

特に、この3世紀は帝国に危機が迫ることが多く、ローマの神々や皇帝に対する礼拝を拒むキリスト教徒は、「帝国が危機に瀕しているのに、チームワークを乱すやつらだ」と、反社会的な集団とされ、3世紀半ばから、国家の政策としての弾圧と迫害が行われるようになります。

しかし、皇帝たちの意図とは逆に、**社会不安の中でキリスト教が人々の心の拠りどころとなり、拡大していきました。**

クローズアップ ③キリスト教の大弾圧を行ったディオクレティアヌス

こうした混乱するローマを再建し、拡大するキリスト教への解決策を示そうとしたのが、3世紀末のディオクレティアヌスと、4世紀前半のコンスタンティヌスという2人の皇帝です。

284年に皇帝に即位した**ディオクレティアヌス**は、それまでのローマのありかたに大幅に変更を加え、皇帝を神聖化するペルシアの宮廷の儀礼を取り入れ、自らを「主人（ドミヌス）」と呼ばせて神聖化した存在にしました。それとともに、元老院の議員たちを政治から退け、皇帝が独裁的な権力を握り、リーダーシップをとるようにしたのです。**この改革以降、皇帝といえども「市民の第一人者」であるという建前が崩れ、皇帝が専制的な君主として存在する**「専制君主政」が始まるのです。また、ディオクレティアヌスは帝国を4分割して東・西、正・副の4人の皇帝で分担して統治するしくみをつくり、防衛の効率化をはかりました。

皇帝を神聖な存在としたディオクレティアヌスですから、ただひとつの神を持つキリスト教とは折り合いがよくありません。**ディオクレティアヌスは帝国全土で大規模な迫害を行いました。**キリスト教徒を捕らえて円形闘技場に引き出し、ライオンに食わせるといった公開処刑や、教会の書物や財産の没収など、激しい弾圧を加えました。しかし、キリスト教の拡大には歯止めをかけることはできませんでした（ディオクレティアヌスは有

能な皇帝であり、帝国の立て直しという面では相応の実績がありました。しかし、キリスト教の弾圧を行ったことから、後世のキリスト教世界では評判の悪い皇帝となっています）。

クローズアップ ④キリスト教を公認した「大帝」コンスタンティヌス

　ディオクレティアヌスが始めた「帝国を4分割し、分担して統治する」というしくみは、ディオクレティアヌスの引退とともに皇帝の位をめぐる内乱が発生したため、うまく機能しなくなります。その内乱を収拾したのが「大帝」と呼ばれる**コンスタンティヌス**です。

　コンスタンティヌスは皇帝直属の強力な騎兵部隊を組織し、ディオクレティアヌスが退けた元老院の議員たちも取り入れながら、政治組織のしくみを再編成して帝国の運営を安定させます。そして、330年に帝国の首都を東方のビザンティウムに移し、晩年には**コンスタンティノポリス**（コンスタンティノープル：現在のイスタンブール）と改称します。それまでの伝統的なローマの有力者の影響が強いローマから、新しい都に移すことで、自らの意向に従う支配層を確立しようとしたのです。

　コンスタンティヌスがのちに「大帝」と称えられたのは、宗教政策が理由のひとつでしょう。**コンスタンティヌスはキリスト教を公認したのです。**勢力を増すキリスト教徒を迫害するのではなく、味方につけたほうが得策と考えたコンスタンティヌスは313年にキリスト教を公認して信仰を許し、教会組織を帝国の統治機構に組み込んだのです。そのため、**コンスタンティヌスはのちのキリスト教世界において、偉大な皇帝とされました。**

クローズアップ ⑤表面化したキリスト教内部の大論争

　コンスタンティヌスがキリスト教を公認したことにより、「キリスト教の正しい教えは何か」という、キリスト教会内部の論争も表面化することになりました。**その中心が「はたしてイエスは神そのものなのか、それとも神がつくった『人』なのか」という論争です。**皇帝であるコンスタンティ

1・2世紀
3・4世紀
5・6世紀
7世紀
8世紀
9世紀
10世紀
11世紀
12世紀
13世紀
14世紀
15世紀
16世紀
17世紀
18世紀
革命
19世紀前半
19世紀後半
帝国
戦間
恐慌
冷戦
グロ

41

ヌスもその騒ぎにかかわらざるを得なくなり、325年の「ニケーア公会議」といわれる会議をおぜん立てして、キリスト教の正統な教えについて議論させました。

会議の結果、「子なるイエスと父なる神は同質である」という**アタナシウス派**が正統となり、「イエスは神によってつくられた人間である」という**アリウス派**が異端とされました。その後、アタナシウス派の説に、「聖霊（神が及ぼす「力」を示す存在）」も加わり、**「父なる神、子なるイエス、聖霊」は3つでありながらしかも同質であるとする「三位一体説」がキリスト教の正式な教えとされました**。このアタナシウス派の考えがキリスト教の中で最大の宗派である「**カトリック**」となります。

クローズアップ ⑥4世紀の末に起きたローマ帝国の分裂

4世紀の半ばから、ローマ帝国の西方はゲルマン人に圧迫を受け、東方はササン朝に対抗している構図になり、それぞれの敵に対応するため、西方担当の皇帝と東方担当の皇帝が置かれることが多くなりました。

4世紀の後半の375年ごろから、いわゆる「**ゲルマン人の大移動**」が始まります。このゲルマン人の大移動は4世紀後半に、中央ユーラシアのアジア系の遊牧民のフン人が西に移動し、フン人に圧迫されたゲルマン人がローマ帝国領内に大挙して侵入したものです。ゲルマン人に侵入された帝国の西方では混乱が深まりました。

「ローマ帝国」としての最後の皇帝となる**テオドシウス**は、395年に帝国を東西に分割して自分の2人の子に分け与えました。テオドシウスの死後、再びローマがひとつになることはありませんでした。

テオドシウスは、早くからキリスト教の洗礼を受け、元老院もキリスト教を支持する者が多くいたことから、**キリスト教以外の宗教を厳禁し、キリスト教を事実上の国教としました**。この国教化により、キリスト教がさらにヨーロッパに定着することになり、以後のヨーロッパの文化のベースとなるのです。

[3・4世紀の中東]

ゾロアスター教と結びついて発展したササン朝

クローズアップ ⑦「危機の時代」に反して発展したイランの国家

「3世紀の危機」の時代、ユーラシア大陸の各地の勢力で弱体化や分裂、抗争が見られました。それとは逆に、3世紀に大きく成長した国家があります。それが、**ササン朝ペルシア**です。

ササン朝は3世紀初頭にパルティアを滅ぼし、ペルシア(イラン)の地を支配してローマ帝国のライバルとなった国家です。

ササン朝が成長した要因のひとつが、宗教政策です。**ゾロアスター教(善と悪の二元論を持つイラン発祥の宗教)を国教のように扱い、宗教の組織力を国家をまとめる力に利用したのです。**のちにローマがキリスト教の力を国家の運営に利用しますが、ササン朝はローマに先がけて国家の統治に宗教の力を利用したということになります。

クローズアップ ⑧「宗教の十字路」に位置していたササン朝

ササン朝は、ゾロアスター教以外に、ローマ帝国で広がりを見せていたキリスト教やパレスチナ発祥のユダヤ教、インドから伝わった仏教など、**さまざまな宗教の影響を受けやすい地域に位置しています。**

このような「宗教の十字路」で誕生した宗教が、**マニ教**です。宗教家のマニが生み出したこの宗教は様々な宗教や哲学の要素を取り入れた「融合宗教」といわれ、善悪の二元論を持つことが特徴です。マニ教の全盛期はローマ帝国の全域に広がり、キリスト教のライバルとみなされるほどの勢いがありました。ササン朝の第2代の国王である**シャープール1世**はマニ教に強い関心を示し、保護しました(シャープール1世の死後、マニ教は弾圧されてしまいました)。このシャープール1世はローマの皇帝を生け捕りにして捕虜とするという功績も残しています。

3・4世紀のインド

宮廷文化が花開いたグプタ朝

クローズアップ ⑨ 南北インドの王朝が滅亡した3世紀

3世紀に、それまでインドにあった2つの国家であるクシャーナ朝とサータヴァーハナ朝が、いずれも滅亡あるいは衰退しています。

2世紀のカニシカ王以後のクシャーナ朝の記録はあまり残っていませんが、3世紀の王が「親魏大月氏王」の称号を与えられ、金印を授かったことが、「三国志」の「魏志」に書かれています。これにより、<u>この時代のクシャーナ朝の王が、魏から見ると卑弥呼と「同格」の扱いだったことがわかります</u>。

クシャーナ朝はササン朝のシャープール1世に敗れ、以後はササン朝に服属した地方勢力となります（ササン朝の領域の東端がクシャーナ朝の都周辺の「ガンダーラ地方」です）。サータヴァーハナ朝のほうも、内紛により衰退し崩壊しています。

クローズアップ ⑩ 4世紀に誕生したグプタ朝

その後しばらく、インドは地方政権が分立する時代となりましたが、4世紀前半、インド北部で**グプタ朝**がおこり、北インドを統合する大国に発展しました。

最盛期の王**チャンドラグプタ2世**は南インドにも影響力を及ぼすほどグプタ朝を強大な存在にしました。チャンドラグプタ2世は文化に理解を示したことから、宮廷を中心に文学や美術が発展しました。

このころ、インドの民衆の間にヒンドゥー教が定着しましたが、仏教もまだまだ信仰されていました。

中国の東晋王朝の**法顕**（ほっけん）という僧が、この時代のインドを訪れ、多くの経典を中国に持ち帰っています。

3・4世紀の中国

目まぐるしく王朝が交代した混乱・分裂の時代

⑪後漢末期の政争と大乱

　後漢王朝は、後期になると幼い皇帝が続き、実権をめぐって外戚（皇帝の妻の親戚）や宦官（皇帝やその妻の私生活の世話をするために生殖能力をなくした男性）らの争いがたびたび起こりました。その影響により、大規模な土木工事などの事業が進まず、治水や灌漑なども滞り、飢饉が頻発します。この中で、184年に宗教結社が中心となった**黄巾の乱**という大規模な反乱が起き、混乱が深まったまま3世紀に突入することになります。

⑫英雄豪傑が活躍した『三国志』の時代

　中国は、ここから目まぐるしく王朝が交代する「**魏晋南北朝時代**」と呼ばれる時代となります。

　まず、「黄巾の乱」に始まる群雄割拠の中から、いくつもの軍事集団が登場し、その抗争から華北の**曹操**の勢力が成長します。220年、曹操の子の**曹丕**が後漢の皇帝から皇帝の位を奪って**魏**王朝をたてると、中国東南部に建国された**孫権**を中心とする**呉**や、西南部の四川盆地に建国された**劉備**を中心とする**蜀**（この章の初めに触れた諸葛孔明は、この蜀の家臣です）など、軍事集団の中から相次いで王朝がつくられ、魏・呉・蜀のいわゆる「**三国時代**」となります。

⑬中国を再び統一した晋王朝

　三国時代の最終勝者はこの3つの国のどれでもなく、魏の家臣であった**司馬炎**という人物でした。司馬炎は265年に魏を乗っ取って晋王朝をたて、中国を再び統一します。しかし、この晋王朝は不安定で、皇族たちの主導権争いが繰り広げられ、すぐに弱体化して滅亡してしまいます。

45

⑭遊牧系の民族が次々と国をつくった4世紀の中国北部

　中国が混乱・分裂の時代を迎えたころ、中国の北方に存在する遊牧系の民族が盛んに中国北部に南下するようになります。こうした民族の一部はすでに後漢や魏の時代から中国に入り、傭兵などとして活用されていましたが、晋の混乱の時期に、気候の寒冷化も要因となり、大挙して中国に進出することとなります。

　この時代に中国内に進出した代表的存在が、いわゆる「五胡」といわれる遊牧系の民族です。「匈奴」「鮮卑」「羯」「羌」「氐」といわれる民族が次々と万里の長城の内部に国を建国し、「五胡十六国時代」という時代が訪れます。（「五胡」や「十六国」というのは「いくつもの」というような表現で、いろんな民族が、いろいろな国をたてたという意味合いで、5とか16とかは、正確な数というわけではありません）。また、「進出」といっても、後漢や三国の時代には、漢民族とともに生活したり、漢民族と協力関係にあったりした人々も多くいました。

⑮中国南部では晋の一族が亡命政権をたてた

　晋王朝はいったん滅亡したものの、晋の皇帝の一族は南に逃れ、317年に新しい王朝をたてました。これが、「東晋」と呼ばれる王朝です。

　もともと亡命政権のため、権力基盤は弱かったものの、中国南部の高い生産力に支えられて次第に安定し、五胡十六国時代の北部の諸国と対抗する力をつけました。

　東晋では北部から亡命してきた貴族が南部の豪族と結びつき、政治・社会のエリート層を形成しました。彼らによって幅広い教養が好まれ、文化が育まれました。「田園詩人」と呼ばれる詩人の陶淵明、「書聖」と呼ばれる書家の王羲之、「画聖」と呼ばれる画家の顧愷之など、歴史に残る芸術家が多く誕生したのもこの時代です。

> 3・4世紀の日本

「魏志」倭人伝に記録された弥生時代の日本

クローズアップ ⑯「倭国大乱」をおさめた女王卑弥呼

　3世紀の日本の様子を今の世に伝える書物が、この章の冒頭でもお話しした『三国志』の一部、「魏志」倭人伝です。

　「魏志」倭人伝によると、倭では2世紀末ごろからいわゆる「倭国大乱」といわれる戦乱が続き、なかなかおさまらなかったといいます。そこで、諸国が共同で邪馬台国の卑弥呼を女王として立てたところ、ようやく争乱がおさまったということです。**卑弥呼は巫女として神の意志を聞くことに長け、30余りの国の連合の女王として「鬼道」すなわち呪術を背景とする政治を行ったといいます**。卑弥呼は239年に魏の皇帝に使いを送り、「親魏倭王」という称号と金印、そして多数の銅鏡を贈られました。これらのことから、**卑弥呼が、中国の皇帝に対して従属的な関係である「冊封関係」であったことがわかります**。卑弥呼はこの関係を利用して、倭の中での自らの権威を高めたと考えられます。

クローズアップ ⑰豊富な情報が盛り込まれた「魏志」倭人伝

　「魏志」倭人伝には当時の人々の暮らしなど、多くの情報が盛り込まれています。これによれば、社会には身分の差や刑罰、税などの制度があり、各地で市が開かれていたことなどがわかります。

　そして、この時代の倭に存在していた多くの国々と、邪馬台国への行程も書かれています。しかし、「魏志」倭人伝どおりに行程をたどると、九州の南の海上になるため、「邪馬台国はどこにあったのか？」という謎が発生することになります。**この主要な説は近畿地方の大和だったという説と、九州北部だったという説の2つです**。

　邪馬台国の位置については、邪馬台国の場所として有力な説がある奈良

1・2世紀

3・4世紀

5・6世紀

7世紀

8世紀

9世紀

10世紀

11世紀

12世紀

13世紀

14世紀

15世紀

16世紀

17世紀

18世紀

革命

19世紀前半

19世紀後半

帝国

戦間

恐慌

冷戦

グロ

県の纏向遺跡の発掘や、近年新発見が相次いでいる佐賀県の吉野ケ里遺跡の発掘によって、解明に進展が見られるのではないかと期待されています。

クローズアップ ⑱「空白」の時代といわれる4世紀の日本

4世紀の日本については、その様子が書かれた文献資料が少なく、「空白の4世紀」などといわれます。文献資料は乏しくても、近年では4世紀の古墳から多くの発見が相次いでおり、わかることも増えつつあります。

この時代は**大和地方を中心に規模の大きな前方後円墳が増え、地方にも同じような前方後円墳が見られるようになったことなどから、「ヤマト政権」という連合体が成立し、東西にその影響力が拡大したとみられます。**

4世紀の中国は「五胡十六国時代」のような混乱期であり、相対的に日本が朝鮮半島南部に及ぼす影響力が強まり、朝鮮半島へ出兵することもあったようです。**現在の中国の東北地方に存在する石碑には、日本が朝鮮半島北部の国家である高句麗と交戦したことが記されています。**

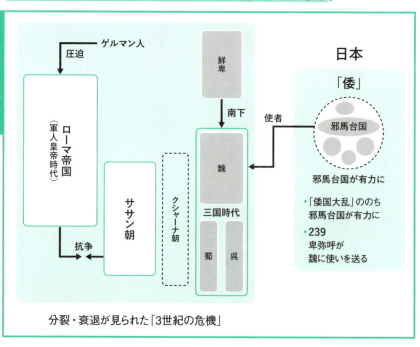

3・4世紀のまとめ

分裂・衰退が見られた「3世紀の危機」

5・6世紀

外来の民族による国家建設

～大型前方後円墳が造られた日本～

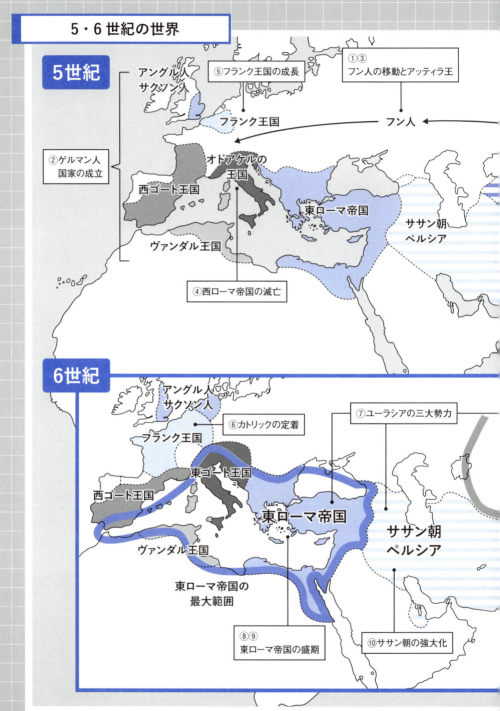

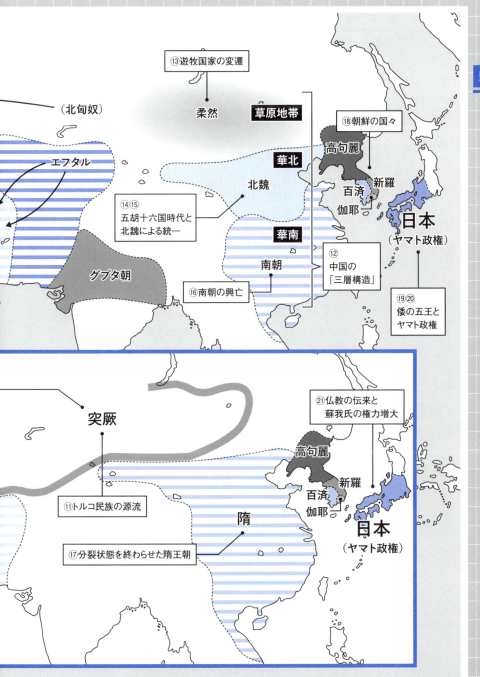

5・6世紀を読み解く

まだ続く分裂期と「郷にしたがった」国家の登場

🔍 移動の末に成立した「よそ者」国家

　前章で、3世紀から4世紀は、混乱や民族移動の時代であったと紹介しました。ゲルマン人たちの移動や、中国への遊牧系民族の移動などが代表例です。そして、これらの民族は、ヨーロッパに多くのゲルマン人国家や中国北部に「五胡十六国」と呼ばれる国家などをつくっていきました。

　民族移動があった、ということは、裏を返せば、その地域にはもともと暮らしている人々がいたということです。そのような人々にとって、外来の民族は異なる文化や生活様式を持ち込んだ「よそ者」であることは間違いありません。もとからそこに暮らしている人々にとっては、その支配を受け入れ難く感じ、中には抵抗の意思を示す人もいたでしょう。

　こうした民族移動を受けた5世紀から6世紀には、**移動してきた民族によって多くの「よそ者」国家が建設され、そこにもとから住んでいた人々との摩擦が各地で生じていた時代なのです。**

🔍 その地の文化に「寄せていく」外来の民族

　歴史上、多くの「よそ者」、すなわち外来の民族が国家をつくっていますが、それらの国々は文化の衝突や摩擦、抵抗に直面することになります。**その解決策のひとつが、「郷に入っては郷にしたがえ」と、外からやってきた民族のほうから、もとからいた人々の文化や生活様式に「寄せていく」というやりかたです。**裏を返せば、その地を長く統治しようと思えば、ある程度は「寄せ」ざるを得ないということになります（異民族のやりかたを強制的に押し付ける国家は反発を招き、すぐに滅亡する傾向にあります）。

　5世紀から6世紀の国家の興亡の中で、外来の民族がそこに暮らす人々に「寄せていった」代表例となった国家が東西に存在します。それが、ヨー

52

ロッパのフランク王国と、中国北部の北魏です。

　現在のフランスの北部に建国された**フランク王国**は、ゲルマン系の民族がつくった国家です。そこはもともとローマ帝国の地で、ローマの文化が根付いていました。そこで、**フランクの王は、ローマ帝国で国教とされていたキリスト教のアタナシウス派（カトリック）に改宗し、ローマの文化に「寄せていった」のです。**

　一方、中国のほうを見ていきましょう。中国の北魏王朝は鮮卑という、遊牧系の民族が中国の北部を支配した王朝ですが、その統治の中で**都を北方から中国の真ん中に近い洛陽に遷都し、鮮卑の言葉や服装を禁止して漢民族の言葉や服装を取り入れて、漢民族の文化に「寄せていった」のです。**

「よそ者」から「本流」へ

　北魏の洛陽遷都は494年、フランク王の改宗は496年ですから、奇しくも東西で同じように、「寄せていく」動きが見られたことになります。

　こうした「寄せていく」動きが功を奏して、この2つの国家はのちにそれぞれの地域の「本流」となっていきます。フランク王国はカトリック教会と結びつきを深め、ヨーロッパに君臨する国家となりますし、中国では北魏の皇帝の家系を受け継ぐ一族の中から隋・唐という中国史上を代表するような皇帝の家系が登場します。

朝鮮半島への影響力を強めようとした日本

　日本や朝鮮半島では、民族の移動や「よそ者」国家の成立の余波を受けた動きが見られます。中国北部で民族移動が盛んになり、「よそ者」国家が統治に苦慮する中で、中国の王朝が朝鮮半島へ及ぼす影響力が衰え、朝鮮南部では分裂状態となり、北部では高句麗が成長することになります。

　日本は、**この朝鮮への影響力を拡大するため、中国南部の「南朝」に使者を送って、冊封関係を結ぼうとしています。また、朝鮮半島と日本のやりとりの増加から、朝鮮半島から多くの渡来人がやってきました。**

5・6世紀のヨーロッパ

ゲルマン人の移動の中から成長した
フランク王国

**クローズ
アップ** ①ゲルマン人たちを刺激したフン人たちの移動

　ローマ帝国が分裂したあとの、5世紀の西ヨーロッパを見ていきたいと思います。東西分裂したローマの西のほう、西ローマ帝国は395年の分裂後、80年ほどは存続しましたが、弱体化が進行していきました。その周囲では、多くのゲルマン人国家が成立しています。

　4世紀末に「ゲルマン人の大移動」が起きた、ということはすでにお話ししましたが、この、ゲルマン人たちが移動先で、様々な王国を形成したのが、5世紀から6世紀にかけての時代です。

　そもそも、「ゲルマン人の大移動」のもとになったのが、東からやってきた「フン人」たちの移動によるものとされています。

　フン人がゲルマン人たちの東からやってきてゲルマン人たちを圧迫し、ゲルマン人たちは弾かれたビリヤードの球のようにヨーロッパ各地に移動した、というのです（このフン人は言語の類似性から、中国の北方の「匈奴」と同一であり、匈奴の一部の「北匈奴」が西に移動して「フン人」となったという説があります。ユーラシアをまたにかける大きな民族移動の中に「ゲルマン人の大移動」があった、という説です）。

**クローズ
アップ** ②ヨーロッパから北アフリカに分布したゲルマン国家の成立

　フン人の移動にまず直面したのが、ゲルマン人の中でも東ゴート人と呼ばれる人々でした。東ゴート人はフン人に征服され、しばらく服属していました。

　隣接する西ゴート人はフン人に圧迫されて西に進み、バルカン半島、イタリア半島と大きく移動してイベリア半島に達し、そこに定着して418年に西ゴート王国を建国します。

同じように、ヴァンダル人はもともとの居住地を遠く離れて429年に北アフリカに**ヴァンダル王国**を、ブルグンド人は443年に現在のフランス中東部に**ブルグント王国**を、フランク人は481年にフランス北部に**フランク王国**を、アングル人やサクソン人、ジュート人と呼ばれる人々は449年のブリタニア（現在のイギリスのブリテン島）に進入したことを皮切りに、中部から南部にわたって「**七王国**」と呼ばれる7つの国をたてました。

クローズアップ ③フン人に勢いをつけたアッティラ王

5世紀の前半、このフン人による圧迫にさらに勢いをつけたのが、ヨーロッパ世界にとっては「神の災い」とまでにおそれられたフン人の王、**アッティラ**です。アッティラに率いられたフン人と、フン人に服属していた東ゴート人らは力を強めながら西へ西へと征服をしていきました。

西へ西へと圧力をかけ続けるアッティラに対し、西ローマ帝国と西ゴート人やブルグンド人、フランク人などのゲルマン勢力は連合して戦い、451年のカタラウヌムの戦いでようやくアッティラを退けることに成功します。

クローズアップ ④ついに滅亡した西ローマ帝国

しかし、なんとかアッティラを退けた西ローマ帝国もこの戦いで大きなダメージを受け、ますます衰退することになります。

476年にローマの将軍であったゲルマン人の傭兵隊長の**オドアケル**に皇帝の位を廃止させられて、西ローマ帝国は滅亡します。しかし、このオドアケルがつくった王国も、フン人の支配を脱した東ゴート人に乗っ取られ、東ゴート王国に取って代わられます。

クローズアップ ⑤カトリックに改宗し強大化するフランク王国

ゲルマン人の国家の多くは短命でしたが、その中で強大化していったのがゲルマン人の一派であるフランク人が建国した**フランク王国**です。「フランス」の語源が「フランク」であるように、現在のフランス北部に建国さ

れた国家です。

フランク王国が力をつけた理由のひとつが、初代国王である**クローヴィス**が496年に行った、アタナシウス派（カトリック）への改宗です。

481年にフランク人の一派の王となったクローヴィスは周辺民族との抗争やフランク人内部の抗争に勝利し、フランク人唯一の王になります。もともと、フランク王国をはじめ、ゲルマン人国家が建国された地域は、昔のローマ帝国の領内でした。そうした地域には、もともとのローマ人の貴族層が「地域の顔役」として存在しており、ローマの統治のしくみが根強く残っていました。

こうした地域にフランク人は「よそ者」として移動してきて国をたてたわけですので、こうした、**古くから「地域の顔役」として存在しているローマ人の貴族層の協力を得ることなしには統治がスムーズにできません。**この貴族層の多くはローマ帝国で国教となっていたキリスト教正統派のアタナシウス派（カトリック）の司祭と深いかかわりがありました。

クローヴィスはもともと、キリスト教を信仰していませんでしたが、自らキリスト教、とりわけ正統派のアタナシウス派に改宗する（クローヴィスの改宗と時を同じくして、3000人のフランク人たちも改宗したといいます）ことで、旧ローマ帝国の貴族層に「寄せて」いったのです。その結果、旧ローマ帝国の貴族層との協力関係がつくられ、国家の運営がスムーズになったことが、フランク王国の発展につながりました。

クローズアップ ⑥西ヨーロッパに定着したカトリック

このクローヴィスの改宗や、6世紀の「大教皇」と呼ばれたローマ教皇**グレゴリウス1世**の布教などにより、カトリックは西ヨーロッパに定着することになりました。このころ、ローマ教会の長は教皇という称号を用いるようになります。また、キリスト教の布教には、修道院で信仰を深める修道士たちが大きな役割を果たしました。

5・6世紀の地中海・西アジア

世界史に大きな影響を与えた6世紀の「真の主役」

クローズアップ ⑦ユーラシア大陸の三大勢力圏

ヨーロッパから視点を東に移すと、6世紀の**ユーラシア大陸に存在する3つの国家の存在感が際立ち、分裂状態にあったヨーロッパと中国を尻目に、大きな勢力圏をつくっていることがわかります**。その3つの国家が、西から「東ローマ帝国」「ササン朝ペルシア」「突厥」です。

世界史の授業では、どうしてもヨーロッパや、中国といった、耳になじみがある地域が「主役」のようにクローズアップされる傾向にあります。読者の皆さんも「フランク王国」や「隋」などの国家の名前は一度は聞いたことがあるのではないでしょうか。フランク王国の名は以後のフランスやドイツのもとになる国家として印象に残りますし、「遣隋使」は小学校の歴史の教科書にも書かれ、高校まで日本史の授業の冒頭付近で学習する日本史の定番ワードのひとつです。

一方で、「東ローマ帝国」「ササン朝ペルシア」「突厥」の3つの国家は、この時代の主役級の存在なのに、それが一体、どのような国家なのか、世界史の中でどのような役割を果たしているのか知らないという人も多いのではないでしょうか。**じつは、この3つの国家は大きな影響を世界の歴史に及ぼしている「真の主役」ともいえる国家なのです。**

クローズアップ ⑧ローマ帝国の伝統を受け継ぎ、保存した東ローマ帝国

東ローマ帝国は、ローマ帝国が東西に分裂した「東」のほうの国家です。じつは、東ローマ帝国は「東ローマ」といわれるものの、東ローマ帝国の人々にとっては、ローマ帝国の後期の都であるコンスタンティノポリス（コンスタンティノープル）をそのまま都とする、「ローマ帝国」に変わりありません。東ローマ帝国の人々にとっては呼び名もそのまま「ローマ帝国」

でした。

　西ヨーロッパ世界はゲルマン人の大移動をはじめとする混乱状況にあり、西ローマ帝国も滅亡しました。その一方で、東ローマ帝国は安定した勢力を維持しています。このことは、**ローマの伝統（文学や法律、技術など）が東ローマ帝国に受け継がれ、「保存」されることを意味します。もし、ローマが東西ともに滅んでいたら、ローマの文化は今に伝わっていないかもしれません。**ローマ帝国の文化が、ヨーロッパの文化のひとつの基礎として現在にも影響を与えているのも、東ローマ帝国の存在のおかげなのです。

クローズアップ ⑨地中海の覇者となった「大帝」ユスティニアヌス

　5世紀に西ローマ帝国が滅びると、東ローマ皇帝はローマ帝国の伝統を引き継ぐ唯一の皇帝として周囲の国々からは「一目置かれる存在」として見られます。皇帝たちは西ヨーロッパのゲルマン人国家の分立を尻目に、時にはゲルマン人国家の対立をあおって勢力の保持につとめました。

　この時代の代表的な東ローマ皇帝が6世紀半ばに登場した**ユスティニアヌス**です。ユスティニアヌスは有能な将軍を登用して地中海の再統一に乗り出し、ゲルマン人国家のヴァンダル王国と東ゴート王国を滅ぼし、西ゴート王国の南部も獲得して、**地中海を取り巻く部分のローマ帝国の領土をほぼ回復しました**。この功績からユスティニアヌスは「大帝」と呼ばれることになります。

　ユスティニアヌスはローマ皇帝の後継者として、古代ローマの法を集めた『ローマ法大全』をつくらせ、首都コンスタンティノープルに壮大な聖ソフィア聖堂を建造しました。この聖堂はのちのオスマン帝国の建築に大きな影響を与えます。

　ユスティニアヌスの死後、東ローマ帝国の勢いは衰え、バルカン半島にはスラヴ人が進出し、イタリア半島はゲルマン人の一派であるランゴバルド人に奪われ、さらにはササン朝からの圧迫に苦しめられるようになります。

クローズアップ ⑩世界の宗教、文化に大きな影響を与えたササン朝

　前章で成立についてお話ししたササン朝については、5世紀後半に一時的に弱体化しましたが、6世紀には再び強大化しています。

　初期のササン朝のライバルはローマ帝国でしたが、ローマ帝国の分裂後もライバル関係が東ローマ帝国に引き継がれます。

　5世紀になると、中央ユーラシアの**エフタル**という民族の侵攻に苦しめられ一時は衰えますが、6世紀に入ると国王**ホスロー1世**が登場し、突厥と結んでエフタルを挟み撃ちにして滅ぼし、ササン朝の勢いは再び盛んになりました。一時は東ローマ帝国にもかなりの優位を誇っていました。

　しかし、東ローマ帝国との長い抗争は、ササン朝の疲弊を招き、ホスロー1世の死後、ササン朝は衰退に向かいます。

　ササン朝が世界史に与えた大きな影響は、その文化です。精巧な工芸品をはじめとするササン朝の文化の影響は、日本の工芸品にも（獅子のモチーフなどによって）見られます。ササン朝の文化はイランの地を支配したイスラーム教徒に引き継がれ、各地にその影響が見られるようになります。

クローズアップ ⑪トルコ民族の「源流」となった突厥

　突厥は、モンゴル高原で活躍していたトルコ系の遊牧民族です。突厥は6世紀に突厥「帝国」ともいわれるユーラシア大陸の東西にまたがる大遊牧国家をつくり、遊牧民としては初めて文字（突厥文字）をつくりました。

　「突厥」とは、「テュルク」という言葉を漢字にしたもので、ズバリ「トルコ人」という意味です。この、突厥を「源流」にトルコ系民族は各地に移動して、世界の歴史に大きな影響を与えます。トルコといえば現在のトルコ共和国が存在するアナトリア（小アジア）をイメージしますが、もともとはずっと東のほうに暮らしていた民族なのです。

　現在のトルコ共和国にとっても、突厥は重要な位置づけを持ち、突厥帝国が成立したとされる552年はトルコ共和国の原点と考えられています。

59

5・6世紀の草原・オアシス地帯、中国、朝鮮半島

南北に分かれた長い分裂時代と隋による統一

⑫この時代にはっきりあらわれた中国の「三層構造」

　中国の長い歴史を見ると、「南北朝時代」や「金と南宋」のように、しばしば、南北に分かれることがあります。そして、モンゴル高原など、北の草原地帯には、遊牧民族の国家が次々と成立しています。

　<u>中国周辺の歴史をとらえるには、この「草原地帯」「華北」「華南」という、3層構造を頭に入れておくと理解しやすくなると思います</u>。それぞれ、草原地帯では遊牧、華北では畑作、華南では稲作、と生活様式も異なります。

　5世紀から6世紀は、この中国の「三層構造」がはっきりとあらわれた時代となります。

⑬遊牧国家は柔然から突厥へと

　最も北の草原地帯は、遊牧国家が成立するゾーンです。3世紀から4世紀にかけて、匈奴や鮮卑などいわゆる「五胡」が中国へと南下すると、5世紀にはこの地域に柔然という遊牧国家が成立し、北魏と対立しました。

　6世紀中ごろ、この柔然を倒して独立し、モンゴル高原の覇者となったのが、すでにお話ししているトルコ系の遊牧国家の突厥です。

　突厥は一時的に大帝国を築きましたが、6世紀の末になると内部対立に加え、南に成立していた隋の分断工作によって東西に分裂し、その勢いは弱まりました。

⑭五胡十六国時代が続く5世紀初頭の中国と、北魏による統一

　5世紀に入っても、中国の北部（華北）は多くの民族が次々と国家をたてる「五胡十六国」の混乱時代にありました。

この五胡十六国の争いの中で有力になったのが、鮮卑の一派である「拓跋部」を中心に建国されていた「北魏」という王朝です（ちなみに「東ローマ帝国」が変わらず「ローマ」と名乗り続けたように、北魏も国家の名乗りとしては「魏」です。後世の私たちが区別するために、「北魏」と呼んでいるのです）。439年、北魏は華北を統一します。

今申し上げたように、**北魏は「五胡」と呼ばれた遊牧民のひとつ、鮮卑がつくった王朝です。すなわち「よそ者」国家ということになります。北魏の課題は、多くの漢民族が暮らしている地域を支配しなければならないということでした。**

そこで、北魏の第6代の皇帝である**孝文帝**は、漢民族の文化に思い切った「寄せ方」をするのです。都を平城というところから、中国のど真ん中付近の洛陽に遷都し、鮮卑の言葉や服装を禁止し、漢民族の言葉や服装を大きく取り入れる政策をとったのです（中国北部には漢民族以外にも「五胡」のいろいろな民族が混ざり合っていました。いろいろな言葉や文化を持つ民族をまとめるには、漢民族の言葉や文化を「共通語」「共通項」としておいたほうが統治するうえで都合がよかったともいえます）。

また、孝文帝は仏教を保護し、その時代には大規模な寺院がつくられました。

クローズアップ ⑮鮮卑系の王朝が続いた華北

しかし、この極端な政策は、鮮卑の人々の反発を招くことになります。軍隊の反乱をきっかけに北魏は東西に分裂し、東魏、西魏となります。その後、東魏から皇帝の位を譲り受けた北斉、西魏から皇帝の位を譲り受けた北周が成立し、北周が北斉を倒して再び華北を統一します。

この、**北魏から北周までの王朝を北朝といい、いずれも鮮卑の拓跋部出身の有力者を中心とする王朝でした。**これら北朝は、鮮卑系の王朝が漢民族や「五胡」などの多くの民族を支配するという構造であったため、民族を超えて適用される共通のルールや制度を導入しなければ不満が出てしま

1・2世紀
3・4世紀
5・6世紀
7世紀
8世紀
9世紀
10世紀
11世紀
12世紀
13世紀
14世紀
15世紀
16世紀
17世紀
18世紀
革命
19世紀前半
19世紀後半
帝国
戦間
恐慌
冷戦
グロ

います。この中で律令や土地、税などの制度が培われ、隋や唐に引き継がれるのです。**隋や唐の法令や制度は日本にも大きな影響を与えていますので、北朝の制度は日本にも大きな影響を与えていることになるのです。**

クローズアップ ⑯王朝の興亡が続いた華南

一方、中国の南部（華南）では、東晋から宋、斉、梁、陳と呼ばれる王朝が次々と成立しています。

東晋は漢民族の貴族を中心とする国家でしたが、華北の勢力との戦いの中で武将が実権を握って抗争が始まり、王朝の興亡が続きます。**宋、斉、梁、陳の王朝は、まとめて「南朝」と呼ばれます。**

クローズアップ ⑰長らく続いた分裂状態を終わらせた隋王朝

581年、北朝の北周の有力者だった**楊堅**が北周を引き継いでたてた王朝が**隋**王朝です。隋王朝は南朝の陳を滅ぼして中国の南北の統一を果たし、長らく続いた戦乱時代を終わらせました。この楊堅は、隋の**文帝**と呼ばれます。

南北の統一者として、文帝は華北と江南をつなぐ**大運河**の建設を進めました。この大運河が完成することによって、南北が結びつき、中国の政治・経済の一体化が進みました。また、推薦制であった役人採用のしくみを学科試験に改め、質のよい人材を採用しようとしました。この試験は**科挙**といい、20世紀まで続く人材採用のしくみになります。

クローズアップ ⑱中国の影響が弱まり朝鮮に国家が成立する

朝鮮半島情勢にも触れておきましょう。中国の影響力が弱まった朝鮮半島には、4世紀半ばから国家の形成が見られました。朝鮮半島北部から中国東北部にかけて**高句麗**、朝鮮半島西南部の**百済**、朝鮮半島東南部には**新羅**という国家が有力になります。南端付近には統一的な国家が成立せず、複数の小国（**伽耶諸国**）が存在する状態が続きます。

5・6世紀の日本

巨大古墳の時代から飛鳥時代へ

1・2世紀
3・4世紀
5・6世紀
7世紀
8世紀
9世紀
10世紀
11世紀
12世紀
13世紀
14世紀
15世紀
16世紀
17世紀
18世紀
革命
19世紀前半
19世紀後半
帝国
戦間
恐慌
冷戦
グロ

クローズアップ ⑲巨大古墳がつくられた「倭の五王」の時代

　5世紀の日本は、いわゆる「古墳時代」の真っただ中にありました。この時期に、大阪府の堺市にある大仙陵古墳や羽曳野市にある誉田御廟山古墳など、巨大な前方後円墳がつくられました。

　当時の大和政権の大王たちについて、文章による記録は中国の南朝である宋の国の歴史書、『宋書』にあります。『宋書』には、「讃・珍・済・興・武」という倭の5人の王についての記述があり（これを「倭の五王」と呼んでいます）、この王たちは中国の南朝に貢ぎ物を送り、臣下の礼をとって称号や地位をもらったといいます。彼らは中国の王朝と結びついて立場を向上させ、朝鮮半島南部での外交や軍事を優位に進めようとしたのです。

クローズアップ ⑳朝鮮半島との活発な交流

　「倭の五王」のうち、5人目の「武」王は古墳時代を代表する大王のひとりである雄略天皇と考えられています。武王は中国の宋王朝などから日本のみならず、朝鮮半島の新羅や伽耶の軍を率いる将軍としての称号を得ています。

　日本国内でも、埼玉県と熊本県に雄略天皇の名を示す「ワカタケル」という文字を彫り込んだ鉄剣と鉄刀が出土しており、この時代のヤマト政権の影響力が関東から九州にまで及んでいたことがわかります。

　当時、国境という概念は現在よりも薄く、朝鮮半島と日本は相互に影響を与え合っていました。日本は朝鮮半島に勢力を伸ばすだけではなく、朝鮮半島からやってきた渡来人から鉄器や硬質の土器、機織りや金属工芸などの技術や、漢字や儒教などの学術などを学び、大陸の文化を吸収していきました。

㉑ヤマト政権による支配体制の確立

6世紀前半、ヤマト政権に反抗的な立場をとった九州北部の大豪族の磐井の反乱が鎮圧されると、ヤマト政権の支配はより強固になりました。

6世紀の日本にとっての大ニュースは、仏教の伝来です。538年（552年ともいいます）に、朝鮮半島の百済の王から仏教がもたらされたといいます。このことは、仏教を積極的に受け入れようとする蘇我氏と排除しようとする物部氏という有力氏族の対立を激化させました。そして、**蘇我氏の蘇我馬子は物部氏を滅ぼして権力を握ります**（蘇我氏は渡来人との関係が深く、仏教受容に積極的で、従来の神々に対するまつりを担当していた物部氏は仏教受容に消極的でした）。

政権を握った蘇我馬子は、自身が立てた崇峻天皇を暗殺し、さらに権力を強めます。次に即位したのが、女性の**推古天皇**です。推古天皇は甥の厩戸王（聖徳太子）と蘇我馬子の協力のもと、政治の改革を開始しました。

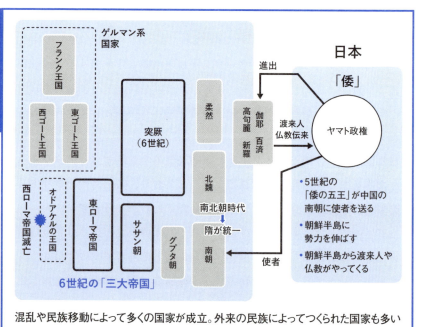

7世紀

社会に秩序をもたらしたルール

〜律令国家へ向かう日本〜

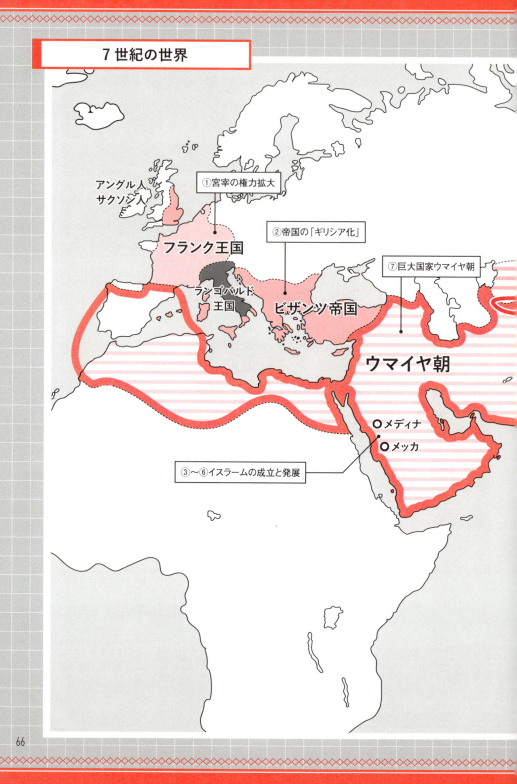

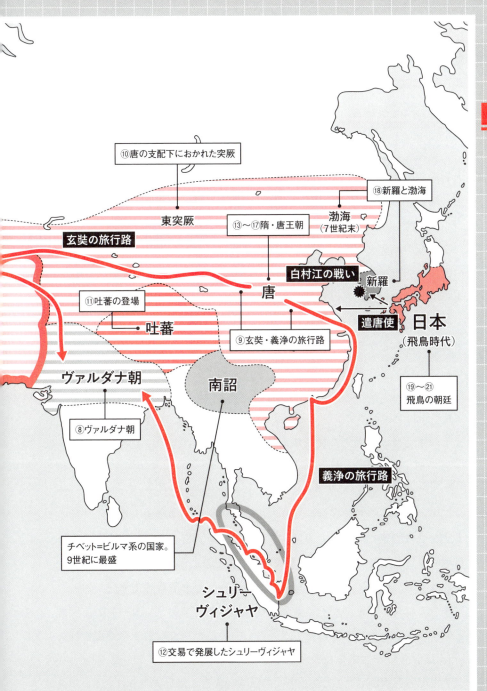

巨大国家を支えた普遍的な「ルール」

🔍 再び「世界帝国」の時代へ

　7世紀に入ると、ヨーロッパや中国の戦乱にも落ち着きが見られ、再び大規模な国家が登場します。ヨーロッパではフランク王国、中国では唐王朝が勢力を拡大しました。また、西アジアにイスラームがおこり、その影響力が拡大しました。

　7世紀の地図を見ると、東西の巨大国家の存在感が際立っています。東の大国は唐王朝、西の大国はウマイヤ朝です。これらの国家は多くの民族をその領域内に抱える「世界帝国」と呼ばれます。

　唐が最大領域を誇った時代には、シルクロードの国家たちや突厥、朝鮮半島の一部などを支配し、その都である長安には多くの民族が居住しました。一方のウマイヤ朝は、アラブ系の民族を中心に、イラン系、ゲルマン系、ギリシアや地中海周辺の民族など、多くの民族を支配下に置きました。また、同じ漢民族やアラブ人といえども、国家が広大なために、地域によってその生活様式は大きく異なりました。

🔍 国家をまとめる最低限のルール

　このように、複数の民族、異なる生活様式を持つ多様な人々をまとめるような巨大国家に必要なものは、言葉も文化も違う人々を統治するための普遍的なしくみです。**どのような民族にも、どのような生活文化を持つ人々にとっても、納得できるような最低限のルールが必要なのです。**

　かつてはローマ帝国がそのような「世界帝国」であり、ローマの市民権を様々な民族が持つようになると、ローマの法が様々な民族に適用され、「万人法」という性格を持つようになりました。

　7世紀の巨大国家たちにも、多くの民族や人々に受け入れられやすいルー

ルがあったはずです。それが、唐の場合は「**律令**」、イスラームの場合は「**クルアーン（コーラン）**」だったのです。

周辺諸国にも大きな影響を与えた唐の律令

唐の律令制度は、民族や風土の違いを超えて、多くの人々に受け入れられるものでした。唐の律令のもとになったのは、中国の魏晋南北朝時代、特に南北朝の北朝の律令です。**3世紀以降、多くの遊牧民が中国の華北に入ってくることが続きましたが、その中で、多数の漢民族と、様々な民族が折り合いをつけて暮らすために、納得感のある制度づくりが模索されたのです**。そのひとつの例が律令制度というわけなのです。

唐の律令制度が普遍性を持つことは、**渤海や新羅、そして日本（「大宝律令」が代表例です）など、唐の律令が（その地の実情に合わせながらも）周辺諸国に大きな影響を与えていることからもわかります**。

多くの人々に受け入れられたイスラームの理念

イスラーム勢力の場合、信者共通のルールの役割を果たしたのがイスラームの聖典である「**クルアーン（コーラン）**」です。クルアーンは預言者のムハンマドが受けた神からの啓示の内容がまとめられている書物です。

クルアーンは、聖典としてイスラームの信仰の源泉になっていることに加え、服装や日頃の行いから商売にいたるまで、イスラーム教徒としての人間社会における生き方の規範などが、「義務」「すすめ」「許可」「忌避」「禁止」の5つに分けて具体的に示されています。**これを読めばイスラーム教徒として守るべきことや、やってはいけないことがわかり、ある意味、信者の間で通用する普遍的な法として機能するのです**。

「1日5回礼拝をする」「飲酒はしない」「豚肉は食べない」などのルールや、「神の前に信者は平等」というイスラームの理念はどの民族でも受け入れることができるものであり、そのことがイスラームが世界中に広がったひとつの理由となっています。

7世紀のヨーロッパ、地中海

変容を見せる東西ヨーロッパの国家

クローズアップ ①フランク王国の実力者は「宮宰」に

7世紀のヨーロッパの主役は、クローヴィスからつながる**メロヴィング朝**の**フランク王国**でしたが、その内部では王の権力の弱体化という問題が起きていました。フランク王国では、王の死後に子たちが領土を分割して相続する慣例があったため、王国が絶えず分裂や統合を繰り返すようになり、非常に不安定だったのです。

その中で、王に代わって実力を持ち、宮廷をとりしきるようになったのが、**宮宰**と呼ばれる、宮廷の長官です。この宮宰の家系が、のちのフランク王国の王家になります。

クローズアップ ②栄光の時代から遠ざかる「ギリシア化」する東ローマ帝国

東ヨーロッパに目を移すと、**東ローマ帝国は依然、大きな力を持っていますが、ユスティニアヌスの栄光の時代からは少しずつ遠ざかっていきます**。イタリア半島はゲルマン人の一派であるランゴバルド人に奪われ、バルカン半島の北部ではスラヴ系の人々やブルガール人の侵入を許してしまいます。そして、台頭したイスラーム勢力に、シリアやエジプト、北アフリカを奪われることになります。

そうなると、「ローマ帝国」と名乗ってはいるものの、実際にはバルカン半島やアナトリアが支配領域の中心となります。言語的にもバルカン半島周辺地域で使われるギリシア語の使用が拡大し、ローマ時代のラテン語を話す人はわずかになってしまいます。**東ローマ帝国はギリシア語を公用語にすることになり、次第に「ギリシア化」することになります**。「ギリシア化」した東ローマ帝国は首都コンスタンティノープルの旧名である、ビザンティウムの名から「**ビザンツ帝国**」と呼ばれるようになります。

7世紀の中東

「世界宗教」
イスラームの成立と拡大

1・2世紀
3・4世紀
5・6世紀
7世紀
8世紀
9世紀
10世紀
11世紀
12世紀
13世紀
14世紀
15世紀
16世紀
17世紀
18世紀
革命
19世紀前半
19世紀後半
帝国
戦間
恐慌
冷戦
グロ

クローズアップ ③神から啓示を授かったムハンマド

7世紀の世界史の最大のトピックは、のちに世界宗教となる**イスラーム**の成立と拡大です。

イスラームは、アラビア半島西部の商業都市、**メッカ**で生まれました。当時のアラビア半島は牧畜と交易を行う遊牧民と、オアシスの農耕民が砂漠の中に点在する地域でした。これらの民族は互いに勢力争いを繰り広げていました。

メッカは商業の拠点として繁栄しており、また、様々な神を信仰する周辺の民族の巡礼地のひとつとしても人々を集めました。メッカが経済的に繁栄するようになると、貧富の差が拡大し、富める者が貧しい者を差別するなどの弊害が出ました（一方で、商業の発達により、契約や会計のあり方など、商業についての合理的な考え方も生み出されています。イスラームと商業の相性がよいのは、そうしたベースもあるからです）。

このような状況のメッカに登場したのが、イスラームの創始者である**ムハンマド**という人物です。メッカで起きている貧富の格差と社会の分断に悩んでいたムハンマドは、ある日の瞑想中に天使ガブリエルと出会い、神からの啓示を授かったといいます。その後もムハンマドは23年間にわたって様々な啓示を授かり、この啓示がのちに聖典である「**クルアーン**」にまとめられることになります。

クローズアップ ④ムハンマドによる宗教活動の開始

610年ごろ、ムハンマドは神の啓示を受けた「預言者」として宗教活動を開始します。**ムハンマドが説く教えの中心は、「ただひとつの神の前の絶対平等」です。**「すべての者は平等だ」と説くムハンマドに、貧富の格差に

苦しむ貧しい者は同調しますが、豊かな者や、それまで崇拝されていた多神教の神を信仰していた人々はムハンマドの教えを危険なものと考え、ムハンマドたちを迫害します。

激しい迫害に対してムハンマドは身の危険を感じ、622年にメッカを逃れて**メディナ**という町に行き、その地で信仰を広げます。この移動のことを「**ヒジュラ**」といい、**イスラームの世界ではムハンマドの活動の「原点」とされます**。

メディナで力をたくわえたムハンマドは、630年に大軍を組織してメッカに攻め入ります（ほとんど戦いが起きなかった「無血開城」といわれます）。メッカに入ったムハンマドは、多神教の神殿であった**カーバ神殿**の偶像を破壊（イスラームは偶像崇拝を禁じているからです）してイスラームの聖殿とします。

ムハンマドは632年に亡くなりますが、そのころまでにはアラビア半島の多くの部族がムハンマドの権威に従うようになりました。

クローズアップ ⑤イスラームの指導者となった「正統カリフ」の時代

ムハンマドの死後、イスラームの指導者になったのが、**カリフ**と呼ばれたムハンマドの後継者たちです。そのうち、はじめの4人は信者たちの合意を得てカリフとなったので、**正統カリフ**と呼ばれています。

この、正統カリフたちも周辺地域への征服活動と布教を行いました。東西の大国家であったビザンツ帝国とササン朝は長年の抗争で疲弊しており、**イスラーム勢力はビザンツ帝国からシリアやエジプトを奪い、ササン朝を滅亡に追い込んでいます**。

正統カリフ時代は30年ほどで終わりますが、東はイラン、西はリビアにいたる広大な範囲を勢力圏にしました。

クローズアップ ⑥大きく2派に分かれたイスラームの信者たち

信者たちの合意のうえで決められた「正統カリフ」とはいえ、信者たち

は一枚岩というわけではありませんでした。2、3、4代の正統カリフが暗殺によって命を落としていることも、何らかの対立があったことをうかがわせます。積極的に遠征を行ったのも、人々の関心を内部対立からそらすため、ともいわれています。

　特に、第4代正統カリフの**アリー**と、ウマイヤ家という一族から登場した**ムアーウィヤ**という人物は激しく対立します。ムアーウィヤはシリアで大きな勢力を持つ実力者でした。

　アリーが第4代の正統カリフに就任すると、ムアーウィヤも対抗してカリフを名乗り、<u>ウマイヤ朝</u>という新しい王朝をたてます。その後アリーが暗殺されると、カリフを名乗る者はムアーウィヤだけになってしまいました。

　この対立の中で、アリーを支持し、アリーとその子孫のみを認めるという派閥が形成されます。アリー以外の正統カリフもムアーウィヤも認めず、アリーと、ムハンマドの娘であるアリーの妻の子孫（ムハンマドの血筋を直接ひいている、ということになります）のみをイスラームの指導者として認めるというのです。これが、<u>現在イスラームの「少数派（と、言っても世界に2億人以上存在します）」であるシーア派のもと</u>になります。

　一方、教団のまとまりを重視して、実力のあるムアーウィヤの政権を認めた多数派は、<u>共同体の合意によって選ばれたそれまでの正統カリフやムアーウィヤの権威を認めるという、イスラームの「多数派」であるスンナ派と呼ばれる宗派を形成します</u>（シーア派が分離したのであり、スンナ派自体が「派」を形成したわけではありません。スンナ派は後世の呼称です）。

クローズアップ ⑦巨大国家となったウマイヤ朝

　ムアーウィヤは自分の子を後継者としてカリフを引き継がせたので、このウマイヤ朝からカリフの位は世襲のものとなります。ウマイヤ朝は盛んな征服活動を行い、8世紀の初頭までに、西はイベリア半島、東は中央アジアにいたる地域まで、広大な領域を持つ国家となりました。

7世紀のインド

北インドを支配した ハルシャ＝ヴァルダナの王国

クローズアップ ⑧40年ほどで滅亡した北インドの王朝

　インドに目を移すと、久々に大きな領域を持つインドの国家が成立しています。それが、**ハルシャ＝ヴァルダナの王国**です。「ヴァルダナ朝」と呼ばれることもありますが、創始者の**ハルシャ＝ヴァルダナ王**が亡くなると、急速に崩壊したために、王の名で国家の名をあらわすことが多いです。

　ハルシャ王は民衆に施しをして、善政をしいたといわれます。すでにインドにはヒンドゥー教が広まっており、ハルシャ王もはじめはヒンドゥー教を信仰していましたが、次第に熱心に仏教を保護するようになり、領内に多数の仏塔を建設します。

クローズアップ ⑨インドを訪れ仏教を学んだ玄奘・義浄の旅

　このハルシャ＝ヴァルダナ王のおさめるインドに、仏教を学ぶために訪れた中国の僧が、唐の**玄奘**という人物です。玄奘は3系統の仏典に精通していたことから、「三蔵法師」というあだ名がつけられています。すなわち、『西遊記』の三蔵法師のモデルになった人物なのです。

　玄奘は陸路でインド（天竺国）に渡り、仏教を学びます。物語の『西遊記』では、天竺国の王は娘を三蔵法師に嫁がせようとしたり、孫悟空や猪八戒をごちそうぜめにしたりと大いにもてなしますが、実際のハルシャ王も玄奘たちを大いにもてなし、**ナーランダー僧院**で仏教を学ばせたという記録が残っています。

　ハルシャ＝ヴァルダナの王国が崩壊したあと、インドに仏教を学びにきた唐の僧が義浄という人物です。海路で往復したため、その記録はスマトラ島を中心に栄えた**シュリーヴィジャヤ王国**など、当時の東南アジアの様子を知る貴重な資料となっています。

7世紀の草原・オアシス地帯、東南アジア

隋・唐の影響を受けた遊牧国家

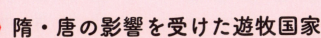

クローズアップ ⑩唐の支配下に置かれた突厥

6世紀に巨大な遊牧国家を形成していた**突厥**ですが、6世紀末には内部対立から東西に分裂し、隋王朝に対して劣勢に立たされます。しかし、隋が混乱すると、**東突厥**が再び力を得て、まだ「できたて」で不安定な時代の唐に対して優位な位置に立っています。

しかし、唐が安定すると唐の2代皇帝の太宗は東突厥に反撃し、その結果、東突厥は630年に唐の支配下に置かれました。西突厥も、7世紀半ばに唐の支配下に入ります。

クローズアップ ⑪吐蕃王国の登場とチベット仏教の成立

チベット高原では、**ソンツェン＝ガンポ**という人物がチベットを統一し、**吐蕃**王国が成立します。ソンツェン＝ガンポは唐の第2代皇帝である太宗の養女を妻とし、ネパールに存在していた王朝の有力者の娘も妻として迎えます。

この王妃たちはそれぞれ熱心な仏教徒であったため、中国とインドの仏教の要素がチベットで混ざり合った、**チベット仏教**が成立します。

クローズアップ ⑫海上交易で発展したシュリーヴィジャヤ王国

東南アジアの島々では、スマトラ島やマラッカ海峡周辺に**シュリーヴィジャヤ王国**が成立し、最盛期を迎えます。都のパレンバンを中心に、多くの港市国家の連合体という形をとっていたようです。マラッカ海峡は古代から現在にいたるまで東西交通の要所であり、シュリーヴィジャヤ王国も中継交易で発展しました。仏教が盛んな国で、多数の僧が学問に励む様子が記録されています。

7世紀の中国・朝鮮半島

東アジアに君臨した大帝国の成立

クローズアップ ⑬「中国史上を代表する暴君」の時代

　7世紀初頭の604年、隋王朝では初代の皇帝である楊堅（文帝）に代わり、2代目の皇帝である**煬帝**が即位します。

　煬帝は「中国史上を代表する暴君」ともいわれています。「煬帝」の「煬」の字も、本来は父親の楊堅と同じ「楊」になるべきですが、「焼く」「燃やす」というような、悪い意味を含む言葉を当てられ、日本でもこの字に「ようてい」ではなく、「ようだい」と読みを当てており、「暴君」であることを、字や読みのうえでも強調されるほどの存在なのです。

　なぜ、煬帝が暴君といわれるのかというと、**大運河**の完成に力を入れ、女性や子どもなども大規模な土木工事で働かせ、人々を大いに苦しめたからとも、高句麗に大規模な遠征を無理やりに行ったから、ともいわれています。

　ただ、煬帝の「暴君」像は、のちの唐王朝によってつくられたともいえます。一般的に、**王朝の交代時には、のちの王朝の建国者をヒーローにするために、前の王朝の最後の皇帝が悪く書かれるものなのです。**

クローズアップ ⑭現在も利用される

　煬帝の政策は、的外れというわけではありませんでした。「暴君」と称される大きな理由である、土木工事で完成した**大運河は後の王朝でも活用され、現在も中国の南北方向の輸送の大幹線となっているのです。**

　「黄河と長江を南北に連結する運河をつくって、船で移動できるようにするとさぞかし便利だろう」と頭の中で考えるのは簡単ですが、実際につくるとなると、途方もない大工事が必要です。

　煬帝が多くの人を動員し、この大工事に取り組ませたことは、たしかに

当時の民衆を苦しめたことでしょう。しかし、煬帝が、誰がやっても不満が出るような大工事を進めたという「嫌われ役」を買って出てくれたおかげで、のちの王朝は「悪名」を煬帝に背負わせて、大運河を利用することができたのです。**東西に流れる黄河と長江、そして南北をつなぐ大運河によって、中国全体の物流が促進され、中国全体の一体化が進んだのです。「暴君」の評価は、高い実行力や企画力の裏返しなのかもしれません。**

クローズアップ ⑮高句麗遠征の失敗と唐の成立

煬帝は高句麗に対する大規模な遠征を3度行いましたが、いずれもうまくいかず、兵士たちの間にも「遼東にて死ぬなかれ」（高句麗に行って死ぬのは無駄死にのようなものだ）という言葉が流行してしまいます。

煬帝に対する支持が次第に失われていく状況の中、南方の宮殿に向かった煬帝の留守を狙い、618年に都の長安を占拠したのが李淵という人物です。李淵の母の妹は煬帝の母なので、いとこが都を奪ったことになります。李淵は長安を占拠すると、煬帝の孫を皇帝に据え、そこから帝位を譲られる形で皇帝になり、新たな王朝である唐をつくります。同じころ、煬帝のいる南方でもクーデターが起き、煬帝は首を絞め殺されたといいます。

このようないきさつを経て誕生した唐王朝の支配は、「名君」と呼ばれる2代目の**太宗**（626〜649）の時代に確立します。太宗の政治は「**貞観の治**」と呼ばれ、律令国家を確立して国家を安定させた、よい政治の代表とされています。太宗は東突厥に遠征を行って制圧し、その子高宗は西突厥も服属させています。

クローズアップ ⑯様々な国家の手本となった唐の制度

唐は**律令**（律は今でいう「刑法」、令は「行政法」のことです）などの法令や中央政府のしくみをととのえて統治を行いました。その根幹となる制度は、戸籍をもとに、民衆に土地を支給し（**均田制**）、税を負担させ（**租調庸制**）、兵士とする（**府兵制**）という、**土地制度・税制・兵制が一体となっ**

た**制度です**。これは、日本の土地制度や税制にも大きな影響を与えています。また、征服地に対してはその統治を現地の首長に引き続き委ねて、**都護府**という役所を置いて監督して、間接的に統治するしくみをつくりました。

これらのしくみは、完全な唐のオリジナルではなく、様々な民族が出入りしていた中国の分裂時代、特に北朝の国々で徐々に形成されたものです。また、唐は仏教や道教（民間信仰をもとにした中国固有の宗教）を保護しました。

クローズアップ ⑰中国唯一の「女帝」、則天武后

唐の太宗には多くの側室がいましたが、そのうちのひとりがのちに則天武后となる人物の武氏です。武氏は唐の太宗の側室になったのち、3代目の皇帝の皇后にもなり、690年には皇帝となった自分の子を廃位して自ら皇帝となり、国号も唐から「**周**」に変えました。中国史上、最初で最後の女性の皇帝である**則天武后**の誕生です。

則天武后は権力欲が強く、多くの人を殺害したことから「悪女」のイメージがつけられましたが、人材を見抜く目があり、貴族勢力を抑えて科挙出身の官僚に重要な役割を与えました。この時代の政治が安定していたことから、農民暴動の記録が非常に少ないものとなっています。民衆にとってはよい皇帝だったといえるでしょう。

クローズアップ ⑱唐の制度を導入した新羅と渤海

朝鮮半島では新羅が唐と結び、676年に朝鮮半島を統一します。この統一の過程で日本と友好関係にあった百済も滅びてしまいます。百済を援助するため、日本は朝鮮に遠征軍を派遣しますが、白村江の戦いにおいて唐と新羅の連合軍に大敗を喫してしまいました。

また、698年には中国東北部に渤海が建国されています。新羅や渤海は唐の律令をもとにした律令を導入しました。

[7世紀の日本]

飛鳥の朝廷で進んだ中央集権化

クローズアップ ⑲「聖徳太子」が進めた国政改革

　7世紀初頭の日本は「**厩戸王**（聖徳太子）の時代」というイメージを持つとよいでしょう。**推古天皇**とその甥の厩戸王、そして**蘇我馬子**による政治改革の時代です。この推古天皇以降の時代を飛鳥時代と呼んでいます。有名な「冠位十二階（603年）」や「憲法十七条（604年）」などは、いずれも7世紀初頭に実施されました。**冠位十二階は、世襲ではなく個人の才能や功績に応じて冠位を与えるものであり、豪族に向けて政治を行う心構えを定めた憲法十七条には仏教や儒教などの思想が取り入れられました。**

　推古天皇時代の外交政策の代表例としては遣隋使の派遣が挙げられます。600年から614年まで複数回（3～5回）派遣されたと見られ、いずれも煬帝の時代の隋に派遣されました。特に有名なのが、**小野妹子**が使者として派遣された607年の遣隋使です。中国の王朝に対して臣下の礼をとった「倭の五王」のときとは違い、中国の皇帝に対して臣属しない形式をとりました。

クローズアップ ⑳大化の改新にも影響を与えた遣唐使

　隋の滅亡後、630年に派遣された第1回遣唐使には多くの留学生や留学僧が乗っており、唐の学問や政治のありかたを持ち帰りました。その一方で、朝廷では推古天皇や厩戸王の死後、**蘇我蝦夷・入鹿**の親子が権力を握っていました。唐から帰国した留学生や留学僧から学んだ人々の中では、唐の政治のありかたにならって、天皇を中心とした強力な中央集権国家をつくるため、蘇我蝦夷や入鹿の影響を排除しようと考える者もいました。

　645年、**中大兄皇子**と**中臣鎌足**は、蘇我蝦夷と入鹿を倒して政治の実権を握る**乙巳の変**を起こし、**大化の改新**といわれる政治改革に着手しました。

㉑大きな衝撃となった白村江の敗戦

　朝鮮半島では660年に新羅が唐と結び、百済を滅ぼすという事件が起きていました。百済と関係が深い日本は、百済に援軍を送りますが、663年の<u>白村江の戦い</u>において、唐と新羅の連合軍に敗れました。

　この戦いの敗北は大きな衝撃となり、さらに強力な国家づくりを進める原動力になりました。

　天智天皇の死後、672年に起きた<u>壬申の乱</u>（じんしん）といわれる皇位継承争いに勝利した**天武天皇**は、天皇中心の政治を推し進めるための改革を行いました。

　天武天皇はその改革の半ばで亡くなりますが、あとを継いだ妻の**持統天皇**のもと、「日本最初の体系的な法典」ともいわれる<u>飛鳥浄御原令</u>（あすかきよみはらりょう）の施行や、縦横に街路を整備した都である**藤原京**への遷都が行われました。

　天武天皇・持統天皇の孫である**文武天皇**の時代、701年（8世紀の初めの年ですが）には**大宝律令**が制定されています。

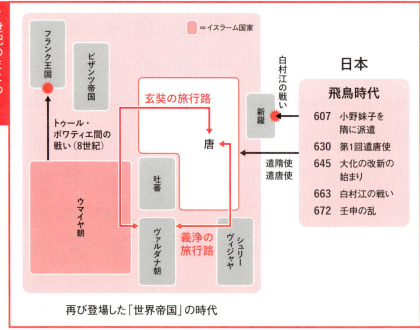

7世紀のまとめ

再び登場した「世界帝国」の時代

8世紀

繁栄する
東西帝国の都

～仏教を重視した奈良の天皇～

8世紀の世界

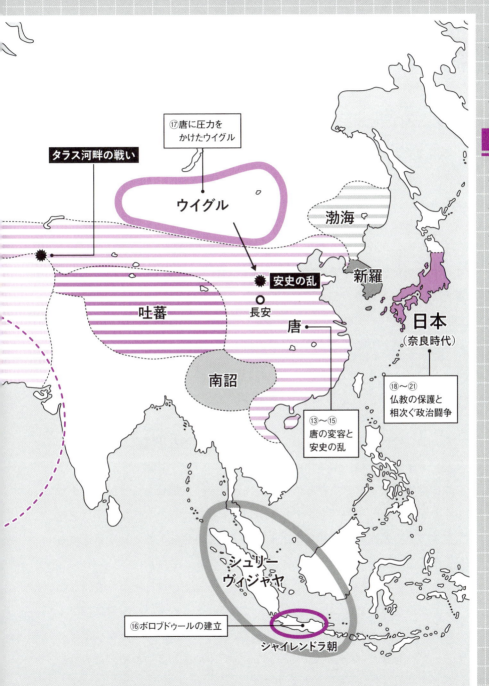

8世紀を読み解く

地域によって異なる都の「横顔」

🔍 使い勝手のよい語呂合わせの「名作」

　思考力や表現力を重視する現在の学校教育では、歴史の用語や年代の丸暗記は、あまりよいこととされていません。それでも、考えや表現のベースとしての最低限の知識はあるほうがよく、重要年代のいくつかは頭に入れておいたほうがよいとは思います。

　そうした、年代の丸暗記によく用いられるものが、年代の語呂合わせです。源頼朝が征夷大将軍に就任した年の「いい国つくろう鎌倉幕府」は、一度覚えたら一生忘れないような、代表的な「名作」ですが、そんな名作に出会うと、思わず「うまい！」と感心してしまいます（「いい国」の「1192」は12世紀の終わりごろなので、鎌倉時代がおおむね13世紀ということの目安にもなっており、使い勝手がとてもよいのです）。

🔍 長安を手本につくられた平城京

　そうした年代の語呂合わせの中でも「**なんと立派な平城京**」と「**泣くようぐいす平安京**」の２つは代表的な名作でしょう。平城京と平安京という２つの都の名前と、そこから始まる奈良時代と平安時代という時代、そしてそれが、710年、794年と、８世紀の最初と最後のほうなので、**年代を覚えなくても「奈良時代に起きた出来事はすべて８世紀」だという目安にもなるのです**。

　また、平城京が律令国家の形成期にあたり、国家の中心となる立派な都づくりが目指されたフレッシュな時代であるイメージや、平安京は都づくりが人々の負担となったため途中で造営が中止され、未完成となったマイナスイメージが、「なんと立派な」「泣くようぐいす」という言葉に表れているところも、「言い得て妙」なのです。

本章で扱う8世紀の都である平城京は、「なんと立派な」という言葉のとおり、10万人が暮らす立派な都で、碁盤の目のように整備された街路や、東西の市、そして大規模な寺社などが存在していました。この平城京を学習するときには、「唐の長安を手本につくられた」という言葉が決まり文句になっています。

正方形の区画が連続した唐の長安

さて、その「本家」のほうの唐の長安ですが、70万人が暮らす大都市であり、**碁盤の目のような街路や、皇帝が暮らす宮城が都市の北方に位置するなど**、平城京が手本とした多くの要素が見てとれます。

長安を手本にしたのは平城京だけではなく、渤海の上京竜泉府や新羅の慶州（都市全体の形状は似ているとはいえないのですが、碁盤の目の街路や都市計画に長安の影響が見られます）などの東アジアの国家の都も、長安を手本にしていたといわれます。

こうした、正方形の区画が連続するような都の形状は、広い農地を区画して耕作する、集約的な農業をベースとした東アジアの都ならではという感じがします。

巨大な「円形都市」バグダード

長安の繁栄と同時期に繁栄を迎えていた都市が、**アッバース朝**の都である**バグダード**です。バグダードを上空から見ると、中心市域がまん丸という独特な形状を持つことから、「円形都市」といわれます。当時の人口は150万人以上と推定されている大都市です。

この「円形」には4つの大きな門があります。それぞれ「クーファ門」「シリア門」「ホラーサーン門」「バスラ門」という、その門から延びる道が、どこの都市に向かっているかがよくわかるようになっています。

こうした都市の形状が円形であることや、門の名称でどこに向かっているかを示すという特徴は、砂漠のオアシスと交易路を「点と線」でつない

でいる砂漠地帯の都市ならではという感じがします。

また、10世紀の記録には「カリフが中央に座ったときに、特定の場所が他の場所よりも王の近くにならないようにするため」と書かれており、円形であることはイスラームが掲げる「平等」の理念を反映しているとも見ることができます。

🔍 絶えず移動していたフランク王国の宮廷

8世紀のヨーロッパ世界には**フランク王国**が存在しています。フランク王国は現在のフランス・ドイツ・イタリア北部にあたる広大な領域を持ち、唐やアッバース朝に並んで8世紀の「主役」に位置付けられる国家です。

唐の長安やアッバース朝のバグダードと並び、フランク王国の都もさぞかし大きく、立派なのだろうと思うかもしれませんが、じつはフランク王国の最盛期に王宮が置かれたアーヘンは、市域全体を見ても、端から端まで1.8km程度しかありません。**長安やバグダードに比べると、驚くほど小規模なのです**。

じつは、このフランク王国では、王が絶えず国内を移動して統治するという「移動宮廷」という形をとっていました。フランク王国は「王国」といっても、実態は「戦争のときに王に協力する諸侯の寄せ集め」という状況であり、唐やアッバース朝と比較しても、フランク王国の王権は強いものではなかったのです。また、交通や通信がよく発達しておらず、国家の全域から税を運ばせることも困難でした。

そこで、王は国内の「めんどう」を絶えず見ておく必要があったのです。国内に自分に忠実な家臣を地方官として派遣するほか、自分の目も光らせて反乱を防止し、地方の状況を自ら確認し、徴税を行うことでようやく統治を行き届かせていたのです。**王が絶えず移動するために、アーヘンも「王都」としての発展が限定的だったのです**。

同じころに東西で繁栄した国家たちも、その都の形状や大きさを比較するとそれぞれの国家の性格が浮き彫りになるのです。

8世紀のヨーロッパ

カロリング朝に引き継がれ発展したフランク王国

クローズアップ ①ウマイヤ朝を撃退したカール＝マルテル

ヨーロッパのフランク王国の動向を引き続き見ていきます。

ここまでのフランク王国の王朝は、クローヴィスに始まる**メロヴィング朝**でした。しかし、王権は次第に低下し、代わりに「**宮宰**」という存在が実際の権力を握るようになっていました。

この「宮宰」の中で、最もその名を知られる人物がカロリング家出身のカール＝マルテルです。**カール＝マルテル**は、拡大を続けるウマイヤ朝の軍を732年の**トゥール・ポワティエ間の戦い**で破り、ヨーロッパへのイスラームの拡大を阻止しました。

クローズアップ ②ローマ教皇のバックアップでできた新王朝

カール＝マルテルはすでに王をしのぐ実力を持っていましたが、メロヴィング朝の王を倒して新しい王朝をたてることはしませんでした。

751年に主君の実権を奪い、新しい王朝をたてたのは、カール＝マルテルの子であるピピンでした。

主君から王位を奪い取るのはよいイメージではありませんが、**ピピンはキリスト教会と結びつき、クーデターを承認してもらうことで、「教会からのお墨つき」のクーデターという位置づけにしてもらおうとしました。**ピピンはローマ教皇に使者を送り、クーデターの是非を問うと、ローマ教皇は「実力のない者ではなく、実力のある者が王であるべき」と回答してピピンのクーデターを認め、フランク王国の王位につくことを承認したのです。この見返りに、ピピンはローマ教皇を脅かしていた勢力であったイタリアのランゴバルド人を討伐し、奪ったラヴェンナ地方を教皇に寄進しました。これが、教皇領の起源です。

87

このようにして成立した、ピピンから始まるフランク王国の王朝を**カロ**
リング朝といいます。

クローズアップ ③ヨーロッパ史に名を残す英雄カール大帝

ピピンの子であり、カロリング朝の2代目の王が、ヨーロッパ史に名を
残した英雄である**カール大帝**です。フランスとドイツという2つの国の産
みの親であり、トランプのハートのキングにその姿が描かれるほど（その
他はダヴィデ王、アレクサンドロス大王、カエサルです）、ヨーロッパの歴
史を代表するような存在だとみなされています。

カール大帝は父のピピンの政策を引き継ぎ、東のアヴァール人、西のイ
スラーム勢力、南のランゴバルド王国、北のザクセン人というように、東
西南北の勢力と戦い、**現在のドイツ、フランス、北イタリアにまたがる広**
大な領土を手にします。特に、父のピピンと同様、ローマ教皇を脅かして
いたランゴバルド王国と戦い、これを滅ぼしたため、ローマ教皇とフラン
ク王国の連携がさらに深まることになりました。

クローズアップ ④「西ローマ皇帝」として戴冠したカール大帝

カール大帝は広大な領土をいくつもの州に分割し、「伯」という役職（「伯
爵」という言葉のもとになりました）を任命して統治にあたらせました。

8世紀最後の年となる西暦800年、ローマ教皇である**レオ3世**は、**カー**
ル大帝に300年以上も前に滅びた西ローマ皇帝の冠を授け、フランク王国
を新しい西ローマ帝国に見立ててその復活を宣言しました。

宗教は、いわば「形のない」精神的な存在であるため、布教や教会の建
設、資金の調達など「形のある」活動を行うのは、実際にその地をおさめ
ている王たちのバックアップを必要とします。そうした、強力なスポンサー
としてカトリック教会が選んだ人物が、カール大帝だったというわけです。
カール大帝にとっても、キリスト教会との結びつきを深めることで、国内
の諸侯に対する支配力を高めることができたのです。

8世紀の地中海、アフリカ

東西に分かれていくキリスト教会

クローズアップ ⑤ビザンツ帝国の周囲に形成されたギリシア正教圏

7世紀ごろから、ビザンツ帝国はイスラームやスラヴ人など、周囲の勢力に押されがちになっていました（「大帝」と呼ばれたユスティニアヌス以後、基本的にはずっと、領土は縮小の一途をたどっています）。

こうした勢力に対抗し、勢力を維持するためにビザンツ皇帝たちが利用したのは、キリスト教の力でした。

皇帝は「神の代理人」として、「おひざ元」である首都のコンスタンティノープル教会をキリスト教世界の中心として、キリスト教会全体を管轄下に置こうとしました。また、周囲のスラヴ人国家には宣教師を派遣し、布教にあたらせました。こうして**ビザンツ帝国の周囲にはコンスタンティノープル教会を中心としたキリスト教の世界が構築され、ローマを中心とするカトリック圏とは別のキリスト教圏である、ギリシア正教圏が形成されていきました**。

クローズアップ ⑥拍車がかかる東西教会の対立

ローマを中心とするカトリック教会は、勢力を伸ばしつつキリスト教会全体を管轄しようとするビザンツ帝国とギリシア正教圏の動きに対して反発するようになりました（カトリック教会とフランク王国の連携が深まったり、カール大帝の戴冠が行われたりした背景には、このようなビザンツ帝国やギリシア正教の動きに対抗する意図があったのです）。

こうした、東西教会の対立に拍車をかけた事件が、聖像崇拝に対する対立です。726年にビザンツ皇帝**レオン3世**が聖像禁止令を出し、聖像（キリストやマリアを描いた絵画や像）の使用を禁止したのです。

もともと、キリスト教を含む一神教では神の絶対性を確保するため、神

1·2世紀
3·4世紀
5·6世紀
7世紀
8世紀
9世紀
10世紀
11世紀
12世紀
13世紀
14世紀
15世紀
16世紀
17世紀
18世紀
革命
19世紀前半
19世紀後半
帝国
戦間
恐慌
冷戦
グロ

89

の像を拝む「偶像崇拝」を禁じています（神は絶対的なものであり、「この世に存在するもの」でつくることはできないと考えます）。

しかし、実際のキリスト教においては、聖像を使った布教や礼拝が盛んに行われていました。「聖像そのもの」ではなく、聖像を「通して」神を礼拝する、という建前があったのです。

そこで、ビザンツ皇帝レオン3世は聖像崇拝を禁止する法令を発し、多くの聖像の破壊を命じます。**「ルール通りにやりましょう」と主張することで、キリスト教会の主導権を握ろうとしたわけです。**ゲルマン人への布教のために盛んに聖像を用いていたカトリック教会はこの命令に強く反発しました。ギリシア正教会とカトリック教会の対立はさらに深まり、決定的な溝が生まれました（9世紀半ば、ビザンツ帝国で聖像崇拝が復活します）。

クローズアップ ⑦「聖像禁止」の背景となったイスラームの拡大

「聖像禁止令」のもうひとつの背景は、イスラームの拡大です。イスラームもキリスト教と同じく、神を唯一で絶対のものと考えるため、偶像崇拝を禁止しています。イスラーム勢力にとって、キリスト教徒が聖像を使うことは、一神教全体における「ルール違反」をしているように見えるのです。特にイスラーム勢力により近く、イスラーム勢力の攻撃を受けているビザンツ帝国では、**「自分たちがイスラームに攻撃されているのは、自分たちが偶像崇拝というルール違反を行っていることに対する『神の罰』だと解釈できる」という論が流行したのです。**こうした批判の声にこたえるためにも、ビザンツ帝国は聖像崇拝の禁止を求めたのです。

クローズアップ ⑧アフリカ内陸に成立したガーナ王国

アフリカでは、内陸に**ガーナ王国**が成立しています。ガーナ王国は8世紀に成立し、11世紀ごろまで存続した国家です。地理的にはいわゆる「サヘル」と呼ばれるサハラ砂漠の南縁に位置し、サハラの岩塩やガーナの金を扱って南北に交易する商人たちによって繁栄しました。

8世紀の西アジア

「イスラーム帝国」アッバース朝の繁栄

クローズアップ ⑨ウマイヤ朝の拡大停止と内部崩壊

8世紀に入っても、ウマイヤ朝の征服活動はとどまりませんでしたが、732年、カール＝マルテル率いるフランク王国軍に**トゥール・ポワティエ間の戦い**で敗れて、拡大は止まってしまいます。

これまで順調に勢力圏を拡大していたように見えますが、じつはウマイヤ朝の内部では内部崩壊が始まっていました。それが、課税問題です。

ウマイヤ朝の中核は、アラブ人、すなわち「アラビア語を話すアラビア半島の人」です。しかし、ウマイヤ朝はその征服活動の中で、多くの民族を取り込み、すでに「国際的」になっていました。ウマイヤ朝は「征服されたよそ者」であった征服地の人々に対して、人にかける税（人頭税）のジズヤ、土地にかける税のハラージュという、2つの税をかけたのです。

一方で、ウマイヤ朝は、王朝の中核をなしているアラブ人には、この2つの税を免除していました。

イスラームの根幹をなす考えは、「神の前の平等」です。そのため、征服地の人々の間に、「平等と信じてイスラームを受け入れたのに、アラブ人ばかり優遇されて不平等だ！」という不満が生じます。

クローズアップ ⑩アッバース朝が成立し、唐に勝利した

こうした不満を抱く人々の力を結集してウマイヤ朝を打倒したのが、**アブー＝アルアッバース**という人物です。この人物がたてた王朝を「**アッバース朝**」といい、750年にウマイヤ朝を滅ぼした革命を「アッバース革命」と呼んでいます。

この、成立したてのアッバース朝が、中央アジアの支配権をかけて東の帝国である唐と戦い、大勝をおさめたのが、751年の**タラス河畔の戦い**で

91

す。**この戦いで唐の製紙職人が捕虜になったといわれ、紙のつくり方がイスラーム世界に広まったとされています。**

　アッバース朝による、ウマイヤ朝の残党狩りは厳しいものであったようですが、王族の生き残りはイベリア半島に逃れ、コルドバを都にウマイヤ朝を復活させました。これを「後ウマイヤ朝」といいます。

クローズアップ ⑪アッバース朝で実現した税制の平等

　ウマイヤ朝の税制に対する不満から成立したアッバース朝では、民族間の税制の不平等を解消する政策がとられました。

　まず、イスラーム教徒でも異教徒でも、どのような民族でも、土地の所有者であれば**ハラージュ**（土地にかけられる税）を全員払わなければなりませんでした。そして、**ジズヤ**（人にかけられる税）は、イスラーム教徒であれば、異民族であってもかからなくなり、異教徒であれば払うことになります。したがってジズヤは、帝国内でキリスト教やユダヤ教を信仰したいという者が、税を払って信仰を継続させてもらう「**異教徒にかかる追加税**」という格好になるのです（イスラームがキリスト教やユダヤ教に寛容であったのは、イスラームに強制的に改宗させるよりも、**そのままの信仰を認めておいたほうが税収の都合がよかった、という見方もあります**）。

クローズアップ ⑫バグダードの建設により出現した巨大交易圏

　アッバース朝の2代目のカリフのとき、新しい都として**バグダード**が建設されました。インド洋へのアクセスがよいバグダードが建設されたことによって、従来の「オアシスの道」と、ダマスクス（ウマイヤ朝時代の首都でした）が面する地中海と、インド洋が結びついて一体化し、**広大なイスラーム経済圏が出現することになったのです**。

　そして、第5代のカリフである**ハールーン＝アッラシード**のとき、アッバース朝は全盛期を迎えます。ハールーン＝アッラシードはフランク王国のカール大帝と使者のやりとりがあったと伝えられています。

8世紀の中国、東南アジア、草原・オアシス地帯

「曲がり角」を迎えていた巨大国家

クローズアップ ⑬前半と後半では真逆の評価が与えられる玄宗の治世

　則天武后前後の政治的混乱をおさめたのが**玄宗**という皇帝です。玄宗の治世は約44年間と長く、その治世の前半は有能な官僚に支えられて安定し、「開元の治」と称えられました。

　しかしながら、その治世の後半は妃の楊貴妃に溺れてしまい、政治がゆるんで唐を揺るがすほどの大反乱を招きます。**玄宗は「前半は善政、後半は悪政」といわれる、極端な評価が与えられる皇帝です。**

　この玄宗のころ、唐は大きな曲がり角を迎えています。唐の初期の経済や軍事を支えていた「均田制、租調庸制、府兵制」の一体化した運用、**すなわち「戸籍に登録した人々に土地を分配し、そこから税をとって、徴兵を行う」というシステムが機能不全に陥っていたのです。**

　特に、徴兵にとられると、その期間の田畑は荒れてしまいます。その結果、農民は没落して、税負担に耐え切れずに逃げ出したり、豊かな人に土地を譲り渡して自らは小作人になったりしました。そのため、ますます戸籍が機能しなくなり、十分な兵が揃えられなくなってしまいました。

　徴兵制が機能不全に陥った唐王朝は、「募兵制」というしくみに切り替えることで対応します。戸籍にこだわらずに兵士を募集して、給料を支払って雇うことにしたのです。

クローズアップ ⑭力を持ち始めた「地方の親分」

　唐にとって、特に兵力が必要だったのは、辺境の防衛でした。唐は辺境の防衛に、節度使という役職を置きました。節度使の多くは辺境の地をよく知る異民族が任命され、そこに、募兵制で募集した兵士が配置されたのです。節度使には任命地の税を軍事目的に使う権限も与えられました。

もちろん、強制的に徴兵した兵士よりも、募集して集まった志願兵のほうがモチベーションが高いでしょうし、そこに、その地にあかるい異民族の節度使が率いるならば、かなりの防衛力アップが期待できそうです。

　しかしながら、**この構造は「地方の親分」をつくってしまう制度になりえます。しばしば、節度使は唐に対する独立勢力になってしまいました。**

　玄宗の時代にも、755年に突厥とイラン系の民族のソグド人の血を引き、強力な騎馬軍団を育成していた節度使の**安禄山**を中心とする**安史の乱**が起きました。唐はウイグルの援軍を得て763年にようやく鎮圧しましたが、一時は長安や洛陽を失う大反乱になりました。この反乱後、**節度使は辺境の地だけでなく、国内にも置かれるようになり、各地の行政や財政を握る「地方の親分」が全国的に存在するようになります**。こうした節度使のことを「**藩鎮**」といいます。

クローズアップ ⑮「現実路線」に切り替えた唐の税制

　徴兵制が崩壊すると同時に、土地を放棄したり、譲り渡したりする農民が増えたため、土地や税の制度も崩壊しました。唐は財政再建のため、780年に両税法を定め、戸籍ではなく、**現住地で所有する資産の額に応じて課税するという、現実路線の税に切り替えました**。この税は一定の効果があり、以降も唐王朝はある程度の経済力を保つことができました。

クローズアップ ⑯ジャワ島で行われた世界遺産ボロブドゥールの建立

　東南アジアにはジャワ島を中心にシャイレンドラ朝が成立しています。この王朝では有名な仏教遺跡の**ボロブドゥール**が建立されています。

クローズアップ ⑰突厥に代わって軍事力を発揮したウイグル

　モンゴル高原の草原地帯は、衰退した突厥を倒した**ウイグル**が遊牧国家をたてています。唐に対して圧力を加えることが多かったのですが、時には唐の内乱に援軍を差し向けることもありました。

政争が絶えなかった「奈良の都」の時代

⑱律令国家が整備された奈良時代の日本

710年、長安の都市計画に基づいて**平城京**が造営され、**奈良時代**が始まりました。奈良時代には6回の遣唐使が派遣され、遣唐使が持ち帰った唐の法律や制度をもとに律令国家が整備されました。また、平城京には大寺院が多く置かれ、唐に渡った学問僧が仏教文化を発展させました。

朝鮮半島の新羅との関係は、日本が新羅を従属国として扱おうとしたため、しばしば緊張が強まりました。一方で、中国東北部の渤海とは良好な関係を築いており、たびたび使者のやりとりが行われました。

⑲次第に拡大していく朝廷の支配

朝廷は、東北地方や九州南部の支配領域の拡大に努めました。東北では712年に日本海側に出羽国が置かれました。また、陸奥には724年に**多賀城**が置かれ、そこに東方経営の拠点として鎮守府が置かれました。南九州では、713年に大隅国が置かれ、九州南部の支配領域が確立しました。

⑳仏教によって国家の安定を願った奈良時代の天皇

奈良時代は藤原氏と皇族が権力闘争を繰り広げる、政治闘争が多い時代でした。これに、天然痘の流行などの社会不安が重なったため、8世紀半ばの**聖武天皇**は**国の安定を仏教に求め、仏教の力によって国家を守るという「鎮護国家」の思想に基づいた政治を展開しました。**

741年、聖武天皇は**国分寺・国分尼寺建立の詔**を発し、全国に国分寺と国分尼寺を置き、その中心を東大寺としました。さらに743年に**大仏造立の詔**を発し、民衆の力も利用しながら大仏の造営を行いました。

また、この時代には土地制度の改革も行われました。この時代、口分田

として支給する田が不足しており、農業技術そのものが未発達だったため飢饉が発生しやすく、口分田を支給しても、困窮した農民がすぐに土地を捨てて逃げるというケースも多く発生していました。税が十分に手に入らない朝廷は、農地の増加により税収の向上を目指します。743年に出された**墾田永年私財法**は、身分ごとの範囲内で開墾地の永久所有を認めるという法で、耕作地の増加には一定の成果がありました。

クローズアップ ㉑相次ぐ政争と新都の造営

聖武天皇の死後も、奈良時代は引き続き政治闘争が多い時代でした。**仏教と政治が強く結びつく時代であっただけに、政治に口を出し、強大な権力を握った僧もあらわれました。**

8世紀末に登場した**桓武天皇**は、こうした仏教勢力やヤマト政権時代からの豪族勢力の政治への「横やり」から離れるため、遷都をはかりました。784年に**長岡京**、794年に**平安京**に遷都が行われ、平安時代へ移行します。

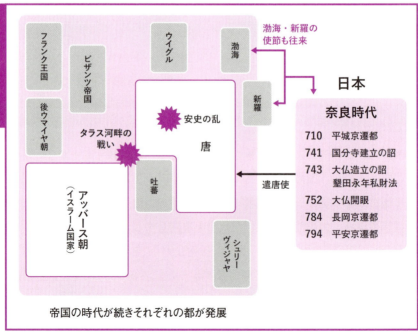

9世紀

再び分裂・衰退の時代に

～藤原北家の権力伸長～

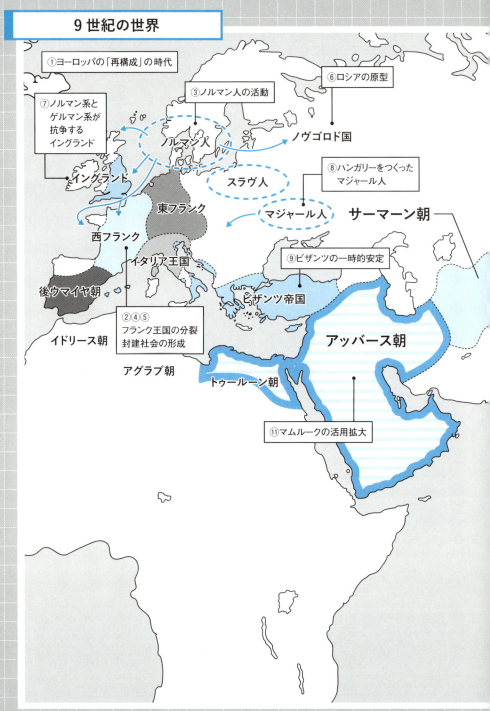

9世紀を読み解く

多くの「地方の領主さま」が生まれた土地制度の転換

各地域で突入した衰退・分裂の時期

　9世紀は、これまでの主役であった国家たちが軒並み、衰退期や分裂期を迎え、「あまりうまくいっていないな」という印象を残す時代です。

　人間の場合、うまくいっていないときには「体調不良」になりますが、国家の「体調不良」のバロメーターは何かといえば、財政難です。財政難の理由には、税をとる対象の農民が逃げ出したり、国家の規模が縮小することで税収が減ったりと、いろいろなものがあります。

　そして、税がうまくとれなければ、それを予算にする様々な政策、特に防衛政策に響くようになり、外敵や内紛に対応できなくなり、ますます衰退したり、国家が分裂したりするようになるのです。

　この中で、それぞれの地域では社会の変化を余儀なくされます。

　主要な変化としては、私有地の拡大です。国家の力が相対的に弱くなると、(君主や政府は存在するものの) 半ば自立したような「地方の領主さま」が増えていくというわけです。9世紀はそうした「地方の領主さま」がたくさん出現するような社会へと変化する転機となった時代なのです。

私有地が拡大した中国

　中国の唐王朝では、すでに8世紀からその変化があらわれ始めており、9世紀には、戸籍に登録した民衆に土地を割り当て、そこから税をとり、徴兵を行うという「三点セット」が完全に崩壊していました。

　農民たちの間で税負担を逃れようとして土地を捨てて逃げ出したり、土地を有力者に譲って自ら小作人になったり、死亡したと偽ったり、性別を偽ったりということが横行し、戸籍は完全に機能しなくなったのです。唐王朝は、8世紀半ばに兵を募集するしくみに切り替え、8世紀末には税制

も現実路線にすることで、なんとか対応しようとしていたのです。

　こうした、戸籍の崩壊と入れ替わるように拡大したのが荘園です。**貴族や大寺院が、没落した農民の土地を私有地としてあわせ持つようになり、その農民たちを小作人として使うようになります。こうした、私有地のことを荘園というのです**。荘園の増加により、それまで「誰の血筋であるか」「どのような家柄であるか」ということが「貴族」の地位の基準になっていましたが、次第に「どれだけの土地を持っているか」「どれだけ裕福か」という「豊かさ」が地位の基準になっていくのです。

墾田永年私財法がきっかけとなり荘園が拡大した日本

　この9世紀ごろ、日本でも「荘園」が広がりつつありました。日本の律令制の大きな原則は、土地と人民を国家のものとする「公地・公民」にありました。

　日本の歴史でも、中国の歴史同様に、律令制は次第に崩れていきます。中国と同じように土地を捨てて逃げ出したり、戸籍を偽ったりして税を逃れようとするケースが激増したのです。こうした律令制の大きな原則が崩れていくことに対し、時の朝廷は一部の土地の私有を認めることで、耕作地の拡大と税収の確保をはかろうとしたのです。

　特に、8世紀半ばの743年に出された墾田永年私財法は時代の転換点になりました。開墾した地を永久に所有してよい、という法律の裏には、「永久に所有してよいというのならば、人々は盛んに開墾するだろう」という狙いがあったのです。

　その結果、開墾地の拡大という一定の成果が得られたものの、身分の高い大貴族や大寺院にも広い開墾地の私有を認めたため、大規模な私有地、すなわち初期荘園と呼ばれた荘園が出現します。

　時代が進み、11世紀から12世紀ごろには中央政界の有力者に土地が寄進され、さらに私有地である荘園が拡大していくことになります。

ヨーロッパにも存在した「荘園」

ヨーロッパにも「荘園」があります。中国や日本と同様に「荘園」という言葉を使いますが、ヨーロッパの場合、その性格を少し異にします。

ローマ帝国の分裂やゲルマン人の侵入以降、長い混乱の時期が存在したヨーロッパは、広大な領土を統一的に支配するような存在があらわれず、もともと小規模な領主が寄り集まっているという状況でした。王であっても、そうした領主のひとつでしかなく、その王に領主たちが従ってグループを形成している、というのがヨーロッパにおける「国家」の実態でした。

さらに、8世紀から9世紀ごろにはノルマン人の移動などの「第二次民族移動」や、イスラーム勢力からの防衛の必要性から、有力者が土地を分け与えて家臣と契約を結び、主従関係となるというしくみである「封建社会」が成立します。

このように、領主たちの領土はもともと私有地に近い存在であり、それが「荘園」と呼ばれていたのです。領主たちはこの荘園で「農奴」と呼ばれる農民を支配し、税を納めさせました。

9世紀に起こったアッバース朝の財政難

イスラーム世界では、9世紀に**地方政権がアッバース朝から自立したため、アッバース朝は周辺地域からの税が手に入らなくなり、財政難に陥ってしまいます**。軍人に払う給料も不十分となり、各地で反乱が起こったのです。その後、10世紀のブワイフ朝によりイクター制という制度が始まり、土地からの徴税権を与えることで給料に変えるというしくみに変わります。このしくみにより、軍人が実質的な地方の「領主さま」になっていきます。

総じて、地域ごとの状況は異なるものの、**9世紀を転換点として、土地や人の動きに変化が表れ、そこかしこに「領主さま」がいて、そこに農民が労働している（君主のもとに多くの小領主が存在する）、という「中世」的な社会が展開されるようになるのです**。

9世紀のヨーロッパ・地中海世界の動向

「再構成」の中からできた ヨーロッパの原型

クローズアップ ①再びヨーロッパは混乱状態に

9世紀の西ヨーロッパは「再構成」の時代といえます。3〜4世紀のゲルマン人の移動をきっかけにいくつかのゲルマン人国家が成立し、7〜8世紀にはフランク王国がひとまずの「勝者」となりました。9世紀はこのフランク王国が分裂し、北からはノルマン人、東からはマジャール人などが民族移動の「第二波」として移動し、再び混乱状態がおとずれた時代です。

この混乱状態によってヨーロッパが「再構成」され、**フランク王国の分裂からはフランス、ドイツ、イタリアが、ノルマン人の移動からはロシアやイギリスが（それぞれ、スラヴ人やゲルマン人をベースに、ノルマン人との混血が進み、国家の原型ができます）、マジャール人の移動からはハンガリーと、現在の国家の原型ができるのです。**

クローズアップ ②2つの条約で3分割されたフランク王国

ヨーロッパの「再構成」のひとつめの要素は、フランク王国の分裂です。カール大帝の死後、カール大帝の孫の代に、激しい相続争いが起こります。フランク王国には領地を子たちに分割して相続する伝統があり、兄弟の存在が「取り分」の減少につながるため、どうしても争いが起きてしまうのです。

その結果、843年の**ヴェルダン条約**によってフランク王国が3つに分裂します。さらに、870年の**メルセン条約**によって国境線が引き直され、**西フランク、東フランク、イタリア**の3つの王家に分かれます。これが、現在のフランス、ドイツ、イタリアの原型になるのです。

カール大帝が受けた皇帝の位は、カールの子孫たちに引き継がれますが、

103

次第に形ばかりのものになります。イタリア王国は早々にカロリング王家の血筋が断絶し、その後は長い分裂状態になります。

クローズアップ ③ヨーロッパに刺激を与えたノルマン人の移動

「再構成」のもうひとつの要素は「第二次民族移動」と呼ばれる一連の民族移動です。

その中で最も大きな動きだったのが、スカンディナヴィア半島に居住していた、ノルマン人の南下です。このノルマン人は「ヴァイキング」という呼称のほうが有名かもしれません。

ノルマン人は大きく見ればゲルマン人の一派に属し、狩猟や漁業、商業活動を行っていました。しかし、人口の増加などの理由により、8世紀後半から南下しながら西ヨーロッパに侵入を繰り返すようになりました。航海術を得意としており、細身の船で沿岸各地を襲撃したため、「海賊」としてのイメージが強い人々です。このノルマン人の移動は200年間ほど続き、ヨーロッパの各地に大きな影響を与えました。

クローズアップ ④複雑な契約関係でモザイク状の世界となる

ノルマン人の侵入やフランク王国の分裂という混乱は社会不安を増大させました。この中で、自らの国家や領地を守るために、契約によって主君と家臣が結びついて連携を深めようという動きが進みました。

その結果、出現したのが主君から家臣に土地を与え、家臣は主君に軍役を果たすという**封建的主従関係**です。

「封建」とは、「土地を与えることによって主従関係を結ぶ」というような意味です。この関係は契約関係なので、契約を別々に結べば複数の主君を持つことも可能ですし、契約さえ成立すれば、騎士階級でも王と直接主従関係を結ぶことや、ある国の王が他の国の家臣になることもありました。

こうして、様々な契約関係が結ばれた結果、**それぞれの領主の土地がモザイク状に入り混じる社会が成立するのです。**

家臣が複数の主君に仕えることができたり、家臣から契約関係を破棄したりすることもできたため、**この頃の「国」は、国境が明確な現在の国とは違い、「この辺まではおおむねこの王の影響が強い」という、「契約関係の及ぶエリア」という程度のものであり、国境はかなりあいまいだったのです**。この9世紀ごろが封建的主従関係の出現期であり、11〜12世紀にはそれが「封建社会」として確立し、ヨーロッパ社会の基本的な骨組みとなります。

クローズアップ ⑤農奴たちを厳しく支配した封建領主たち

封建社会において、主君から土地を与えられた家臣は、領主としてその土地（封土）を経営することになります。この領主それぞれの所有地を荘園といいます。

領主が支配する農民は農奴と呼ばれ、領主の支配のもとで様々な税負担を課せられました。領主は領内の裁判権を持ち、荘園と農奴に強い支配力を及ぼしました。領主のみならず、教会の税負担もあったため、農奴たちの暮らしは苦しいものがありました。

クローズアップ ⑥ロシアの原型をつくったノルマン人とスラヴ人

ノルマン人の動きの中で、9世紀に起きた特徴的な動きは、ロシアへの移動です。**リューリク**という人物が、「ルーシ（「ロシア」という名称の起源です）」と呼ばれたノルマン人の一派を率い、現在のロシア連邦の北西部に位置するノヴゴロド周辺にノヴゴロド国を建国します。

その後、その一族が現在のウクライナにあたる、南方のキエフ（キーウ）に拠点を移動し、キエフ公国と呼ばれるようになります。ノヴゴロドに政治の中心が置かれた時期はおおむね20年程度で、キエフに中心が移ってからのキエフ公国が400年ほど続きました。ルーシの一派はもともとノルマン人でしたが、移動してきたノヴゴロドやキエフ周辺の地域はスラヴ人の居住地であり、混血が進んで「スラヴ化」します。

このキエフ公国が現在のウクライナやロシアの文化的なルーツとなっています。現在、ロシアのプーチン大統領はキエフ公国がロシアの「祖」であるという歴史を踏まえて、キーウを首都とするウクライナをロシアの「歴史的な領土」と表現してウクライナ侵攻の理由のひとつとしています。

クローズアップ ⑦ゲルマン系とノルマン系の抗争の場となったイングランド

この時代、ノルマン人が盛んに侵入していたもうひとつの地域に、イングランドがあります。イングランドはゲルマン人の大移動により、**アングロ＝サクソン七王国**と呼ばれる小国家たちが成立していました。これを9世紀に**エグバート**と呼ばれる人物が統一し、イングランド王国としたのです。しかし、このイングランド王国はスカンディナヴィアや現在のデンマーク方面からの「**デーン人**（「デンマーク」と同じ語源です）」と呼ばれるノルマン人の侵攻を受け、9世紀半ばにはほぼデーン人に支配されてしまいます。9世紀末には、エグバートの孫であり、「大王」の異名をとる**アルフレッド**がデーン人を追い返し、イングランド王国を再興しますが、デーン人の侵攻はなおも続いていきます。

クローズアップ ⑧ハンガリー平原に国家を築いたマジャール人

目を東に移すと、**マジャール人**がハンガリー平原へと移動しています。これが、現在のハンガリーのもとになります（日本人が自分たちの国や人を「ジャパン」「ジャパン人」とは言わず、「にっぽん」「にほん」というように、ハンガリー人も自分たちを「ハンガリー人」とは言わず「マジャール」と呼んでいます）。

クローズアップ ⑨一時的な安定期を迎えていたビザンツ帝国

地中海周辺に目を移すと、ビザンツ帝国は大きく見れば衰退していく中にありましたが、9世紀は一時的な安定の時期で、国家の財政は安定し、都市の発展が見られました。

9世紀の中東

勢いを失ったアッバース朝から地方政権が自立

クローズアップ ⑩中央アジアにもイスラーム王朝が誕生

8世紀にはイランから北アフリカまで、**広大な勢力圏をつくっていたアッバース朝も、9世紀にはその勢いを失ってしまっています。**

アッバース朝の最盛期を築いたハールーン＝アッラシードは9世紀初頭に亡くなりますが、その後継者の兄弟は仲が悪く、内紛となって帝国の安定感はなくなります。

ハールーン＝アッラシードの時代から、すでに地方に自立の動きがあったのですが（やはり、言葉が違う民族に支配されるのは、地方の民族にとって、なかなか受け入れ難いものがあるのです）、アッバース朝が不安定になると、自立の動きが加速します。エジプトのトゥールーン朝や、中央アジアの**サーマーン朝**などの王朝がアッバース朝から自立した代表的な政権として知られます（サーマーン朝は「中央アジア初のイスラーム王朝」と呼ばれます）。

クローズアップ ⑪強力な軍事力を持ったマムルークの軍団

これらの王朝はアッバース朝からの「自立」という言葉を使ったように、**独立状態にありながらも「敵対勢力」ではなく、アッバース朝のカリフを権威としては認めていました。**

また、この時代あたりから、「**マムルーク**」と呼ばれるトルコ系の奴隷兵士が用いられるようになります（ウイグルの崩壊によって、トルコ系の民族がイスラーム世界に拡散したこともその一因です）。トルコ系の居住地に近いサーマーン朝をはじめ、アッバース朝を含めた多くの地域でマムルークが用いられるようになり、**強力な軍事力を持ったマムルークは次第にカリフや統治者の権威を脅かす存在にもなります。**

9世紀の草原・オアシス地帯、東南アジア、朝鮮半島

ウイグルの四散により広がる
トルコ系民族

⑫ウイグルの滅亡により広がったトルコ系の民族

　8世紀同様、インドは分裂状態が続いています。モンゴル高原を見ると、8世紀に最盛期を迎えていたトルコ系の**ウイグル**が、同じトルコ系の遊牧集団である**キルギス**の攻撃を受けて滅ぼされてしまいます。

　その結果、**ウイグルの人々は四散し、南方の唐の領内や、南西にあたる現在の中国の新疆ウイグル自治区にあたるオアシス地域、あるいはさらに西に進み中央アジア一帯に広く分布するようになります**（旧ソ連の中央アジアの構成国であったカザフスタン、ウズベキスタン、トルクメニスタン、キルギスの主要な民族はいずれもトルコ系です）。

　これらの、中央アジアのトルコ系民族が多く居住する地域は「**トルキスタン**」と呼ばれるようになり、サーマーン朝やアッバース朝をはじめとする王朝で用いられるマムルークの供給地となりました。

⑬王都の遺跡が残るアンコール朝の成立

　東南アジアでは、インドシナ半島を代表する国家である**アンコール朝**がカンボジアに成立しています。この、アンコール朝は9世紀から15世紀まで、26代600年も続く長期の王朝になりました。豊富な鉄資源や盛んな稲の生産で国力を高めました。

⑭渤海や新羅が迎えた弱体化の時代

　唐が衰えるとともに、周辺諸国である渤海や新羅も衰退します。特に新羅ではそれまでの貴族層に代わり、軍事力を背景とした新興の豪族が成長し、それぞれが争いを繰り広げるという、唐とよく似た状況になり、9世紀末には3つの国に分裂しました。

108

中国 黄巣の乱

皇帝殺害と大乱で混乱する唐帝国

クローズアップ ⑮ 皇帝殺害と「怪しい薬」に大揺れの唐王朝

中国では依然として唐の時代が続き、王朝内部が末期的な様相を呈します。宦官が大きな力を持つようになり、皇帝を立てるときにも大きな影響力を持ちました。時には、宦官が皇帝を殺害するという事件も起き、衰退はますます強まります。また、不老不死をもたらすという「金丹」という（水銀入りの）薬を飲む「金丹術」が世の中で流行し、皇帝もこれを飲んで少なくとも3人が命を落としています。

クローズアップ ⑯ 唐に不満を持つ様々な階層が立ち上がった大反乱

そうした、王朝内部の混乱に加え、この時代は世の中も大荒れになっている時代でした。その代表的な事件が、875年に起きた黄巣の乱という大反乱です。

唐は衰退期に入ると、財政難に陥りました。そのため、税のとり方が現実主義の「両税法」になったことを説明しましたが、それと同じころに、塩の専売も開始されています。塩を政府が独占販売することにより、税収の増加をはかったのです。その値段は「暴利」ともいえるもので、唐が専売していた塩は、もとの塩の値段の数十倍に及びました。そうすると出てきてしまうのが、塩の密売です。政府が売る塩より安く売れば儲かるので、多くの密売人が登場してしまいます。

政府の密売人の取り締まりに対して、密売人たちは反乱を起こします。その最大のものが875年に始まった、首謀者のひとりである黄巣の名をとった「黄巣の乱」です。飢饉やイナゴの害もひどく、困窮した人々や唐に不満を抱く多くの人々が加わる大反乱に発展しました。884年にようやく乱がおさまるものの、唐は完全に「死に体」となってしまいました。

109

9世紀の日本

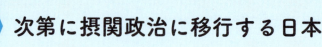
次第に摂関政治に移行する日本

クローズアップ ⑰平安京への遷都と大規模な軍事遠征

　794年に平安京に遷都した**桓武天皇**は、新しい政治を目指して様々な改革を行いました。唐の律令が機能不全に陥ったように、日本の律令も次第に機能不全に陥ったため、その立て直しをはかったのです。

　たとえば、労働奉仕を税とする雑徭の日数を減らして農民の負担を減らそうとしたり、兵役の義務を廃止して、地方役人の子弟を兵隊にする制度を導入したり、国司の引継ぎの監督を行う勘解由使を設置して不正を防止したりするなどの改革を行いました。農民の負担を減らし、政治の引き締めをして飛鳥時代から続く制度をなんとか維持しようと考えたのです。

　また、桓武天皇は東北地方へ朝廷の支配を及ぼすための遠征を行いました。蝦夷といわれた北方の人々を服属させるため、**坂上田村麻呂**を中心とした遠征軍を東北地方に送りました。

　しかし、平安京の造営や大規模な軍事遠征は民衆の大きな負担となったため、桓武天皇はやむを得ずこの2つの事業の打ち切りを決定します。そのため、平安京の西側は未完成区画が数多く残ることになりました。

クローズアップ ⑱時代に対応した改革を行った嵯峨天皇

　桓武天皇のあとを継いだ平城天皇は、しばらくして弟の**嵯峨天皇**に位を譲りました。ところが、一度譲った権力を回復したいと平城上皇が要求したため、平城上皇と嵯峨天皇との間に争いが発生してしまいます。これが、810年の平城太上天皇の変です。

　この争いに勝利したのは嵯峨天皇のほうでした。この争いの中で、嵯峨天皇は機密を保持し、命令を速やかに伝えるための補佐官を置きました。これが、蔵人所で、その長官の蔵人頭には、**藤原冬嗣**が任命されました。

嵯峨天皇は、このほかにも平安京内の警察の役割を担う検非違使を置いたり、律令を補う追加の法令である「格」や「式」などをまとめた「弘仁格式」を編纂したりしました。

クローズアップ ⑲平安時代の初期に流行した新しい仏教

奈良時代の朝廷では仏教の力で国をおさめるという考えが強かったため、しばしば僧が政治に口を出すことで政治が混乱しました。そして、平安時代初期には、**こうした奈良の大寺院とは距離をとる、新しい仏教が広まります**。

この新しい仏教を広めたのが、804年の遣唐使で唐にわたった**最澄**と**空海**です。**最澄**は805年の帰国後に天台宗を開き、比叡山延暦寺を拠点に布教活動を行いました。**空海**は、最澄の１年後に帰国しましたが、その間に長安で本格的な密教の教えを学んで帰国し、真言宗をひらき、京都の東寺や高野山の金剛峰寺を拠点としました。密教は秘密の呪文と儀式を重視する仏教です。のちに、天台宗にも密教の要素が大幅に取り込まれました。

クローズアップ ⑳藤原氏による摂関政治の始まり

嵯峨天皇のときに、天皇の補佐官として重要な役についた人物が藤原冬嗣です。この**藤原冬嗣の子孫が、摂関政治の全盛期を築きます**。

藤原冬嗣の息子である**藤原良房**は、天皇に嫁がせた娘の子である、孫の清和天皇が858年にわずか９歳で即位したことから、外祖父（母方の祖父）として実権を握り、幼少期の天皇に代わって政治を行う摂政になりました。こうした中にも、藤原良房は842年の承和の変、866年の応天門の変と、**ライバルである藤原氏以外の貴族に謀反や陰謀の疑いをかけて政治の世界から追い落としています**。以後も、藤原氏がライバルを排除する他氏排斥事件は何度も起こりました。

その子の**藤原基経**も、幼い陽成天皇の摂政となり、884年に55歳の光孝天皇が即位すると、成人後の天皇の補佐を行う関白になりました。

10世紀半ばまでは摂政や関白を置かずに政治を行う天皇もいましたが、10世紀後半からは摂政・関白がつねに置かれるようになります。

クローズアップ ㉑遣唐使を無意味なものとしていた「黄巣の乱」

平安時代に入ってからは、804年、838年と2回の遣唐使が派遣されました。その後しばらく遣唐使の派遣はありませんでしたが、894年に遣唐使の派遣が久々に計画されました。

しかし、**この遣唐使が計画される直前の875年から884年にかけて、唐で黄巣の乱が起きています**。この乱によって、唐は完全な「死に体」になってしまいました。一方で、民間の商人は唐から頻繁に来航していました。

そこで、大使に任命されていた菅原道真は、もはや遣唐使を派遣する意義は失われているとして、遣唐使の派遣中止を提案したことからこの回の遣唐使の派遣は中止となり、以後派遣されることはありませんでした。

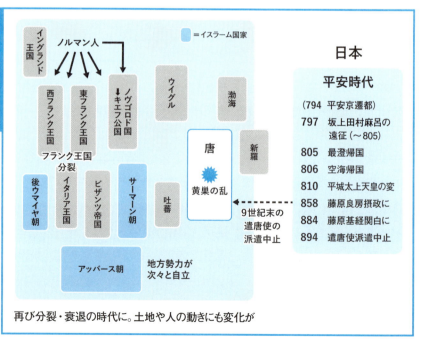

再び分裂・衰退の時代に。土地や人の動きにも変化が

10世紀

武人勢力の伸長

～律令制の崩壊と文化の国風化～

10世紀の世界

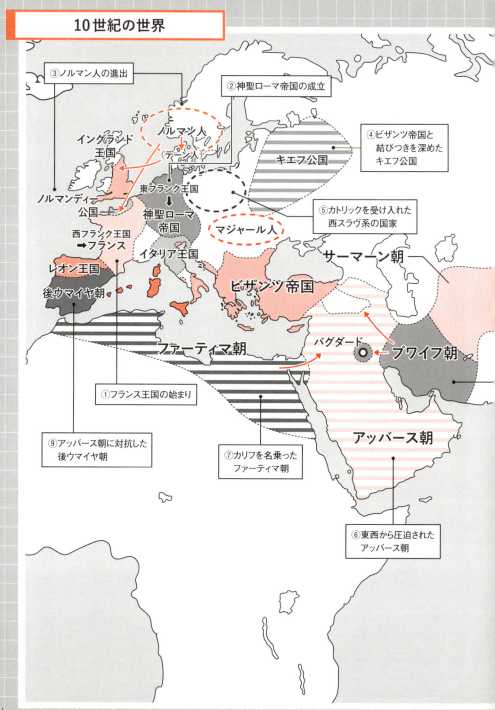

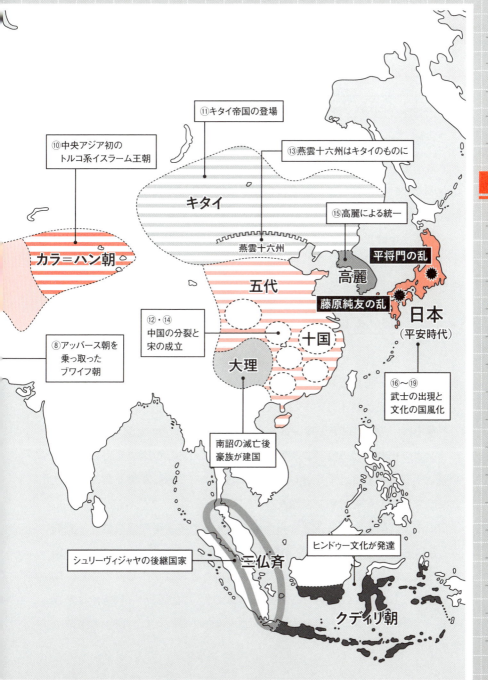

10世紀を読み解く

「戦う人」が成長した10世紀

各地方の分裂や弱体化の中から「武人」たちが成長

　10世紀の地図を見ると、9世紀に始まった各地方の分裂や弱体化がますます進んでいるように見えます。フランク王国の分裂後の国家の王権は弱いものでしたし、アッバース朝は東西から強く圧迫を受けている状況でした。唐の滅亡後の中国は「五代十国」という分裂状態でした。

　このような時代を反映してか、10世紀には、様々な地域で「武人」たちの存在が目立った時代です。地域によってその性格や役割は変わりますが、**総じて生業として「戦う人」という階層が成長していった時代なのです。**

「騎士」が成長したヨーロッパ

　中世ヨーロッパの「武人」といえば「騎士」です。「騎士道」などの言葉でも知られる、鎧をまとって馬に乗り、武器をふるって戦う姿はよくアニメやゲームなどの創作のモチーフになっています。

　前章では、9世紀以降のヨーロッパにおいて、フランク王国の分裂や、ノルマン人の移動などの「第二次民族移動」などの混乱の中で、自らの国家や領地を守るために土地を分け与え、契約によって主従関係を結ぶ封建社会が成立したことを解説しました。

　この中で、**騎士たちも主君から土地を与えられて主従関係を結び、戦闘のときに主君のために戦う存在となります**。騎士たちは普段は小規模な「領主」として荘園を経営し、戦争時には主君のもとにはせ参じるのです。10世紀はこうした騎士たちの「成長期」にあたり、11世紀から13世紀にかけてヨーロッパとイスラーム勢力が戦った十字軍の時代には、騎士が軍隊の中心となります。

116

優れた戦闘力を発揮したマムルークの軍団

騎士の成長と同じころ、イスラーム世界で**マムルーク**の使用が広がりました。**マムルークとは、奴隷兵士のことで、おおむねトルコ系の民族からなっていました**。本書でも、突厥やウイグルなど、トルコ系民族の遊牧国家について触れてきましたが、これらの遊牧国家の人々をルーツとするトルコ系の人々は、高い騎馬技術と戦闘力を持っていました。このトルコ系の人々が戦争で捕虜にされたり、購入されたりして主人に仕える存在となったのがマムルークです。（「奴隷」といっても、よくイメージされる奴隷ではなく、主君につきしたがって戦闘を行う、「郎党」や「従者」といったようなイメージです）。

マムルークは高い機動力を特長としており、「トルコマン種」と呼ばれる馬を優れた技術で扱い、馬上から弓を射ることにも長けていました。

優れた戦闘力を発揮したマムルークはイスラームの国々においてなくてはならない存在となり、マムルークの中には軍事的なリーダーとして将軍に任命される人物もいました。アッバース朝の分裂も、それぞれの地方政権がマムルークの採用を増やしたため、マムルーク同士の抗争が増加したという背景があるのです。

節度使が戦い合った五代十国の時代

中国では、「武人」の時代がもっと早く訪れています。唐は8世紀ごろから律令制が崩壊し始め、兵を募集する募兵制に切り替えて、それを「地方の親分」である節度使に率いさせるというしくみになっていました。**この節度使は軍事権だけでなく、各地の行政や財政を握るようになり「藩鎮」と呼ばれる地方政権になっていました**。

唐王朝が存在しているときの藩鎮は、「唐の中の地方政権」という位置づけだったのですが、10世紀初頭に唐王朝が滅びてしまうと、それぞれの地方政権の存在が表面化することになります。この「武人の親分」が対立し

て争った時代が、この10世紀なのです。

しかし、この傾向は960年に成立した宋王朝になるとやや下火になります。**宋は、戦乱の原因が地方政権化した節度使の存在にあると考え、節度使を廃止して皇帝直属の軍隊を大幅に強化したのです。**その結果、辺境の防衛力は大幅に低下し、「武人たちの時代」という雰囲気は下火になります。しかし、募兵制は引き続き施行され、職業軍人としての武人階層は存続していきます。

🔍 日本でも高まった「武士」の存在感

9世紀後半から10世紀ごろの日本も、世の中が乱れがちな時代でした。各地で国司が襲われる事件が起こり、大規模な盗賊団の蜂起なども発生していました。

こうした中、地方の紛争を鎮圧するために派遣された下級の貴族が、そのまま地方にとどまったり、国司の子孫や土着の地方豪族が武装するケースが増え、武士と呼ばれるようになっていきます。中央でも、宮中の警備を行う武士や、貴族の警護や都の警備を行う「侍（もともとの意味は「人に仕える人」という意味です）」と呼ばれる武士が登場しました。

やがて、地方の武士たちは連合体をつくり、武士団といわれるようになります。武士団の長には皇位継承権を失って「平」や「源」の姓を与えられた皇族の子孫がつくことも多く、「桓武平氏」や「清和源氏」など、その流れをくむ天皇の名をつけて呼ばれます。

10世紀の日本における、武士をめぐる大事件といえば、関東と西日本で939年という同じ年に発生した、平将門の乱と藤原純友の乱です。関東に勢力を持つ武士団の長で、桓武天皇の流れをくむ桓武平氏の一族である平将門と、伊予国の国司から1000隻あまりを動かす海賊の親分となった藤原純友が起こした大反乱で、朝廷は大いに動揺しました。これらの乱の鎮圧に、朝廷は地方の武士団の力を借りざるを得なくなり、**乱を起こす者も鎮圧する者も武士という、武士の存在感が大きく高まる事件となりました。**

10世紀のヨーロッパ

出そろい始めた
代表的な中世国家

クローズアップ ①初めは王権が弱かったフランス王家

　3つに分かれた後のフランク王国を見ると、イタリアは9世紀にカロリング王家が断絶してしまい、**10世紀には西フランクでも東フランクでも、カロリング朝の王家が断絶してしまいます。**

　西フランク、すなわち現在のフランスでは、987年にカロリング朝の王家が断絶してしまい、パリの領主である**ユーグ＝カペー**が諸侯の推薦を受け、王位につきます。これが、いわゆる「フランス王国」の始まりで、ユーグ＝カペーから始まる王朝を「**カペー朝**」といいます。以後のフランス王は、全員このユーグ＝カペーと血がつながっています。

　しかし、教科書にも「王権はきわめて弱い」と書かれるように、初期のカペー王家はパリの周辺を治めるいち領主にすぎず、王よりも広大な領土を持つ家臣もいました。

クローズアップ ②オットー大帝が皇帝の冠を授かり「神聖ローマ帝国」が成立

　東フランクも、10世紀初頭の911年に、カロリング朝の王家が断絶してしまいます。後継者の王となったのはカール大帝がかつて征服したゲルマン系の「ザクセン人」の王でした。

　西フランクが断絶したときに王位を継承したユーグ＝カペーは、フランク人の中から選ばれました。**そのため、「フランク人の王国」の歴史はつながっているのです。したがって、国名も「フランク王国」と同じ意味の「フランス」と呼ばれ続けるのです。**一方の東フランクは、王がザクセン人に代わってしまったので、「フランク」とはいえなくなります。**そのため、「ローマ帝国の外側にいた人々」という意味からきた「ドイッチュラント（ドイツ）」という言葉を用いて自らを表現するようになります。**

1・2世紀
3・4世紀
5・6世紀
7世紀
8世紀
9世紀
10世紀
11世紀
12世紀
13世紀
14世紀
15世紀
16世紀
17世紀
18世紀
革命
19世紀前半
19世紀後半
帝国
戦間
恐慌
冷戦
グロ

119

このザクセン人の王の2代目が、「大帝」のニックネームをもつ**オットー1世**です。オットー1世は東から侵入してきた**マジャール人**（ハンガリー人）を破って名声を高めました。この時点でハンガリーはまだキリスト教に改宗していなかったため、オットー1世は異教徒の侵入からヨーロッパを守った英雄として扱われたのです。

そこに目をつけたのが、ローマ教皇のヨハネス12世です。評判が悪く、権力基盤が不安定だったヨハネス12世はオットー1世との連携を求め、保護してもらおうとしたのです。**962年、ヨハネス12世はオットー1世にローマ帝国の冠を授け（カール大帝の戴冠と同じように）、ドイツをローマ帝国に見立てて、教会の保護者としました。**

以降、ドイツは「神聖ローマ帝国」と呼ばれ、いわゆるドイツ王が「神聖ローマ皇帝」と呼ばれるようになります。

クローズ アップ ③10世紀も活発だったノルマン人の進出

ノルマン系の民族もヨーロッパ各地に進出し続けています。10世紀のノルマン人を代表する人物が、**ロロ**です。ロロの一派は、フランスの北西部のノルマンディー地方を襲撃して荒らしまわりました。

当時の西フランク王は、このロロの勢力を逆に防衛に利用しようと考えました。ロロにノルマンディー地方を与える代わりに、侵入してくるノルマン人を防いでくれるように提案したのです。

911年、ロロはこの提案を受け入れ、西フランク王の家臣である「ノルマンディー公」となり、ノルマンディーの地に「ノルマンディー公国」が成立しました。

現在のデンマークが存在するユトランド半島では、ノルマン人の一派の「デーン人」の活動が活発でした。8世紀には王を称する者が登場し、10世紀にデーン人を統合した王権ができたといわれます。

「青歯王」と呼ばれ、10世紀を代表する王であるハーラル1世はキリスト教を受け入れ、デンマークにキリスト教が広がるきっかけを作りました。

ハーラル1世の影響力はノルウェーにまで及び、ノルウェーの王が殺害されたことで、一時的にノルウェーの王を兼任しました。「デンマーク」と「ノルウェー」をつないだ「青歯王」のハーラル1世の業績の連想から、「青い歯」を意味する「ブルートゥース（Bluetooth）」が、デジタル機器を無線でつなぐ通信規格の名称になっています（ブルートゥースのマークも、北欧一帯で使われていたルーン文字で、「ハーラル」「青歯王」を意味する、「H」と「B」の字を組み合わせた文字です）。デーン人は、イングランドにも侵入を繰り返しました。

クローズアップ ④ビザンツ帝国と連携を深めたキエフ公国

目を東に移すと、ロシアでは**キエフ公国**が発展しています。キエフ公国はカスピ海周辺の勢力や、西に移動してきたトルコ人勢力などとの戦いを経て、力をつけました。**もともと、ノルマン系の一族が建国した国でしたが、このころにはすっかりスラヴ人と同化し、以後のロシアは「スラヴ系の国家」とみなされます。**

キエフ公国の中で、最もよくその名を知られるキエフ大公が、**ウラディミル1世**です。ウラディミル1世はビザンツ帝国に援軍を送るなど、ビザンツ帝国と関係を深めた後、ビザンツ皇帝の妹との結婚を条件にギリシア正教に改宗しました（ビザンツ皇帝の妹は兄に説得され、泣く泣く結婚を承知したようですが）。**ビザンツ帝国との結びつきを深めたことで、キエフ公国に「箔」がつき、ビザンツ帝国の文化を取り入れてロシアの文化度を大幅に高めることができたのです。**

クローズアップ ⑤カトリックを受け入れた西スラヴ系の国家

スラヴ人の中でも、ロシア周辺の人々は「東スラヴ人」、現在のチェコやスロヴァキア、ポーランドの人々は「西スラヴ人」と呼ばれます。この地域では10世紀に、現在のチェコのもとになる**ベーメン（ボヘミア）王国**、そして**ポーランド王国**が成立し、それぞれカトリックを受け入れます。

10世紀の中東

アッバース朝の弱体化とイスラーム世界の大分裂

クローズアップ ⑥東西から圧迫を受けるアッバース朝

10世紀のイスラーム世界の地図を見ると、大きな変化が起きていることがわかります。**それまでのイスラーム世界の「主役」であったアッバース朝が東西から強い圧迫を受けているのです。**

9世紀にも、アッバース朝から地方の王朝が自立したという状況はあったのですが、アッバース朝のカリフを盟主と認めながらの自立が多く、依然、アッバース朝はイスラーム世界の中心としてふるまっていました。

しかし、**10世紀に入ると、アッバース朝のカリフの権威自体を認めず、アッバース朝に敵対する王朝が登場するのです。**

クローズアップ ⑦自らカリフを名乗ったファーティマ朝

その「最大手」というべき存在が、エジプトの**ファーティマ朝**です。ファーティマ朝は現在のチュニジア周辺を発祥とするシーア派の王朝で、ムハンマドの娘であったファーティマの子孫を名乗ります。909年に**アッバース朝のカリフの権威を否定して自らカリフを名乗ると、エジプトを征服して首都のカイロを建設しました。**

アッバース朝は8世紀の成立当初からシーア派に対して強い弾圧を行っており、積み重なったシーア派の不満が、ファーティマ朝成立の背景になったといわれます。

クローズアップ ⑧アッバース朝を「乗っ取った」ブワイフ朝

アッバース朝が弱体化するにつれ、シーア派や地方勢力の反乱が増加しました。アッバース朝はそのたびにマムルークの力を借りるようになり、そうなると今度はマムルーク勢力同士の抗争が増え、アッバース朝はますま

す弱体化するという悪循環に陥りました。

　アッバース朝のこうした状況を見て、東から軍を率い、バグダードに乗り込んだのが**ブワイフ朝**の君主です。ブワイフ朝はシーア派ではありましたが、その君主はアッバース朝を滅ぼさずに、アッバース朝のカリフから「大アミール」という称号を得ます。

　ここから、**ブワイフ朝の大アミールがアッバース朝を「乗っ取って」実際の権力をふるいます。アッバース朝のカリフは存在しながらも、実権を持たない宗教的な権威者となりました**。ブワイフ朝はシーア派、アッバース朝はスンナ派なので、アッバース朝にとっては「抑圧されている」という印象の強い体制だったことでしょう。

　ブワイフ朝は、軍人に給料を与える代わりに、土地の徴税権を割り当てる**イクター制**を実施しました。ヨーロッパの封建社会にも似た制度がイスラーム世界でも実施されたことになります。

クローズアップ ⑨カリフを名乗りアッバース朝に対抗した後ウマイヤ朝

　イベリア半島の後ウマイヤ朝の王族はアッバース朝に滅ぼされたウマイヤ朝の一族なので、もとからアッバース朝は「宿敵」でした。

　9世紀の間は、アッバース朝のカリフの権威を公然とは否定しなかったのですが、10世紀に即位した**アブド＝アッラフマーン3世**は、ファーティマ朝のカリフ自称の動きを見て、「それなら自分も」と、929年にカリフを称していわば「宿敵」のアッバース朝や、「隣のライバル」のファーティマ朝に対抗しようとしました。

　こうして、この時代のイスラーム世界には、**アッバース朝、ファーティマ朝、後ウマイヤ朝と大きく3つのカリフが並び立つ状況となり、イスラーム世界の分裂が明確になりました**。

　後ウマイヤ朝のコルドバは、人口50万人を超える大都市となって繁栄しました。987年に完成した大モスクは、コルドバを代表する世界遺産になっています。

10世紀の草原・オアシス地帯

トルコ系王朝とキタイ帝国の伸長
進む草原・オアシス地帯の主役交代

クローズアップ ⑩ トルコ系イスラーム王朝が中央アジアに誕生

　中央アジア方面では「中央アジア初のイスラーム王朝」と呼ばれるサーマーン朝が依然、勢力をもっています。

　サーマーン朝からさらに目を東に向けると、**カラハン朝**が成立しています。それまで、イスラーム世界ではトルコ系の奴隷兵士、すなわちマムルークが様々な国家で活用され、中には将軍となったり、自らの政権を打ち立てたりする例はありましたが、**カラハン朝は、トルコ系の民族が、民族集団全体としてイスラーム化したのです。**そのため、「中央アジア初の**トルコ系**イスラーム王朝」といわれます。

　のちにカラハン朝はサーマーン朝を滅ぼし、領域を西に広げましたが、そのことにより**さらにトルコ系民族が西に移動することになりました。**

クローズアップ ⑪ 強力な力を持つキタイ帝国が登場

　国家の再編が盛んであった9〜10世紀は、アジアでもウイグルや吐蕃、唐や新羅が滅亡しています。この混乱の中で、新しい勢力も登場しています。その中のひとつが、モンゴル高原におこった**キタイ**（契丹）です。キタイはモンゴル系とされている遊牧・狩猟民で、9世紀まで唐やウイグルに従っていました。

　ウイグルの崩壊と唐の弱体化によりキタイは勢力を強め、10世紀に**耶律阿保機**が登場し、キタイ内部の部族たちを統一して王（可汗）となり、国号を正式にキタイ（契丹）、中国風には**遼**と定めます。**耶律阿保機は東の渤海を滅ぼし、西ではモンゴル高原全域を支配下におさめ、強力な国家をつくりました。**耶律阿保機はキタイの言葉を表現するため、漢字を模倣した契丹文字を作成したことでも知られています。

10世紀の中国・朝鮮半島

五代十国の興亡と宋の建国

クローズアップ ⑫ついに唐が滅び中国は分裂時代に

　10世紀に入るころには、唐はすでに末期的な状況になっており、滅亡は時間の問題でした。907年、節度使の**朱全忠**という人物が、唐の帝位を奪って後梁王朝をたて、それを皮切りに中国北部に後唐、後晋、後漢、後周という5つの王朝が相次いで成立しました。これを「五代」といい、中国南部に多くの国がおこった「十国」と合わせて「五代十国」と呼ばれる時代になりました。

クローズアップ ⑬五代十国の興亡の中「燕雲十六州」はキタイのものに

　10世紀の地図を見ると、キタイの領域は万里の長城の南側に張り出しているように見えます。中国にとって、万里の長城の南側の、北方民族と接する地域に置かれた州をまとめて「燕雲十六州」といいます。

　なぜ、**この「燕雲十六州」が、キタイのものになったかといえば、五代の興亡が大きくかかわっているのです**。

　「五代」のうち、3番目に建国された後晋王朝の創始者は、2番目の王朝である後唐に対して反乱を起こしますが、逆に鎮圧されそうになり、後唐の軍に包囲されてしまいました。

　そこで、キタイに援軍を求め、救援をしてもらったのです。この救援のおかげで後晋が成立するのですが、後晋の創始者はその見返りとして936年、キタイに燕雲十六州を譲ったのです。

　王朝を創始した者にとっては、「ピンチを救ってもらってめでたし、めでたし」という場面ですが、その後の王朝、特に**北宋にとっては、この「燕雲十六州」がのど元に引っかかった骨のような存在となり、キタイに対して強い姿勢に出られない「弱み」となってしまいます**。

⑭「文治政治」に転換した北宋の初代皇帝

　五代十国の混乱を鎮めて**北宋**王朝を建国し、再び中国に秩序をもたらしたのが960年に皇帝となった**趙匡胤**という人物です。

　趙匡胤は、唐末期から五代十国にかけての混乱の原因は、節度使が軍隊を掌握する「地方の親分」となって地方政権（藩鎮）を形成し、互いに争ったからだと考えました。そこで、**趙匡胤は節度使を廃止し、軍隊を中央政府の直属としました**（天下人となったあとに、大名の武装解除を行うようなもので、それを断行したところに皇帝の資質を感じさせます）。

　また、武人が中心となった世の中を改めるため、「文」すなわち学問の力で国をおさめようという「**文治主義**」をおし進めました。科挙を重視し、科挙に合格した官僚を重要度の高い役職につけるとともに、科挙に殿試（皇帝による面接試験）を加え、より優れた人材を採用しようとしました。

　社会に目を向けると、唐末期や五代十国の混乱の中で、唐の時代に力を持っていた世襲の貴族や荘園の持ち主は没落してしまい、代わって新興の地主や商人などの富裕層が力を持つようになります。こうした階層の中から、科挙を受験する者が多く現れ、**士大夫**という知識人階級が出現しました。また、農業を基盤とする社会から、商工業の発達により都市が発達し、資本主義的な考えも見られるようになります。こうした、唐から宋にかけて社会のありかたが大きく変わったことを、**唐宋変革**と呼んでいます。

⑮朝鮮半島を統一した高麗の王建

　9世紀末に分裂状態になっていた朝鮮半島では、918年に**王建**という人物が登場し、**現在の北朝鮮の南端にあたる開城を都として936年に朝鮮半島を統一し、高麗王朝を建国しました。**

　高麗は五代や北宋といった中国の国々よりも、北方で国境を接するキタイの影響を強く受けています。高麗は仏教を国教として保護する一方、社会では儒教が根付いていきました。

律令制の崩壊と文化の国風化が進行した時代

クローズアップ ⑯ 天皇中心の政治から摂関政治の時代へと移行

10世紀を代表する天皇である**醍醐天皇**（897〜930）や**村上天皇**（946〜967）の時代は「**延喜・天暦の治**」と呼ばれ、**摂政や関白を置かない、以後の天皇家にとっては理想とされる時代でした。**

969年、**安和の変**という事件によって謀反の疑いをかけられた左大臣の源高明が失脚してからは、**藤原氏の摂政・関白が常に置かれるようになり、以後は天皇は実権を持たずに権威を保持する存在になっていきます。**

クローズアップ ⑰ 国司に大きな権限を与えた現実路線の改革

この時代は律令制の再建が目指されますが、醍醐天皇の時代を最後に律令国家の根幹である班田収授が行われなくなり、律令制はいよいよ崩壊してしまいます。そこで政府は、地方行政の立て直しのため、国司に強い地方行政の権限を与えます。中には強い権限をたてに、臨時の税を取り立てたり、民衆を労働にかり出したりする国司もいました（私利私欲に走らせても、国司に強力な権限を与えて地方行政をなんとか成立させようとしたのです）。税のとり方も変わります。国司たちは有力な農民に田の耕作を請け負わせ、土地を単位に税をかけるようになりました。中には、国司と結んで大規模な土地経営をする有力農民も登場しました。

クローズアップ ⑱ 武士の実力が示された2つの大反乱

10世紀の日本における特徴的な動きが、武士による2つの大きな反乱です。関東で反乱を起こした**平将門**は関東の大半を支配して「新皇（新しい天皇）」と自称するまでにいたりました。また、西日本ではもともと伊予の国司であった**藤原純友**も海賊を率いて反乱を起こし、伊予の国府や大宰府

を攻め落としました。政府は平将門の乱に対して将門のいとこの平貞盛や藤原秀郷、藤原純友の乱に対しては源経基にそれぞれ鎮圧をさせました。**こうした事件を通して、武士の実力が世間に認められるようになり、武士団の成長が促されました。**

クローズアップ ⑲貴族社会の中で起こった文化の国風化

唐が衰えを見せた9世紀ごろから、**唐の周辺の国々に及ぼす唐の影響が弱くなり、それぞれの地域特有の文化が生まれるようになります**。日本の場合、それを「国風文化」と呼んでいます。「国風文化」は、唐の文化をベースにしながらも、かな文字による文学や、寝殿造といわれる建築など、日本の風土や嗜好にあった要素が加わった文化です。

この時代に、中国から伝わった浄土教の思想が日本にも広がり始めました。これは、阿弥陀仏を信仰し、死んだときには極楽浄土に導かれようという仏教の思想です。

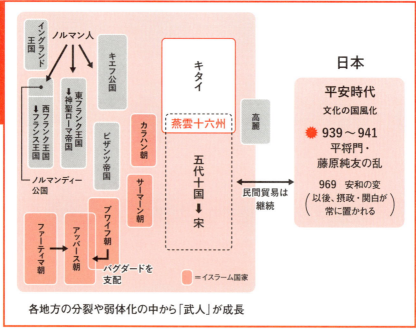

11世紀

複雑化する権力構造

~摂関政治と院政の時代~

11世紀の世界

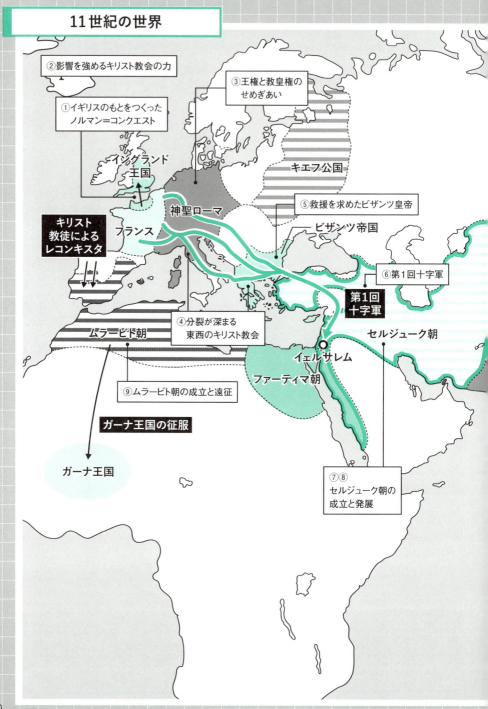

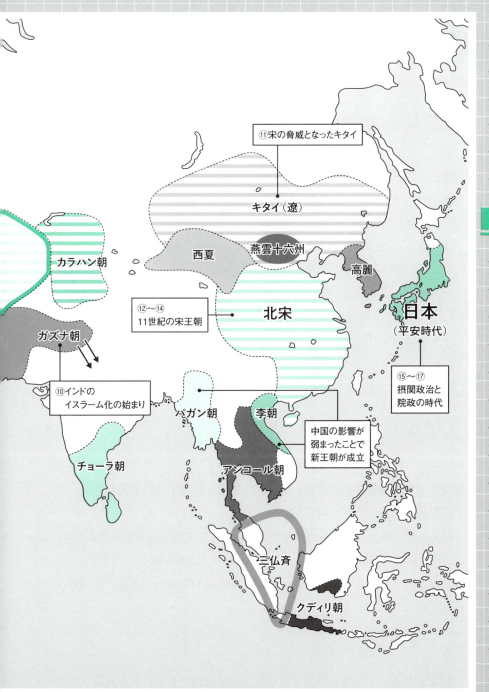

11世紀を読み解く

様々な「権力」や「権威」関係が交錯した時代

🔍 「権力者」と「実権はない『えらい人』」が併存するケース

　世界の歴史を見ると、**国家のリーダーとして実際の世の中をおさめる「権力者」**と、権力者より地位は高いけど、実際の世の中を動かす力はない「**実権のない『えらい人』」が同時に存在することがよくあります。**

　たとえば、日本史でいえば、10世紀半ばまでの醍醐天皇や村上天皇あたりまでは、天皇の名前やその政策を学習しますが、その後に学習するのは摂関政治、院政、鎌倉・室町幕府、信長と秀吉、江戸幕府、明治政府のように、実際の「権力者」の変遷であり、ひとりひとりの天皇の名前はあまりクローズアップされません。

　近代のイギリス国王は「君臨すれども統治せず」という「実際の権力はない『えらい人』」という存在であり、こうした存在は地域、時代を問わずよく見られます。

🔍 「政権交代」で大きな変化を吸収するしくみ

　なぜ、このようなしくみが出現するかといえば、このようにしていると、**世の中で大きな変化が起きたときに見た目の「政権交代」で済むから、などの理由が考えられています。**

　たとえば、権力も権威もひとりの人間に集中している（中国の皇帝など）場合、世の中を変えたければ、どうしてもその人物を「倒して」変える、というように考えがちです。そのため、「政変」レベルでは済まず、大規模な反乱が起きてしまうというのです。

🔍 「教皇」と「皇帝」が存在したヨーロッパ世界

　11世紀は、このように実権を持つ者、実権は持たないけれども高い権威

を持つ者、「えらい」存在の上に存在する「もっとえらい」者、他の権力者と同等の権威を持って並び立つ者など、**複雑な権力構造が世界中で目立った時代です。**

　西ヨーロッパにおける基本的な権力構造は「国王」と「ローマ教皇」です。フランク王国以降、様々な国王が登場しましたが、それぞれの国の国王は、信仰においてはカトリック教会の長であるローマ教皇に忠誠を誓っている存在です。

　その代表例は、10世紀のドイツに成立した神聖ローマ帝国です。ドイツでは「ローマ教皇」から皇帝になることを認められ、冠を与えられた「神聖ローマ皇帝」が、諸侯をたばねるという、**世俗の権力を持つ皇帝と、宗教的な力を背景とした権威者が存在する二重構造になっていたのです**（「皇帝」と「教皇」は、言葉が似ているので非常に紛らわしいのですが）。

　11世紀には、この構造がもたらすある有名な「事件」が起きます。それが1077年の「カノッサの屈辱」です。ローマ教皇が神聖ローマ帝国の皇帝を屈服させ、雪の中で3日間も裸足で立たせて謝罪させたという事件です。この事件は、「権威者」であるローマ教皇が、「権力者」である皇帝を屈服させたという事件でした。

🔍 「カリフ」と「大アミール」「スルタン」が存在したイスラーム

　イスラーム勢力では、ムハンマドの死後、その後継者である「カリフ」がイスラーム世界の統治者であり、宗教的権威者でもあったのですが、10世紀にアッバース朝のカリフがブワイフ朝の君主に「大アミール」の称号を与えたことから、**実際の統治の権力は「大アミール」が握り、カリフは形式的な宗教的権威者となりました。**

　さらに11世紀になると、ブワイフ朝と交代する格好になったセルジューク朝の君主が、カリフから「スルタン」の称号を受け、実質的な支配者になります。**この「カリフ」と「大アミール」や「スルタン」の二重構造は、日本史における「天皇」と、天皇から任命され、実質的な政権運営者となっ**

1・2世紀
3・4世紀
5・6世紀
7世紀
8世紀
9世紀
10世紀
11世紀
12世紀
13世紀
14世紀
15世紀
16世紀
17世紀
18世紀
革命
19世紀前半
19世紀後半
帝国
戦間
恐慌
冷戦
グロ

133

て幕府をひらく「将軍」の構造とよく似ています。

「摂関政治」「院政」が行われた日本

そして、日本も10世紀から11世紀に、二重構造が目立つようになります。10世紀半ばから摂政・関白がつねに置かれるようになり、「摂関政治」が本格的に開始します。11世紀前半は、摂関政治の全盛期とされ、その権力が絶頂期に達した藤原道長・頼通の時代が訪れます。そして、11世紀末には、天皇を退いた上皇が政治的権力を握る「院政」が始まります。

11世紀以降は、天皇が実際の政治を見るというのは後醍醐天皇など、数例にすぎなくなります。

頭の上がらない「弟」がいた宋の皇帝

中国の10世紀半ばから11世紀にかけては「宋」の時代です。中国の皇帝は、基本的に唯一の権力者であり、天から権力を授かった「天子」なので、他の地域で見られるような、国内での二重構造はありません（そのため、時代の転換点では大反乱によって皇帝が倒されるか、自ら皇帝をおりて、次の王朝の創始者に譲るという、大きな政変が起こってしまいます）。

ただ、この11世紀には、宋の皇帝にとって頭の上がらない存在がいました。それが、北から圧力をかけてきたキタイ（遼）の皇帝です。宋は、キタイからの攻撃を避けるため、金品をキタイに贈って攻め込まれないように和平を結んだのですが、そのときに宋の皇帝を名目上の「兄」、キタイの皇帝を名目上の「弟」としたのです。「弟」とはいえ、金品を毎年贈って平和を「買う」わけなので、キタイの皇帝の立場は宋の皇帝をしのぐものだったのです。

このように、11世紀は世界各地で、複雑な権力構造が見られるようになった時代です。それぞれの地域によってその構造に大きな差異もあるのですが、大きく見れば、実権を持つ存在と、それよりも建前上は「えらい」とみなされる存在が併存している時代、ということができます。

11世紀のヨーロッパ

ヨーロッパ全体をおおった強力なキリスト教の影響力

クローズアップ ①イギリスのもととなったノルマン＝コンクエスト

　フランスのカペー朝、ドイツの神聖ローマ帝国に続き、この11世紀ではもうひとつの主役級の国家が登場します。それが、現在のイギリス王家の祖となる、イングランドの**ノルマン朝**です。

　イングランドはゲルマン系をベースにしながら、スカンディナヴィアなど、ノルマン人の居住地域にも近かったため、ノルマン人の侵攻を度々受けていました。1016年には、デンマーク方面から**クヌート**という人物が率いるノルマン人の一派（デーン人）がイングランドに侵入し、イングランドは20年間ほどデーン人に支配されていました。

　そして、1066年に、北フランスのノルマンディー公国のリーダーである「ノルマンディー公」のウィリアムがドーバー海峡を越えてイングランドを征服しました。この事件を「**ノルマン＝コンクエスト**（ノルマンによる征服）」といい、この、**ノルマンディー公ウィリアムが「ウィリアム１世」として創始した王朝（ノルマン朝）がイギリス王家の祖となります**。以後のイギリス王家は、現在のチャールズ３世にいたるまで全員が、血筋をたどればこのウィリアム１世に行き当たります。

　ウィリアム１世はもともとノルマンディー公、すなわちフランス北部のノルマンディー地方に領地を持つフランスの家臣であったため、ウィリアム１世をはじめとするノルマン朝の王は、イングランドの王でありながらもフランスの家臣である、という立場となります。

クローズアップ ②「ミレニアム」の終わりに影響力を強めたキリスト教

　ここまでにも何度か触れましたが、**中世の西ヨーロッパの国々は、国家といっても諸侯の寄せ集めに近く、王といえども、その中のひとつの領主**

135

にすぎず、**その権力は強いものではありませんでした**。

　キリスト教の世界を見てみると、カトリックの教会の長であるローマ教皇は宗教のリーダーというポジションなので、もともと、軍事力や経済力は小さなものでした。特に、強力なスポンサーであったローマ帝国の分裂後、その影響力は低下してしまっていました。

　しかし、**ゲルマン人への布教やフランク王国との提携により、キリスト教はその影響力を次第に拡大しました**。特に、冠婚葬祭や日曜のミサなどを通して、民衆の暮らしの中にキリスト教はなくてはならないものになっていました。教会の権威が高まるにつれて教会の聖職者も領地を持つようになり、中には諸侯と並ぶ大領主となる聖職者も登場しました。

　そして、11世紀に近づくと、西ヨーロッパにおけるキリスト教の影響力が強まるひとつの考え方が民衆の中で広がります。それが、世界はやがて終末を迎え、そのときにイエス・キリストが再び現れて裁きを行い、永遠の生命を与えられる者と地獄に堕ちる者に分けられるという、「最後の審判」が、キリストの受難から1000年を経た西暦1033年に到来するという、一種の終末論です（新約聖書の中の「ヨハネの黙示録」という部分を解釈すると、そう読めなくもないのです）。

　この「永遠の生命を与えられる者」になるため、国王から民衆にいたるまで、信仰熱が高まり、聖地への巡礼や、聖人や、聖人ゆかりの品物への信仰が流行したのです。

クローズアップ ③ドイツで起きた王権と教皇権のせめぎ合い

　こうした、「**王権が比較的弱い一方、キリスト教の影響力が強まる**」という状況のもとで、王権と教皇権のせめぎ合いが発生するのです。

　フランク王国以来、皇帝や王たちは国内の大司教や司教といった、聖職者を任命する権限を持っていました。王権が弱く、不安定な国内をまとめるためには、自分の息のかかった聖職者を任命し、キリスト教勢力をコントロールする必要があったのです。それに伴って、聖職者の利権を求めて

お金で聖職を売買することや、本来聖職者としての資格がない者を聖職者として任命することが増加しました。聖職者たちの規律もゆがみ、堕落した聖職者も多くいました。

これに対し、キリスト教会は改革運動を起こします。特に、11世紀にローマ教皇となった**グレゴリウス7世**は教会の引き締めにつとめ、聖職の売買や妻帯を禁じ、堕落した聖職者たちを追放しました。さらに、聖職者の任命を俗人（皇帝や国王など、キリスト教の聖職にない人物）が行うことも腐敗の原因であるとして禁止します。

これに反発したのが、ドイツ王（のちの神聖ローマ皇帝）の**ハインリヒ4世**です。支持基盤が弱いハインリヒ4世は、自分の息のかかった聖職者を任命して各地に配置することで、国内の安定をはかっていたのです。

聖職者の任命を禁止されると、国内の安定がおびやかされてしまうことをおそれたハインリヒ4世はこの改革に従おうとせず、グレゴリウス7世と対立します。この対立を「叙任権闘争」といいます。

そして、ついにハインリヒ4世はグレゴリウス7世に破門されてしまいます。もともと国内からの支持が高くないハインリヒ4世は、「破門された王」となってしまい、ますます諸侯たちから冷ややかな目で見られます。

このままでは諸侯の離反を招き、国内の安定感を失うと考えたハインリヒ4世は、1077年、教皇が滞在しているイタリアのカノッサの城を訪れ、裸足で3日間立って謝罪を行ったといいます。これが「カノッサの屈辱」という事件で、**ローマ教皇の影響力が、王をしのぐほどの力を持っていることを示した事件となりました。**

クローズアップ ④分裂が深まる東西のキリスト教会

キリスト教の世界をもう少し見ていくと、**1054年にカトリックとギリシア正教会、すなわちローマとコンスタンティノープルの教会がお互い破門し合い、分裂がさらに深まるという事件が起こります。**

じつは、分裂のきっかけとなったのは両教会が手を組むための交渉でし

た。ノルマン人の南下やイスラーム勢力の拡大が、教皇領やビザンツ帝国を脅かすようになったため、ローマ教会とコンスタンティノープル教会は「共通の敵」に対して連携して対応しようとしたのです。

しかし、この連携のための交渉が、9世紀ごろから繰り広げられていた聖書の文言の解釈をめぐる論争を再燃させてしまい、連携するどころか、お互いを破門するという結果を招いてしまったのです。

クローズアップ ⑤ローマ教皇に救援を求めたビザンツ皇帝

しかし、ビザンツ帝国とコンスタンティノープル教会側がある意味、「強気」の姿勢に出ることができたのは、ここまでかもしれません。その東側ではイスラーム王朝の**セルジューク朝**が急成長してきたからです。

圧力をかけてくるセルジューク朝に対し、ビザンツ皇帝は大軍を差し向けましたが、大敗北を喫して、小アジアの領地を大きく失う結果になってしまいました。**この圧迫に対し、ビザンツ皇帝はローマ教皇に救援要請を行いました。このことが、十字軍が始まるきっかけとなるのです。**

クローズアップ ⑥第1回十字軍の派遣

ローマ教皇**ウルバヌス2世**はこの救援要請を受け、1095年、**クレルモン宗教会議**という会議で**十字軍**の派遣を呼びかけます。ローマ教皇にとっては、十字軍の派遣の「言い出しっぺ」になって王たちに遠征に行けと促すことで、王権に対する指導力を強化でき、カトリック教会がビザンツ帝国に助け舟を出すことによって、「ギリシア正教」側のコンスタンティノープル教会に恩を売り、キリスト教会全体の主導権を握れるなど、様々なメリットがあったのです。また、ウルバヌス2世は十字軍にイスラーム勢力からのイェルサレムの奪回という目標を与え、民衆の熱狂をあおりました。

1096年から1099年に派遣された**第1回十字軍**はイェルサレムの奪回を果たし、遠征先に「十字軍国家」と呼ばれる国家を建設しました。

11世紀の中東、インド

トルコ系王朝が
ついにイスラームの主役に

クローズアップ ⑦アッバース朝のカリフを解放した「鷹の君主」

11世紀はいよいよ、トルコ系の王朝がイスラームの主役となった時代です。**イスラームの「センターポジション」ともいえる、アラビア半島周辺を、トルコ系民族の王朝が支配するときがやってきたのです**。その王朝が、「鷹の君主」を意味する**トゥグリル＝ベク**が創始したセルジューク朝です。

1038年、中央アジアにセルジューク朝をたてたトゥグリル＝ベクは周辺の国家と戦って領土を広げながら西に移動し、1055年にはバグダードに入り、ブワイフ朝を追ってアッバース朝のカリフを解放します。

ブワイフ朝の「大アミール」も、形式的にはアッバース朝の保護者ではありましたが、教科書にも「追放」「解放」「アッバース朝のカリフの要請にこたえて」のような言葉が使われることからも、アッバース朝のカリフはブワイフ朝の大アミールによって、かなりの圧力をかけられていたことがわかります。

ブワイフ朝はシーア派の王朝ですが、セルジューク朝はスンナ派の王朝なので、**アッバース朝のカリフにとっても、同じスンナ派のセルジューク朝は歓迎すべき「解放者」だったのです**。

クローズアップ ⑧「スルタン」の称号を得て支配権を握る

この、セルジューク朝のトゥグリル＝ベクに、アッバース朝のカリフが授けた称号が「支配者」を意味する「**スルタン**」です。スルタンはそれまでの「大アミール」に代わって、**カリフからイスラーム世界を実質的に統治する支配権を与えられた存在です**（大アミールのときと本質的には同じですが、称号のうえでもそれまでのブワイフ朝の支配に区切りをつけたのです）。以後、スルタンはイスラーム王朝の「君主」を指す言葉としてよく

1・2世紀
3・4世紀
5・6世紀
7世紀
8世紀
9世紀
10世紀
11世紀
12世紀
13世紀
14世紀
15世紀
16世紀
17世紀
18世紀
革命
19世紀前半
19世紀後半
帝国
戦間
恐慌
冷戦
グロ

139

使われます。

　拡大を続けるセルジューク朝は小アジア方面に進出し、ビザンツ帝国の大軍を破ります。この戦いがきっかけになり、セルジューク朝は小アジア半島の大部分を手に入れます（セルジューク朝はトルコ系の国家なので、現在のトルコ共和国が位置する小アジアに多くのトルコ人が住む原因をつくりました）。スンナ派の代表を自認するセルジューク朝は、西のシーア派王朝であるファーティマ朝と敵対し、遠征軍を差し向けました。この遠征の中で、**セルジューク朝がイスラームとキリスト教の共通の聖地であるイェルサレムを占領したことが、キリスト教徒にとっては「イスラームによる聖地独占」とみられ、十字軍の目的のひとつにイェルサレム奪回が加わる理由となりました**。

クローズアップ ⑨キリスト教徒と激しく戦ったムラービト朝

　イスラーム世界の西のほうでは、イベリア半島から北アフリカにかけて、**ムラービト朝**が存在しています。ムラービト朝はアフリカ北西の**ベルベル人**が建国した国家で、後ウマイヤ朝崩壊後のイベリア半島南部にも進出しました。イベリア半島では、キリスト教徒がイスラーム教徒をイベリア半島から追い出して、イベリア半島をキリスト教徒の手に取り戻そうという**国土回復運動**（再征服運動：**レコンキスタ**）が盛んになっており、ムラービト朝はこのレコンキスタの軍と激しく戦いました。

　ムラービト朝はサハラ西部のガーナ王国を征服し、アフリカ内部にもイスラームが広がるきっかけをつくりました。

クローズアップ ⑩インドで始まったイスラーム化

　インドの北西には、**ガズナ朝**が張り出してきています。ガズナ朝は10世紀にサーマーン朝のマムルークが自立し、アフガニスタンに建国した王朝です。この、**ガズナ朝は11世紀初頭にインド方面に進出し、インドにイスラームが広がるきっかけをつくりました。**

11世紀の草原・オアシス地帯、中国、東南アジア

防衛力の低下と財政難に苦しんだ北宋王朝

クローズアップ ⑪宋の脅威となったキタイ帝国

　中国の北部では、**キタイ**が強い力を維持しています。中国風には「**遼**」と名乗ったこの国家は朝鮮半島の高麗を服属させ、1004年に大規模な遠征を行って宋の都である開封に迫りました。その結果、「**澶淵の盟**」というキタイにとって有利な条件での和平を結ぶことになります。キタイは、遊牧系の民族に対して従来の部族単位の統治を行う一方で、漢民族中心の農耕民の地域に対しては州や県を置き、中国風に統治する体制をとりました。

クローズアップ ⑫「お金で平和を買った」北宋

　北宋王朝は、ある問題を抱えていました。それが、**防衛力の低下です**。唐のときに「藩鎮」として地方の軍事力を担っていた節度使を、北宋は抗争の原因になると廃止して、政府直属の中央の軍隊を大幅に強化するという改革を行いますが、その結果、**辺境を守るという力は大きく下がってしまいました**。また、「文治政治」の影響から、軍人や兵士に対する待遇が悪く、防衛に携わる人々のモチベーションも高くありませんでした。地図を見ると、たしかに北宋は他の中国の王朝よりも支配領域が小さく見える、やや押しが弱い「小柄」の王朝のように見えます。

　それが、明るみに出たのが1004年のキタイ（遼）の侵攻です。20万と称するキタイの軍に対して北宋の軍は対抗できず、**その結果、毎年多額の銀や絹を贈って和平を乞うという、「澶淵の盟」を結びます。すなわち、お金で「平和を買った」のです**。

　北宋は西のオアシス地帯に成立していたタングート人の国家である西夏からも侵攻され、これも毎年銀や絹、茶などを贈って「平和を買う」ことになりました。

141

⑬財政難の解決のために行われた議論

　北宋が抱えたもうひとつの問題は、財政難です。科挙に合格した高級官僚の待遇はよく、官僚組織全体の維持に多額の費用が必要となりました。また、節度使を廃止して政府直属の軍隊を強化したことも、その維持費に多額の費用が必要となります。そして何より、キタイや西夏に毎年多額の金品を払って「平和を買う」ための費用がかさんでしまいます。また、商工業が発達したことによる貧富の差の拡大も社会問題になっていました。

　こうした、国家財政の悪化や貧富の差の拡大に対して、財政改革を行ったのが、**王安石**という人物です。王安石は1069年に「新法」といわれる一連の改革を行います。この新法のポイントは零細の農民や商人の救済にありました。高利貸しを行っていた豊かな農民や大商人に代わり、国が農民や商人に低利で貸し付けるとともに、物流を国がコントロールして、商人による「中抜き」や、過剰な投機をおさえるという政策です。**「中小の農民や商人が元気になれば、経済が活性化するだろう」**というわけです。

　しかし、この政策は豊かな農民や大商人にとって不利になります。**司馬光**という人物を中心とする「旧法党」は、貧民の救済のために豊かな人々が犠牲になると指摘し、**豊かな人々が貧しくなると、経済をけん引する者がいなくなって国全体が貧しくなると主張しました**。王安石の失脚後、1086年に司馬光が宰相となり新法は廃止されてしまいます。

⑭経済が発展した宋王朝の時代

　王朝という視点で見ると財政難に苦しむ北宋王朝でしたが、民衆レベルの経済は大いに発展しました。商工業の発達により銅銭が大量に流通し、紙幣の使用が一般化しました。**景徳鎮**などで生産される陶磁器や、茶や絹など特産品の生産も盛んで、貿易品としても盛んに輸出されました。

　また、**火薬**や**羅針盤**が実用化されたのも、この北宋の時代です。これらの技術はイスラーム世界を経由してヨーロッパに伝えられました。

[11世紀の日本]

摂関政治から院政へ、変わる権力構造

クローズアップ ⑮摂関政治の全盛期と摂関家を支えた荘園

日本における11世紀前半は、摂関政治の全盛期にあたります。10世紀末における一族内の権力争いに勝利した**藤原道長**は、次々と娘を天皇家に嫁がせて、後一条天皇、後朱雀天皇、後冷泉天皇の祖父として権力をふるいました。また、藤原道長の子の**藤原頼通**も摂政、関白として権力をふるいました。

こうした摂関政治を支えたのは、寄進による荘園です。国司が「欲張り国司」化する中で、大土地を経営する農民の中には、**国司から税の形で多額の収穫を巻き上げられるよりも、有力者に土地を寄進して有力者の私有地としてもらい、その収穫の一部を献上する代わりに保護してもらおうと考える者もいたのです。**摂関家にはこうした「寄進地系荘園」が集中し、莫大な財力を持つことができたのです。

優雅な貴族文化が栄える一方で、世の中は乱れがちで、社会不安も広がっていました。阿弥陀仏にすがり、あの世で極楽に行こうという浄土教が民衆に流行しますが、摂関家のような権力者も極楽往生を願うようになり、盛んに阿弥陀堂が建てられるようになりました。

クローズアップ ⑯藤原氏の摂関政治が下火となり院政が始まる

1068年には、摂関家を外戚としない**後三条天皇**が即位し、天皇が直接政治を行う親政が行われました。後三条天皇は荘園を整理して公有地と荘園を仕分けし、財政の立て直しをはかりました（荘園は「私有地」なので、荘園ばかりが増えてしまうと政府の収入が減り、財政難になるのです）。

後三条天皇の親政は4年という短さでしたが、**この親政を境に藤原氏の摂関政治は下火になってしまいます。**

143

後三条天皇の子である**白河天皇**は、1086年にその子の堀河天皇に天皇の位を譲り、自らは上皇として実権を握るという政治を行いました。**天皇に代わり、天皇の位を退いた上皇や天皇の父が実権を握る政治を院政といいます**。12世紀に入っても院政は続きました。

クローズアップ ⑰いよいよ高まる武士の存在感

　この時代、武士の存在感もいよいよ高まります。1019年に中国東北部の民族である女真人に九州北部を襲撃された、刀伊の入寇という事件では、藤原隆家という人物が九州の武士団を率いて撃退しました。

　その後、武士の主役になったのが源氏です。1028年に房総半島一帯での平氏の一族の反乱を鎮圧したことから東日本に源氏が進出するようになり、1051年に始まった前九年合戦、1083年に始まった後三年合戦という2つの大きな争いでは、東北地方の豪族たちの争いに介入して鎮圧した源氏の名声が高まりました。

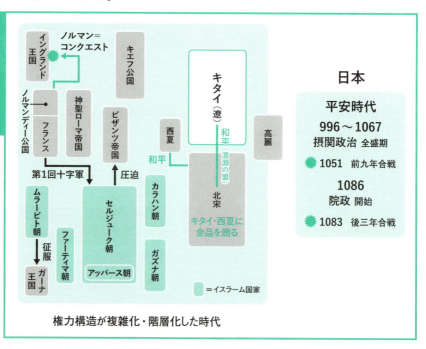

権力構造が複雑化・階層化した時代

12世紀

武人たちが競演した時代

～平氏政権と鎌倉幕府の成立～

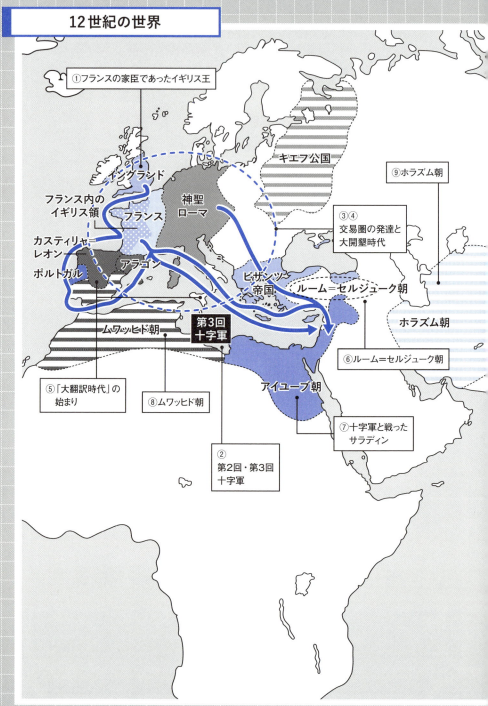

12世紀の世界

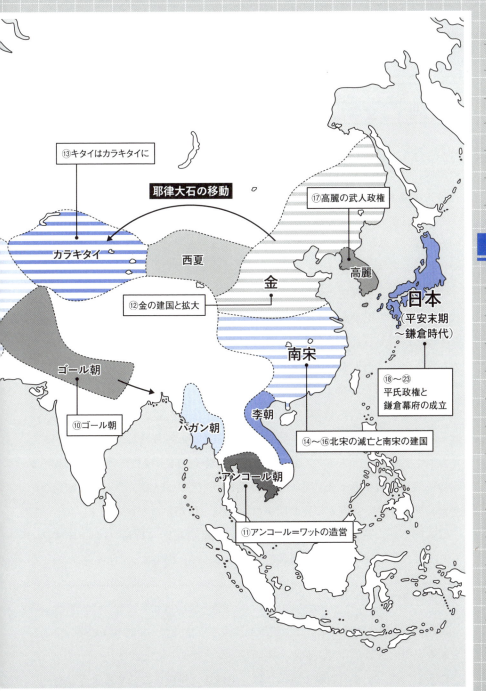

12世紀を読み解く

武人たちが競演した「黄金世代」

🔍 12世紀に登場したそうそうたるメンバー

　テレビでプロ野球観戦をしていると、解説者やアナウンサーがよく、「松坂世代」「ハンカチ世代」などと、同じ年にプロ野球に入団した選手たちを、代表的な選手の名前に「世代」をつけて表現することがよくあります。

　これは、優れた選手が同世代にいると、その選手と対戦した他の選手も刺激を受け、優秀な選手となるためにいい選手が多くプロ野球界に入る「黄金世代」となるためです。

　同じように、世界史の中でもそうそうたるメンバーが登場する「黄金世代」のような世紀があります。代表的なものに、12世紀や16世紀、19世紀後半などが考えられます。こうした「黄金世代」の中でも、12世紀は、強力な武人タイプの人物が競演した「武人の世紀」といえます。

　代表的な人物を列挙すると、「獅子心王」と呼ばれたイングランドの**リチャード1世**（1157〜1199）、そのライバルとして勇猛さが知られるアイユーブ朝の**サラディン**（1137〜1193）、「尊厳王」と呼ばれ、イングランドから領土を奪回したフランス王**フィリップ2世**（1165〜1223）、中国で「救国の英雄」として真っ先に名が挙がる**岳飛**（1103〜1142）、金王朝の創始者として知られる女真人の**完顔阿骨打**（1068〜1123）などがいます。

　日本史でも、**平清盛**（1118〜1181）、**源頼朝**（1147〜1199）らがいます。もちろん、源頼朝の弟である**源義経**も同じころの人物です。

🔍 自ら戦場におもむいた君主たち

　これらの人物に共通するのは、国家を代表するリーダーでありながら、自らも戦場で活躍した「武人君主」型のリーダーであることです。

　こうした武人たちの活躍の背景には、**地域を大規模に二分するような対**

148

立構造が生まれ、大規模な遠征が多かったことが挙げられます。

ユーラシア大陸の西側では、キリスト教世界とイスラーム世界が大規模に対立していました。イベリア半島での国土回復運動（レコンキスタ）や、十字軍の派遣が代表的な動きです。

ユーラシア大陸の東側では、女真人が建国した金が急成長してキタイを滅ぼし、さらには北宋も滅ぼし、新しくできた南宋も圧迫します。中国南部に拠点を移した南宋は金に対して、戦うべきか和平を結ぶべきかを迫られます。

日本では、源氏と平氏の対立が挙げられます。武士の地位が次第に上昇し、**天皇家や貴族同士の争いにも武士はなくてはならない存在となり、いつしか武士同士が主導権を握るために争い合う時代となったのです。**

🔍 文化的な交流が起きた「遠征」の時代

12世紀はこうした大規模な抗争の時代ではありましたが、どちらかといえば別の文化圏に対する「遠征」の時代であって、それぞれの国家の中で反乱や対立が起きる「内乱」の時代ではありませんでした。

この時代は気候が温暖化した影響もあり、ほとんどの地域で経済発展や都市の発展が見られ、それぞれの地域の内部は比較的落ち着いた時代であったのです。日本の源平の争乱も、「世の乱れ」によって起こった争乱、というよりは「武士同士の主導権争い」という性格が強いものでした。

そして、**遠征をするということは、別の文化圏に向かって物や人が動く交通網が整備され、東西、南北の交流が深まり、世界がより連動して動くようになるということです。**ユーラシアの西方では、十字軍やレコンキスタによりヨーロッパとイスラーム世界の接触が深まったことで、イスラームの文化がキリスト教世界に流入して「12世紀ルネサンス」と呼ばれる文化が花開き、ユーラシア大陸の東方では、金と南宋の対立に区切りがついたあとは、陸上・海上交易が盛んになりました。日本でも都市が発達し、文化の庶民化や地方化が進みました。

149

12世紀のヨーロッパ、地中海

農業・商業が発達し都市や文化が発展した時代

クローズアップ ①「フランスの家臣」が続いたイギリス王

　12世紀のヨーロッパ各国の動きの中で、特に目をひくのがイングランドの王朝交代です。それまでの王朝であるノルマン朝は、3代にして早くも断絶してしまいました。

　ここで、次のイングランドの王位についたのはノルマン朝の王家と血縁関係がある、フランスの貴族のアンジュー伯であった**ヘンリ2世**です。

　「フランスの貴族の」という説明のとおり、この人物は**フランスの家臣**であり、ノルマン朝の王と同じように「**フランス王の家臣でありながら、イングランドの国王**」になったということになります。

　この、アンジュー伯の領地はもともとフランス王の何倍もあるような広大な領地であったため、イングランドの王も兼ねたヘンリ2世は、フランスの西半分とイングランドに及ぶ大領主となりました。こうした、ヘンリ2世が築いた大領地を「アンジュー帝国」という場合があります。

　フランス王にとって、自らの家臣でありながら自分より広い土地を持ち、ライバル国の王でもあるという存在は「目の上のこぶ」のような存在でした。そのため、フランス王家とイングランド王家の間ではしばしば大規模な紛争が発生しました。

クローズアップ ②いずれも不調であった第2回、第3回十字軍

　12世紀は、第2回、第3回と、2回の十字軍遠征が行われました。1147年から1149年に派遣された第2回十字軍にはフランス王と神聖ローマ皇帝が参加しましたが、結局、成果を得られず、失敗に終わりました。

　そして、1187年にイスラーム側の「英雄」サラディンにイェルサレムを占領されたことを受け、1189年に十字軍が派遣されました。これが、イン

グランドの「獅子心王」**リチャード1世**、フランスの「尊厳王」**フィリップ2世**、神聖ローマ皇帝の「赤髭王」**フリードリヒ1世**が参加し、イスラームの英雄**サラディン**と戦う、中世のオールスター戦ともいえる「十字軍の華」と呼ばれた**第3回十字軍**です。

しかしながら、フランスのフィリップ2世は戦い半ばで帰国してしまい、神聖ローマ皇帝のフリードリヒ1世は途中で事故死（川で溺死したといわれます）したため、結果的にリチャード1世が単独でサラディンと戦うことになり、最終的に決着がつかず講和の形で終わりました。

クローズアップ ③物や人の移動によって交易圏が発達

第2回、第3回の十字軍自体は不調に終わりますが、ヨーロッパから多くの人や物が遠征先の中東や小アジアなどに向かったため、地中海の海路や、地中海に向かう陸路が発達しました。交通の発達が遠隔地間の交易を促進させ、より広い交易圏が成立します。

また、この時代は農業生産力の上昇により、生産物を交換する場としての市が盛んに開かれるようになった時代でもあります。こうして、**12世紀ごろから交易圏や都市の発展が目立って現れるようになります。**

代表的な交易圏としては、**ヴェネツィア・ジェノヴァ・ピサなどの北イタリアの海港都市を中心とする地中海交易圏、リューベックやハンブルク、ブレーメンなどの北ドイツの諸都市を中心とするバルト海交易圏**などがあります。

北イタリアの諸都市はイタリアの支配をもくろむ神聖ローマ皇帝に対抗し、自分たちの商売上の利益を守るために1167年に**ロンバルディア同盟**という都市同盟を結成しました。また、ヨーロッパの南北を結ぶルート上にある、フランスの**シャンパーニュ地方**では12世紀後半から定期市が開かれるようになり、都市が発展しました。

都市では、商人たちの同業者組合である**商人ギルド**が組織され、商人ギルドによる市政の運営が行われました。

④農業生産が飛躍的に高まった「大開墾時代」

　西ヨーロッパでは、気候の温暖化に伴って、11世紀ごろから農業生産が増大しました。**森や荒れ地が盛んに開墾され、農業技術の革新が進んだ11世紀後半から13世紀前半を「大開墾時代」といいます。**

　鉄製農具や牛や馬にひかせる重い有輪の犂の使用が普及し、耕作地を分割して秋耕地、春耕地、休耕地と３年でローテーションし、休耕地に家畜を放牧して土地の力を回復するという三圃制（さんぽ）の農業が普及しました。それらの改良の結果、麦の収穫量は倍になったといいます。

　収穫量の増大は人口の増加を生みました。人口の増加は新たな居住地を必要とします。**ドイツでは、12世紀以降にエルベ川より東の地域に対して大規模な植民運動が起こりました。**

⑤イスラーム世界との接触により生まれた「12世紀ルネサンス」

　十字軍はあまりうまくいきませんでしたが、12世紀はキリスト教側がイスラーム教側の土地をじりじりと奪還する傾向にあった時代です。12世紀にイスラーム勢力からキリスト教徒が奪還した地域には、イベリア半島の中部やシチリア島があります。

　しばらくイスラームの手にありながら、キリスト教側が奪還したこれらの地域で起きたことは、文化の融合です。イベリア半島のトレドやシチリア島のパレルモやメッシナでは、**奪還した都市に残されていたイスラームの文献や、その地に残っていたギリシア語の文献が盛んに翻訳され、ヨーロッパに紹介されました。**この時代は「大翻訳時代」といわれます。

　この翻訳によってイスラーム世界の学問がヨーロッパに紹介されただけでなく、古代ギリシアの哲学なども紹介されることとなりました。西ヨーロッパの知識人はこぞってこれらの知識をフランスやイギリスに持ち帰り、各地の文化が発展しました。12世紀に見られたこの文化の発展は「12世紀ルネサンス」と呼ばれます。

12世紀の中東、インド

イスラームの軸足は
アラビアからエジプトへ

クローズアップ ⑥細々と存続したセルジューク系の王朝

　12世紀に入り、セルジューク朝は跡継ぎ争いの末に本家が断絶しました。その後はセルジューク朝の王族の一族がいくつかの地方政権をたてますが、多くは衰退しました。

　かろうじて、小アジアのルーム＝セルジューク朝（「ルーム」とは「ローマ」のことで、セルジューク朝から大きく西へ軸足を移した小アジアに領土を持っていたため、このようにいわれました）が生き残り、少しずつその勢力圏を失いながら衰退していきました。

クローズアップ ⑦十字軍と死闘を演じたアイユーブ朝のサラディン

　力を失ったセルジューク朝に代わり、イスラームの主役となったのが、エジプトを中心とする**アイユーブ朝**です。アイユーブ朝を建国したサラディンは第3回十字軍における、イスラーム側の英雄として知られます。

　クルド人（現在のトルコ・イラン・イラク・シリア国境付近の山岳地帯で古くから暮らしていた民族）であったサラディンは、エジプトの王朝であるファーティマ朝の宰相となって実権を握り、ファーティマ朝のカリフの死去により、アイユーブ朝をおこしてスルタンとなりました。ファーティマ朝はシーア派の王朝でしたが、**アイユーブ朝はスンナ派の王朝なので、エジプトにスンナ派が復活したことになります**。サラディンのもと、都のカイロはさらに発展しました。

　アイユーブ朝建国後のサラディンはエジプトとシリアの支配を確立し、イスラーム勢力を結集して十字軍国家のイェルサレム王国の軍を破り、1187年にイェルサレムを奪回することに成功しました。

　サラディンに対し、イギリス王リチャード1世、フランス王フィリップ

2世、神聖ローマ皇帝フリードリヒ1世が向かってきたのが、**第3回十字軍**です。

十字軍を率いたリチャード1世が、身代金を払えない捕虜のイスラーム教徒を大量に処刑したのに対し、サラディンは捕虜のキリスト教徒にそっとお金の入った袋を渡し、解放して故郷に帰らせたという度量の大きさを見せています。武勇に優れ、無用な殺生はしないというサラディンは敵の十字軍からも「真の勇者」と称えられました。

クローズアップ ⑧イスラームの新勢力となったムワッヒド朝

アフリカの北西には、**ムワッヒド朝**が成立しています。ムワッヒド朝はムラービト朝と同じベルベル人の王朝で、ムラービト朝に反乱を起こした一派によりたてられた王朝です。

乾燥地帯に水を引く技術を改良して農業生産を高め、交易でも発展しましたが、イベリア半島方面ではキリスト教徒の国土回復運動に対して押され気味でした。

クローズアップ ⑨イランで強大化したホラズム朝

イランには、**ホラズム朝**が成立しています。セルジューク朝のマムルークであった人物が建国した王朝で、セルジューク朝からイラン高原を奪い、アフガニスタン方面まで勢力を伸ばしました。数十万人規模の兵力を動員できた強力な国家だったといいます。

クローズアップ ⑩インドに侵入しイスラーム化を進めたゴール朝

アフガニスタンから北インドにかけては**ゴール朝**が成立しています。ガズナ朝に服属していた一勢力が自立してガズナ朝を滅ぼし、成立した王朝です。

ガズナ朝と同様、ゴール朝は北インドに進入してヒンドゥー教勢力と戦い、その結果、インドにイスラームがさらに広がることとなりました。

12世紀の東南アジア、草原・オアシス地帯

女真人が大きく変えたオアシス地域の勢力図

クローズアップ ⑪東南アジアを代表する世界遺産の造営

　12世紀の東南アジアでは、カンボジアの**アンコール朝**が盛期を迎えています。このころの王であったスールヤヴァルマン2世はベトナムやタイ・ビルマ方面にも出兵し、中国にもその名が知られました。

　この時代に造営されたのが**アンコール＝ワット**です。はじめはヒンドゥー教の寺院としてつくられましたが、のちに仏教寺院となります。**その姿がカンボジアの国旗に描かれる、東南アジアを代表する世界遺産です。**

クローズアップ ⑫瞬く間に2つの国家を滅亡させた金王朝

　中国の北のほう、草原やオアシス地帯に目を移すと、大きく勢力図が変わっています。12世紀に入ると、キタイの支配下にあった中国の東北部の**女真人**が、**完顔阿骨打**を指導者として独立し、金という国家を建国しました。金は北宋と連携し、キタイ帝国を挟み撃ちにして1125年にキタイ帝国を滅ぼしました。そして、この連携の見返りを渡そうとしない北宋にも攻め込み、首都の開封を占領して1127年に北宋を滅ぼし、皇帝の一族を北方の奥地まで連行しました。**キタイを滅ぼしてから北宋を滅ぼすまで、わずか2年という、あっという間の進撃スピードでした。**

　中国の北部を支配した金は、当初は女真文字を作成するなどの民族意識がありましたが、次第に中国文化に染まることになります。

クローズアップ ⑬キタイは西に逃れてカラキタイに

　金に滅ぼされたキタイでしたが、その王族の**耶律大石**が中央アジアに逃れ、カラ＝ハン朝を倒して**カラキタイ**（西遼）を建国しました。

12世紀の中国、朝鮮半島

南に追いやられたことで かえって豊かになった南宋王朝

⑭金によってあっという間に滅亡した北宋王朝

　12世紀初頭の北宋王朝にとっての悲願は、キタイに支配されていた燕雲十六州の奪回でした。北方で完顔阿骨打によって金王朝がたてられると、北宋は金に連携をもちかけ、燕雲十六州の奪回をはかりました。

　この連携はどちらかといえば金に「キタイを攻めてもらう」という性格が強く、北宋は多くの見返りを約束していましたが、キタイの滅亡後、約束していた銀や絹を払わなかったため、北宋は金によって攻撃されてしまいます。1126年から1127年にかけて都の開封を攻略され、上皇の徽宗や、皇帝の欽宗をはじめとする皇族や官僚たちは北方の奥地に連行され、北宋が滅亡しました。この事件は「靖康の変」と呼ばれます。

⑮宋の一族は南に逃れて南宋を建国

　北宋は滅びましたが、北宋最後の皇帝である欽宗の弟の高宗は、南に逃れ、1127年に宋を再興しました。これを南宋といいます。

　南宋は、はじめ金と戦って華北を取り戻そうとしました。このとき、宋の先頭をきって戦ったのが岳飛という人物です。岳飛は徹底的に金と抗戦することを求めましたが、高宗の宰相であった秦檜という人物は金との和平を主張し、岳飛を弾圧しました。

　結局、岳飛は獄中で亡くなってしまうのですが、このエピソードから、岳飛は国のために戦った民族の英雄とされています（ただ、金王朝をたてた「女真人」は、現在の中国における「満洲族」の祖ですから、あまり岳飛を「民族の英雄」と持ち上げると、満洲族への配慮を欠くことになります。そのため、近年では行き過ぎた評価を見直す動きもあります。一方で、秦檜は「売国奴」のような評価をよくされますが、金と和平を結び、南宋を安

定させた優れた政治家であるという評価も得られています）。

クローズアップ ⑯かえって発展した南宋の経済

南宋と金との和平は1142年に成立しました。この和議では、淮河を両国家の国境とし、金の皇帝を主君、南宋の皇帝を家臣とすることになり、北宋がキタイに毎年贈った銀や絹よりも多量の銀や絹を毎年贈ることになりました（北宋とキタイのときは、北宋が兄、キタイが弟という関係なので、それよりはっきりした「上下関係」となったのです）。

この和平後、約100年間は金と南宋の間で平和な状態が続きました。**もともと、北宋のときから中国の南部の生産力は大きいものがあり、その生産力の高い南部「だけ」を保持している南宋の経済はかえって発展し、南宋の都の臨安は大いに繁栄しました。**この時代の南宋の文化を代表する人物として、儒学者の朱熹の名が挙げられます。朱熹は儒学の原理・原則を明らかにして体系的な思想とした朱子学を大成しました。

一方で、金王朝は圧倒的な数の漢民族が住む広大な農耕地域を統治することになり、文化的にも経済的にも漢民族に染まっていくことになります。南宋からのぜいたく品をほしがる金の人々も多くなり、次第に金王朝の中核であった女真人の団結はゆるみ、王朝は弱体化することになります。

クローズアップ ⑰朝鮮半島にも誕生した武人の政権

12世紀の朝鮮半島は高麗王朝の中期時代です。

高麗は北宋や南宋との交易は続けながらも、すぐ北方で国境を接するキタイや金の影響力が強く、キタイや金の形式的な臣下となりつつも、独自の体制や文化を維持していました。

高麗には文官と武官からなる「両班」といわれる特権的な官僚層がありましたが、文官を優位に見る風潮が強かったため、1196年に武官らによるクーデターが起こり、崔氏を中心とする武臣政権が成立しました（12世紀末に、武人の政権ができるのは、鎌倉幕府とよく似ています）。

1・2世紀
3・4世紀
5・6世紀
7世紀
8世紀
9世紀
10世紀
11世紀
12世紀
13世紀
14世紀
15世紀
16世紀
17世紀
18世紀
革命
19世紀前半
19世紀後半
帝国
戦間
恐慌
冷戦
グロ

157

平清盛政権と鎌倉幕府、武家政権が誕生した日本

クローズアップ ⑱12世紀に勢力を伸ばした平氏の父子

　11世紀中に勢力を伸ばしたのは源氏でしたが、**12世紀初頭に勢力を伸ばしたのは平氏でした**。**平正盛**、**平忠盛**の親子は西日本の海賊の討伐や京都の治安維持に実績をあげ、白河上皇や鳥羽上皇に仕えてさらに勢力を伸ばしました。

クローズアップ ⑲2つの乱に勝利した平清盛

　12世紀半ば、京都を舞台に**保元の乱**と**平治の乱**という大きな軍事衝突が起きました。

　保元の乱は天皇家では後白河天皇と崇徳上皇、藤原氏では藤原忠通と藤原頼長という、**天皇家と藤原氏の内部対立が生まれ、決着をつけるために双方が武士の招集を行い、乱に発展したものです**。この結果、後白河天皇と藤原忠通の側についた平清盛と源義朝が勝利をおさめました。

　保元の乱に勝利した後白河天皇は上皇となり院政を開始しますが、ここで重く用いられたのが僧の**信西**という人物と、信西に接近した**平清盛**です。

　これに不満を抱いたのが、藤原信頼と**源義朝**です。自分より低い身分の信西が重く用いられることに不満を抱いた藤原信頼と、同じように保元の乱で勝者となったのに、平清盛ばかりが出世することに不満を抱いた源義朝は結びついて1159年に挙兵し、**平治の乱**が起こりました。源義朝らは信西を自殺に追い込むことができましたが、平清盛に敗北しました。

クローズアップ ⑳天皇家との関係を深めた平清盛

　皇族や貴族の争いの決着を武士がつけたという、保元の乱と平治の乱は、武士の存在感を決定的に高めた事件になりました。そして両方の乱で勝者

になった**平清盛は、後白河上皇の信頼も得て、並ぶ者がいない権力と財力を持つにいたりました。**

　平清盛は、武士として初めて朝廷の最高位である太政大臣にのぼりつめます。そして、娘を天皇に嫁がせ、その子を天皇に即位させて、自らはその祖父として権力を握る、摂関政治のような婚姻政策をとりました。

クローズアップ ㉑硫黄の輸出と宋による火薬の実用化

　この平氏政権の経済力を支えたのが、**日宋貿易**です。平清盛は大宰府や博多を支配下に置き、現在の神戸港にあたる**大輪田泊**という港を修理して宋（南宋）との貿易を推進しました。

　この日宋貿易の特徴的な貿易品は、日本からの輸出品である硫黄です。その背景には、宋王朝が火薬を使った武器を実用化したことがあります。硫黄は火薬の主要な原料のひとつです。宋王朝は北から圧迫してくるキタイや金などに対抗するため、時折、軍需物資として大量の硫黄を買い付けていたのです。

　特に、日宋貿易の相手国である南宋は、領土が従来の王朝よりも小さく、火山が少ないために、国内で産出される硫黄が少なかったのです。**そのすぐ東に硫黄が大量に産出される「火山の島」のような日本があるのですから、南宋はこの硫黄を盛んに輸入していたというわけです。**

クローズアップ ㉒源氏が勝利をおさめた源平の争乱

　権力を独占する平氏政権に対して不満と反発の動きが強まると、後白河法皇の子、以仁王と源氏の一族の源頼政が挙兵しました。この挙兵自体は失敗に終わりますが、**この挙兵を引き金にして、平氏政権に不満を抱いた各地の武士が次々と平氏打倒の兵を挙げることになります。**こうして始まったのが、いわゆる「源平の合戦」といわれる「**治承・寿永の乱**」です。

　平氏打倒の兵を挙げた源氏の代表的な人物が、伊豆の**源頼朝**や信濃の**源義仲**です。1183年、源義仲が京都に迫ると、平氏は都落ちしました。京都

を制圧した源義仲と後白河法皇が対立すると、源頼朝に派遣された源義経が源義仲を討ちました。さらに、源義経らは平氏を追い詰め、1185年の壇ノ浦の戦いにおいて平氏は滅亡しました。

クローズアップ ㉓鎌倉で進められた新政権づくり

　源平の争いの中で、源頼朝は平氏との戦いを源義経らに任せ、自身は本拠地の鎌倉で新しい政権づくりに集中します。

　1183年には源頼朝は東国の支配についての大きな権限を朝廷から認められ、1184年には一般政務を担当する公文所（くもんじょ）と、訴訟事務を行う問注所を設置します（公文所はのちに政所といわれます）。**1185年は国ごとの軍事指揮官（のちの守護）や地頭を置く権利を認められ、実質的な鎌倉幕府が成立します。1192年に源頼朝が征夷大将軍に任命され、名実ともに鎌倉幕府が確立したことになります**（「いいはこ」「いいくに」などの語呂合わせが有名です）。

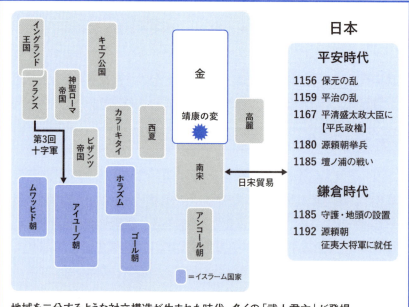

地域を二分するような対立構造が生まれた時代。多くの「武人君主」が登場

160

13世紀

ユーラシアをまたにかけたモンゴル帝国

～執権政治の展開～

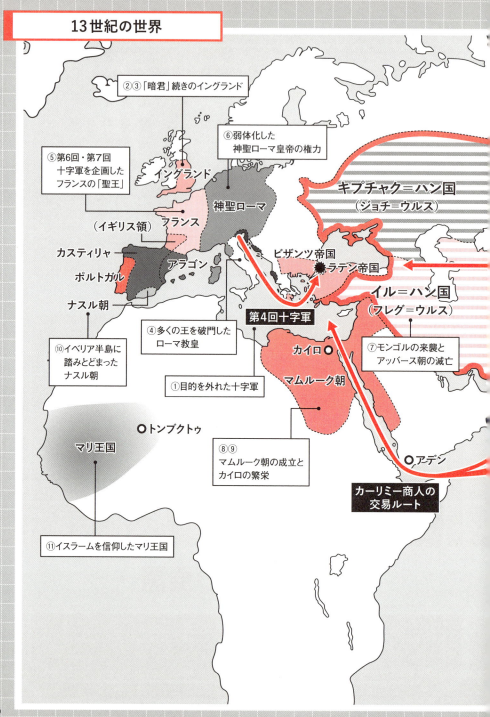

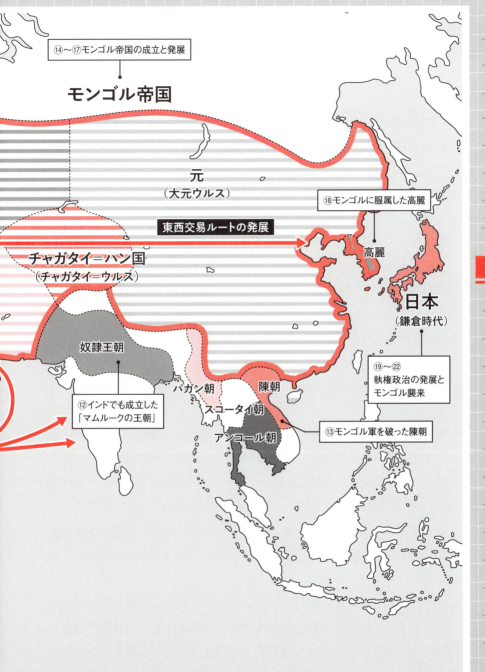

13世紀を読み解く

モンゴル帝国の時代を旅したマルコ＝ポーロ

13世紀は「モンゴルの世紀」

<u>13世紀は「モンゴルの世紀」です。地図を見ても、朝鮮半島から東ヨーロッパにいたる、じつに広い領域をモンゴルが支配していることがわかると思います。</u>

モンゴル帝国といえば、「**チンギス＝ハン**」や「**フビライ＝ハン**」の名前が中学校の社会科の教科書にも登場するので、お馴染みの人物でしょう。

チンギス＝ハンがモンゴル高原の統一を果たし、モンゴルのハン（君主）の位に就いたのが1206年、第5代のハンであり、元王朝の初代皇帝となり、日本にも遠征を行ったことで知られるフビライ＝ハンが亡くなるのが1294年なので、<u>モンゴル帝国関連の主要な事件が13世紀に起きていることがわかります。</u>

ユーラシアを一体化した大帝国

モンゴル帝国はその領内に、「オアシスの道」や「草原の道」を含み、さらに中国南部も支配することで、「海の道」とも結びつきました。

チンギス＝ハンの孫の代には、フビライが創始した中国の「<u>元（大元ウルス）</u>」をリーダーとしながら、ロシアのキプチャク＝ハン国（ジョチ＝ウルス）、西アジアのイル＝ハン国（フレグ＝ウルス）などの<u>一族の国家がまとまる連合体が形成されました</u>（14世紀初頭にはチャガタイ＝ハン国も自立します）。

それぞれの政権は自立の形をとっていますが、敵対しているわけではないので、<u>モンゴル帝国の中であれば、安全に商人や使節が行き来できます。</u>「**タタールの平和（モンゴルの平和）**」といわれるこの状況の中、ユーラシア大陸全体が交易ルートで結びつけられ、一体感が生み出されました。

広い帝国を旅して見聞を深めたマルコ＝ポーロ

この、広いモンゴル帝国を旅し、その旅行記を残した13世紀の人物こそが、有名な**マルコ＝ポーロ**です。

マルコ＝ポーロはイタリアのヴェネツィアで商人の子として生まれ、17歳で父や叔父とともに東方の旅に出発し、1275年、フビライ＝ハンがおさめる元の都である大都（現在の北京）に到着しました。

そこで**マルコ＝ポーロたちはフビライに気に入られ、元の役人になったといいます。マルコ＝ポーロは外交使節としてインドやビルマを訪れたといいますから、マルコ＝ポーロの見聞はさらに深まったでしょう。**

フビライはなかなかマルコ＝ポーロを帰さなかったものの、マルコ＝ポーロは何度も帰国を願ってようやく帰国を許されます。マルコ＝ポーロは1292年に帰国の途につき、1295年にヴェネツィアに到着したといいます。

マルコ＝ポーロは、ヴェネツィアに帰ってしばらくは、貿易商として活動していましたが、ヴェネツィアはライバルのジェノヴァに攻撃され、捕虜になってしまいました。その捕虜としての獄中で、マルコ＝ポーロは旅で見聞きしたことを話し、同じく捕虜になっていた著述家がそれを記述したのが、有名な『世界の記述（東方見聞録）』です。

人々を惹きつけた「黄金の国」の記述

『世界の記述』には人々が膨大な黄金を持ち、黄金の宮殿があるという「黄金の国」ジパングの記述があります。マルコ＝ポーロは日本を訪れていませんが（そもそも、中国を訪れたこと自体が疑問視されていますが）「中尊寺金色堂」の噂などから、そうした記述が生み出されたのでしょう。

マルコ＝ポーロが中国にいたのが、1275年から1292年の間というと、ちょうどそのころ、日本に対する遠征、いわゆるモンゴル襲来の時期です（2度のモンゴル襲来は、1274年と1281年です）。**『世界の記述』には元の日本に対する遠征の記述も存在しています。**

13世紀地中海・ヨーロッパ

議会政治が芽生えたイギリスと十字軍を主導したフランス

クローズアップ ①目的を外れた第4回十字軍

　12世紀に行われた第2回・第3回十字軍に引き続き、13世紀にも十字軍が企画されました。13世紀に行われた十字軍は第4回十字軍から第7回十字軍です。

　1202年から1204年に派遣された**第4回十字軍**は、**しばしば「最悪の十字軍」といわれます**。十字軍の兵員・物資の輸送を請け負っていたヴェネツィアの商人に対してその費用を払えなかったため、その代わりにとヴェネツィア商人が持ち出した話に乗って、**あろうことかキリスト教国であるビザンツ帝国の首都のコンスタンティノープルを占領し**、そこに**ラテン帝国**という国家をつくったのです。東地中海のビジネスチャンスの拡大をもくろんでいたヴェネツィアが、十字軍をそそのかしてヴェネツィア商人の商敵であるコンスタンティノープルをつぶそうとしたわけです。

　コンスタンティノープルの人々はギリシア正教を信仰しており、カトリックを信仰する西ヨーロッパの国々から組織される十字軍にとっては、「宗派」違いの街ではありました。しかし、宗派は違えど**同じキリスト教徒の町を攻めてしまったことや、略奪が盛んに行われたことから、十字軍本来の目的を大いに外れた非常に評判の悪い十字軍となっています**。

　この、カトリック側の軍隊がギリシア正教側のコンスタンティノープルを攻めたことが、カトリックと正教会の分裂をますます決定づけ、以後はひとつになろうとすることはありませんでした。

クローズアップ ②「暗君」が続いたイングランド

　第3回十字軍で活躍したリチャード1世の弟である、13世紀初頭のイングランド王の**ジョン**は「暗君」の評価で有名な王です。

それまで、イングランドは大陸（現在のフランス）に広大な領土を持っていたのですが、**ジョンはフランス王フィリップ2世との戦いに敗北を重ね、大陸の領地のほとんどを失ってしまったのです**。その他にもジョンは失政を重ね、戦争の費用をまかなうために増税も行ったので、ジョンに反発した貴族たちは結集し、1215年に大憲章（マグナ＝カルタ）をジョンにつきつけ、認めさせました。これは、新たな増税には聖職者や貴族の会議で同意を得ることなど、聖職者や貴族が今まで持っていた権利を再確認するものでした。ジョン王は自らの権利に制限が加えられることを認めたことになり、**イギリスの歴史においてマグナ＝カルタは王の一方的な支配から国民の権利を守る最初の文章とみなされて重要視されています**。

クローズアップ ③なおも続いた議会とイングランド王の対立

ジョンの次にイングランド王となった**ヘンリ3世**も、貴族たちと対立をしてしまいます。マグナ＝カルタを無視して、貴族たちの承認なしに新たな税をかけようとしたのです。そのため、**シモン＝ド＝モンフォール**という人物を中心とする反乱が起き、ヘンリ3世はこの圧力に屈して**議会の開催を認めました。この議会には、騎士や都市の代表も参加し、イギリス議会の起源となりました**。

その次の王、**エドワード1世**は模範議会と呼ばれる議会を招集し、議会との協力関係を築くことで国政のスムーズな運営をはかりました。

クローズアップ ④「破門戦術」を使ったローマ教皇インノケンティウス3世

「カノッサの屈辱」以後も、カトリック教会のリーダーであるローマ教皇の権威はさらに高まり、13世紀初頭のローマ教皇**インノケンティウス3世**のときに、教皇権は絶頂を迎えます。

インノケンティウス3世は教皇権を『太陽』に、皇帝権を『月』にたとえ、フランス王のフィリップ2世、イギリス王のジョンなど意に沿わない王がいれば次々に破門し、その権力を見せつけました。

クローズアップ ⑤内政は満点だが、軍事には疑問が残るフランスの「聖王」

第6回・第7回十字軍を企画したのが、フランス王**ルイ9世**です。第3回十字軍以降、聖地イェルサレムをめぐる争いは徐々に下火になっていました。しかし、宗教的情熱が高く、のちに「聖王」と呼ばれるルイ9世は、大規模な十字軍を企画し、イスラーム世界に挑戦したのです。相手となったのは、イスラーム側の中心となったアイユーブ朝、マムルーク朝といったエジプトの国家たちです。

第6回十字軍では軍隊に疫病が流行したうえにルイ9世が捕虜となり、第7回はルイ9世が陣中で病死してしまい、いずれも失敗に終わりました。無理に十字軍を企画しなくても、と思わせる大失敗でした。その一方で、ルイ9世は内政では優れた資質を見せ、国内を安定させています。

また、ルイ9世は、十字軍への協力を呼びかけるため、使者をモンゴル帝国へ派遣しています。この使者は1254年にモンゴル帝国の都であるカラコルムを訪れ、第4代のハンのモンケ＝ハンと面会したといいます。

クローズアップ ⑥神聖ローマ皇帝の権力は弱体化

神聖ローマ帝国、すなわちドイツの皇帝というのは、本来ローマ教皇からその権威を与えられ、ローマ＝カトリック教会の守護者としてふるまう存在です。

それゆえに「ドイツ」に存在する神聖ローマ帝国は、「イタリア」のローマに影響力を及ぼし続けるのが理想です。皇帝たちは繰り返しイタリアに遠征軍を派遣しましたが、その結果、ドイツの諸侯に対する統治がおろそかになり、**ドイツの諸侯は次第に自立するようになりました。**

皇帝の権力は弱体化し、1254年から1273年には、実質的な皇帝がいないという**大空位時代**も出現しました。

イタリアのほうも、ドイツからの皇帝の影響力を受け入れようとする**皇帝派**と反対する**教皇派**に二分され、13世紀にはこの対立が激化しました。

13世紀の中東・アフリカ

モンゴルの襲来と
イスラームの主役交代

⑦モンゴルの襲来とアッバース朝の滅亡

イスラーム世界では、11世紀にセルジューク朝のトゥグリル＝ベクがスルタンの称号を得て以来、**実際の政治や軍事などの権力は君主であるスルタンが担い、宗教的なリーダーの役割はムハンマドの後継者たるアッバース朝のカリフが担う**、という体制が続いていました。ですから、アッバース朝は形のうえでは存在を続けていたのです。12世紀に成立したアイユーブ朝もアッバース朝のカリフの権威を認めていました。

そのアッバース朝を名実ともに滅亡させたのがモンゴル帝国です。チンギス＝ハンの孫の**フラグ**が遠征軍を率い、1258年にバグダードを占領してアッバース朝のカリフを殺害したのです。このフラグが、西アジア一帯にたてた政権が**フレグ＝ウルス**です。これは**イル＝ハン国**とも呼ばれ、モンゴル人たちの間にも次第にイスラームが浸透し、のちにイスラーム教の国家となります。

⑧エジプトの王朝はアイユーブ朝からマムルーク朝へ

エジプトでは、アイユーブ朝から**マムルーク朝**に交代しています。1250年にマムルーク軍団がアイユーブ朝の君主を倒して権力を握り、スルタンがマムルークの出身であるという王朝ができました。**マムルークとは「トルコ人奴隷兵」のことなので、奴隷兵の長がいよいよイスラームを代表する国家のスルタンになった、ということになります。**

モンゴル軍はマムルーク朝にも迫ってきましたが、マムルーク朝はこの撃退に成功し、第6回・第7回の十字軍にも勝利し、メッカやメディナなどを支配下におさめてイスラームの「主役」の国家となり、16世紀まで続く長期王朝となります。

クローズアップ ⑨バグダードに代わってイスラームの中核都市となったカイロ

アイユーブ朝、そしてマムルーク朝と、エジプトの王朝がイスラームの主役となった時代、その都である**カイロ**は大いに繁栄しました。

特に、**モンゴルによってアッバース朝の都であったバグダードが征服されたあとは、カイロがイスラーム世界随一の中核都市となりました。**イスラーム世界の交易ルートも、エジプトを経由するルートが「幹線」となり、**多くの交易ルートがカイロに集中して国際貿易の中心となり、エジプトに富が流入しました。**

この「幹線」を行き来したのが、アイユーブ朝やマムルーク朝の保護を受けた、**カーリミー商人**といわれた人々です。

「コショウと香料の商人」と呼ばれた彼らは、アラビア半島南端のアデンの港でインド商人が運んできた香辛料や、中国産の絹織物や陶磁器を買い付け、紅海を北上してエジプトに運び、陸路を通ってナイル川の運河に接続してアレクサンドリア、さらに地中海のヴェネツィアやジェノヴァの商人に売り、利益を得たのです。

クローズアップ ⑩イベリア半島南部に踏みとどまったナスル朝

イベリア半島では、キリスト教徒による国土回復運動が進み、大部分がキリスト教徒の支配する地になりましたが、グラナダを中心とする**ナスル朝**が成立し、**イベリア半島最後のイスラーム王朝として、15世紀までイベリア半島南端に踏みとどまりました。**

クローズアップ ⑪イスラームを信仰したマリ王国

西アフリカの地には**マリ王国**が成立しています。現在のセネガルからマリにかけての地域を支配し、イスラームを信仰しました。ニジェール川流域の都市であるトンブクトゥはサハラ砂漠を横断する交易の拠点として繁栄しました。

13世紀のインド・東南アジア

加速するインドのイスラーム化とモンゴルに影響される東南アジア

クローズアップ ⑫インドでも成立した「マムルークの王朝」

インドでは、イスラーム王朝である**奴隷王朝**が成立しています。奴隷とはマムルークのことを指し、奴隷王朝の創始者である**アイバク**がゴール朝の奴隷兵（マムルーク）であったことを示しています。<u>13世紀にはインドの奴隷王朝、エジプトのマムルーク朝と、2つの「奴隷（マムルーク）」を由来とする王朝が誕生したことになります。</u>

奴隷王朝は、ガズナ朝やゴール朝よりもさらにインドの奥まで進出したため、インドのイスラーム化がさらに加速しました。

奴隷王朝を皮切りに、約320年間にわたってハルジー朝、トゥグルク朝、サイイド朝、ロディー朝と呼ばれる5つの王朝が交代しましたが、いずれもデリーを都とするイスラーム王朝であり、まとめて「**デリー＝スルタン朝**」と呼ばれています。

クローズアップ ⑬「モンゴル襲来」に勝利した陳朝

東南アジアでは、多くの王朝が成立しています。李朝に代わってベトナムに成立した**陳朝**は、治水事業や官僚制の整備により安定政権を築き、**元の襲来を3度も撃退しました**。日本と同じく、「モンゴル襲来」に勝利した国家というわけです。一方で、11世紀から存在していたビルマの**パガン朝**は元の侵攻を受け、滅亡してしまいました。

タイでは、タイ人初の王朝である**スコータイ朝**が成立しています。仏教が導入され、仏教文化が栄えました。

ジャワ島にはシンガサリ朝が成立しています。13世紀に建国され、ヒンドゥー教を信仰し、ヒンドゥー文化が盛んになった王朝ですが、内乱により13世紀中に滅亡しています。

171

13世紀の草原・オアシス地帯、中国、朝鮮半島

ユーラシアの一体化を進めた巨大帝国

クローズアップ ⑭モンゴル帝国を創始した草原の英雄チンギス＝ハン

　モンゴル高原では、9世紀にウイグルが崩壊したあと、統一勢力があらわれずに、トルコ系やモンゴル系の民族が互いに争う時代が長く続いていました。12世紀末、このモンゴル高原に現れた英雄がテムジン、すなわち**チンギス＝ハン**です。

　テムジンが指導者になると、その部族は急速に勢力を伸ばしてモンゴル高原を統一し、**テムジンは1206年に部族長の大集会（クリルタイ）によってモンゴルの君主となります**。

　チンギス＝ハンは遊牧民たちを千人単位の軍事集団（千戸）に編成し、強力な軍隊で盛んな遠征を行いました。チンギス＝ハンは実力があれば、出自や宗教、言語を問わずに人材を用いたといいます。

　チンギス＝ハンはホラズムや西夏を滅ぼし、モンゴル帝国の基礎をつくりました。モンゴル帝国はモンゴル風の表現をすれば「大モンゴル＝ウルス」といいます。「ウルス」とは「共同体」「くに」を示す言葉です。

クローズアップ ⑮チンギス＝ハンの子孫たちが築いた巨大帝国

　チンギス＝ハンの子孫たちは、モンゴル帝国をさらに拡大させます。チンギス＝ハンの次にハンに即位した**オゴタイ**は新しい首都である**カラコルム**を拠点に東に遠征軍をさしむけ、**金を征服して南宋を圧迫します**。

　それとともに、チンギス＝ハンの孫である**バトゥ**はロシアに遠征して**キエフ公国を支配下におさめます**。バトゥの軍隊の一部はヨーロッパ方面に進出し、ポーランドや神聖ローマ帝国の軍を撃破したといいます。

　一方、西アジア方面に進出したのはチンギス＝ハンの孫であるフラグです。**フラグは1258年に大都市のバグダードを攻略し、アッバース朝を滅ぼ

します。

そして、バトゥは勢力圏としたロシアに**キプチャク＝ハン国**（ジョチ＝ウルス）、フラグは西アジアに**イル＝ハン国**（フレグ＝ウルス）をつくるのです。また、チンギス＝ハンの次男のチャガタイの一族は**チャガタイ＝ハン国**（チャガタイ＝ウルス）の基礎をつくります。

そして、モンゴルの「本家」である大ハンの継承権は、後継者争いの末に**フビライ**が獲得します。フビライは都を現在の北京である**大都**に移し、国の名前を「**元**（大元ウルス）」としました。**フビライは南宋を攻撃して滅ぼし、中国南部も支配下に置きます。**

元では金や南宋など、それまでの中国の官僚制度や地方行政制度が引き継がれ、モンゴル人、キタイ人、女真人、漢民族などさまざまな出身の人々が家柄や能力に応じて任用されました。中でも、ウイグル人やイラン系のイスラーム教徒は通商や財務の官僚として盛んに用いられました。

クローズアップ ⑯ユーラシアの東西を結び付けたモンゴル帝国

モンゴル帝国はオアシスの道や草原の道などの主要な交易路を含む、ユーラシアの大部分を支配しました。

南宋を滅ぼしたあとは、海の道にもアクセスすることになり、これが中国内の大運河にも接続され、**ユーラシアをまたにかける大交易網が形成されました。**

キプチャク＝ハン国、イル＝ハン国、チャガタイ＝ハン国などの諸勢力は、それぞれが自分たちの領域を支配しながら、フビライの子孫である元の皇帝を全体のハンとしてあおぎ、緩やかに連合していました。**商人たちはモンゴル帝国のエリアならば安全に通行することができたため、遠隔地交易が盛んになりました。**

モンゴル帝国は、早い段階から交通路の整備を行い、貿易振興策を推進していました。チンギス＝ハンは主要道路に中継ポイントを置き、通行証を持っている人に馬や食料を提供する**駅伝制**を施行し、商人がスムーズに

行き来できるようにしました。また、銀を主な通貨とし、**その補助となる紙幣を発行して商業を盛んにしました。**

　文化や技術などもこの交易路を通ってつながり、中国からイスラームやヨーロッパには火薬や印刷技術、羅針盤が、中国にはイスラームの数学や医学、天文学などが伝わりました。また、遠く西ヨーロッパから外交使節や商人がやってくることもありました。**マルコ＝ポーロ**はそうした商人のひとりです。

⑰日本だけではなかった「モンゴル襲来」

　モンゴル帝国はさらに周囲の国々に通交や交易を求め、しばしば遠征軍を伴うものになりました。その結果、ビルマのパガン朝を滅ぼし、チベットを勢力下におきましたが、**ベトナムの陳朝や南ベトナムのチャンパー、ジャワのシンガサリ朝、そして日本など、海路を経た遠征軍は敗北し、服属させることはできませんでした。**そのほか、マムルーク朝や奴隷王朝などにも遠征を行いましたが、いずれも撃退されています。日本史において「モンゴル襲来」はとても印象的な事件ですが、**日本以外にもそれぞれの地域での「モンゴル襲来」があったのです。**

⑱服属させられた上に敗戦に巻き込まれた「損な役回り」

　モンゴルの周辺諸国の中で、なかなか苦しい立場に立たされていたのが、朝鮮半島の高麗です。高麗は元に隣接しているため、モンゴルからの強い圧迫を受けました。その結果、1259年にモンゴルに降伏し、服属することになります。

　そして、日本に遠征軍を派遣するときに元は遠征用の船の建造を高麗に命じたため、**高麗の民衆は造船に駆り出され、船の漕ぎ手や兵士として遠征にも参加させられたのです。**その結果、2度の遠征ともに敗北してしまったわけですので、高麗は服属させられたうえに、失敗した軍事作戦に駆り出された、かなり損な役回りだったといえます。

13世紀の日本

執権政治の展開とモンゴル襲来に対応した鎌倉幕府

クローズアップ ⑲幕府政治の主導権を握った執権

　1199年に源頼朝が亡くなると、源氏の将軍家に代わり、源頼朝の妻だった**北条政子**の実家の北条氏が力を握ります。北条政子の父、**北条時政**は政治事務や財政を行う政所の長官となって政治の実権をふるい、その地位は「執権」といわれるようになりました。以後、鎌倉幕府の実権は執権が握るようになります。

　北条時政の子である**北条義時**は御家人（将軍の家臣である武士）を統率する侍所の長官を兼ねました。政所と侍所という、政務と軍事の役所のトップを兼任したことで、「執権」の地位は不動のものになったのです。

クローズアップ ⑳幕府と朝廷の争いとなった承久の乱

　力を伸ばす幕府に対し、衰えた朝廷勢力の復活をはかったのが**後鳥羽上皇**です。3代将軍の源実朝は朝廷勢力と良好な関係を築いていましたが、その源実朝が暗殺されると、朝廷と幕府の橋渡しのような人物がいなくなり、朝廷と幕府の関係は悪化しました。そこで、後鳥羽上皇は諸国の武士に対して北条義時の追討を訴え、1221年に**承久の乱**が起こります。しかし、東国の御家人の結束を崩すことはできず、幕府の勝利に終わります。承久の乱後は、幕府の影響力が西日本にも広がります。

クローズアップ ㉑政治が安定し、経済や文化が発達した鎌倉中期

　3代執権**北条泰時**から5代執権**北条時頼**の時代に、執権の補佐役や有力御家人の会議機関、訴訟事務を扱う役所など、幕府の政治体制の整備が行われました。また、それまでの武士の慣例や規範をまとめた**御成敗式目**が1232年に定められ、武家の基本法となります。

この時代には**二毛作**や牛馬を使った耕作などが広まり、都市の経済も発達し、**市**や**座**（同業者組合）などもできました。西ヨーロッパでは12世紀ごろから都市が発達し、市やギルドができましたが、似たような動きが日本でもあったのです。

クローズアップ ㉒ 2度のモンゴル襲来に対応した北条時宗

　8代執権の**北条時宗**が直面したのが、モンゴル襲来への対応です。フビライは高麗を服属させた後、日本に通交を求める使者を度々送りましたが、北条時宗は返答せず、西日本の御家人にモンゴルへの警戒を指示しました。

　フビライ＝ハンは日本への侵攻を決断し、1274年、服属させていた高麗の兵と合わせて3万の兵を日本に差し向けました。これが、第1回目のモンゴル襲来となる**文永の役**です。日本がこれを撃退すると、元は滅ぼした南宋の兵も動員して、1281年に14万の大軍をもって日本に攻め込むものの、再び失敗し、撤退しました。これを**弘安の役**といいます。

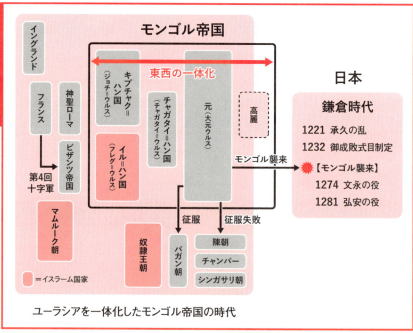

ユーラシアを一体化したモンゴル帝国の時代

14世紀

「14世紀の危機」と長期戦乱

～南北朝の争乱の時代～

14世紀の世界

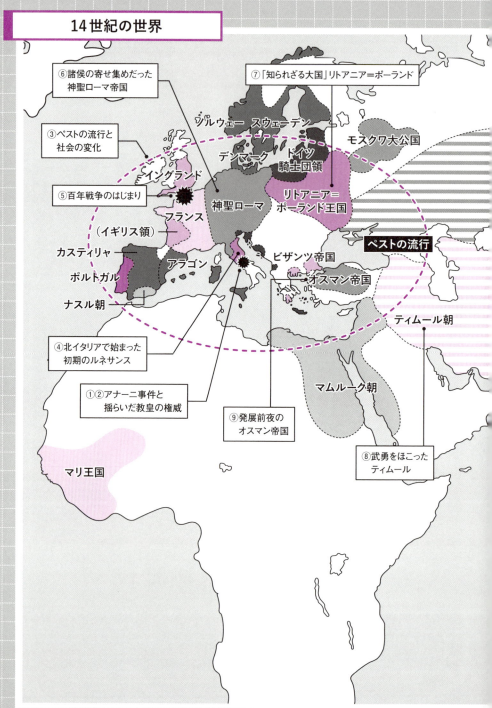

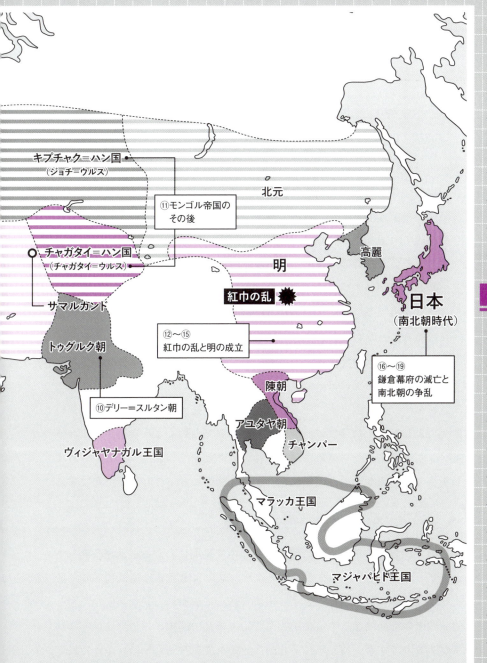

14世紀を読み解く

長期戦乱を生み出した「14世紀の危機」の時代

🔍 世界を苦しめたモンゴル帝国の「置き土産」

　14世紀の時代は、「14世紀の危機」といわれ、17世紀と並び、歴史上「危機」といわれる時代の代表的な時代のひとつです。

　13世紀後半から14世紀前半にかけての時代は「小氷期」と呼ばれる寒冷な時代への突入期であり、各地で災害や疫病が続き、ペストが急速に拡大した時代でもあります。

　ペストというのは「黒死病」といわれる細菌性の伝染病で、1331年に中国の南部で最初に広がり、1347年にはクリミアに、そして1348年にはイタリア半島からフランスに広がったといいますから、驚異の感染力を持った病気であることがわかります。

　この感染の拡大の理由のひとつが、モンゴル帝国の広大なネットワークです。モンゴル帝国はヨーロッパから朝鮮半島にいたるまで、東西に広大な領域を持った帝国です。その中では交通網が整備され、多くの商人が行き交いました。それゆえに、伝染病などの病気も驚くような速さで広がっていったのです。モンゴル帝国自体はこのあとすぐに衰退し、分断されてしまうので、変な形の「置き土産」という格好になってしまったのです。

🔍 世界中で起こった長期戦乱

　この「14世紀の危機」の時代に、世界中で長期にわたる戦乱が多発しています。たとえば、イングランドとフランスによる百年戦争は1339年に始まり、1453年に終わっています。日本では、この時代、鎌倉幕府が滅亡し、南北朝の争乱が始まっています。南北朝の争乱の開始年にはいろいろな解釈があるのですが、1336年に南北朝に分かれており、合一したのは1392年です。百年戦争と南北朝の争乱は、ほぼ同時期に始まり、相当長い間戦乱

が続いています。

　もちろん、2つの戦乱に直接の因果関係はなく、「偶然の一致」ですが、**「ヨーロッパと日本の長期戦乱が同時に起きた」と頭に入れておくだけでも、歴史を把握するうえでの大きな「目安」になるのです**。この2つの戦乱はいずれも王位継承や皇位継承から始まり、国内勢力を二分する争いだったという共通点もあります（百年戦争はイングランドとフランスとの戦争ですが、大きく見ればフランスの内部王位継承争いともいえます）。

　また、元王朝が滅びた紅巾の乱も1351年に始まっており、15年にわたって続きました。モンゴル帝国の解体もこの時代に進んでいます。14世紀の末期には靖難の役という、明王朝での帝位継承争いも起きています。

🔍 内乱が多い「危機」の時代

　3世紀も、14世紀も、17世紀も「危機」と呼ばれる世紀には、長期にわたる大規模な内乱がよく発生します。これらの世紀の教科書の記述を読むと「内乱」「解体」「分裂」のような言葉が多く並んでいます。

　3世紀のローマの軍人皇帝時代や中国の三国時代、17世紀のイギリスのピューリタン革命やドイツの三十年戦争など、**「危機」の時代には同じ民族同士、同じ国家の中で戦われる「内乱」が多く発生する傾向があるようです**。内乱は「顔見知り」同士の争いになることが多く、「あいつを倒さなければ自分も死ねない」と、泥沼の戦いに陥ることが多く、戦乱が長期化することが多いのです。

　もちろん、一概に論じることはできないのですが、気候が安定し、国家の生産力が充実する時代には国内政治も安定して、**人々の目が「外」に向かう余裕があるため、対外戦争が増加する傾向があります**。反対に、気候が悪くなり、国家の生産力が悪化すると、食糧不足や社会不安を招き、**不満が「内」に向かって内乱が起きる傾向があるのではないでしょうか**（日本でも寒冷化と生産力の低下が見られましたが、貨幣経済の進展や流通網の発達により飢饉の発生は比較的抑えられていたといいます）。

1・2 世紀
3・4 世紀
5・6 世紀
7 世紀
8 世紀
9 世紀
10 世紀
11 世紀
12 世紀
13 世紀
14 世紀
15 世紀
16 世紀
17 世紀
18 世紀
革命
19 世紀前半
19 世紀後半
帝国
戦間
恐慌
冷戦
グロ

181

14世紀のヨーロッパ

教皇権の衰退・ペストの流行・百年戦争と揺れたヨーロッパ

①教皇権の衰退とアナーニ事件

　14世紀初頭の1303年、イタリアでとある事件が起きました。それは、フランス王**フィリップ4世**の家臣がローマ教皇を殴打して一時的に軟禁したという事件です。

　今までのことを見てきても、13世紀まで、カトリック教会の長であるローマ教皇の権威は高まる一方でした。11世紀の「カノッサの屈辱」では雪の中で王を謝罪させ、13世紀には各国の王を破門して服従を強いていました。しかし、14世紀のはじめには、フランス王の家臣に殴打され、軟禁される存在になっていたのです。

　なぜ、このようにローマ教皇の権威が低下したのかというと、その大きな理由が十字軍の失敗です。ローマ教皇は十字軍の「旗振り役」として、諸侯や兵士に、神の祝福を与えて遠征に送り出す存在です。しかし、それがうまくいかなくなると、その説得力が低下してしまうのです。

　その代わりに、十字軍によって高まったのが諸国の王権です。王たちは実際に十字軍を率いて戦うリーダーですので、王が先頭に立って国内をひとつにまとめ、物資や兵員を調達し、作戦を遂行して勝利しなければなりません。その結果、それぞれの国家で王の権威が高まったのです。

　そういう状況で起きたのが、この教皇殴打と軟禁の事件です。フランス王**フィリップ4世**が王国内の聖職者に課税しようとしたことに対し、ローマ教皇**ボニファティウス8世**が反対したことが事件に発展したきっかけです。この事件を**アナーニ事件**といい、フランス王にローマ教皇が屈服した事件として知られます。その後、フィリップ4世は教皇庁を教皇のおひざ元であるローマからフランスのアヴィニョンに移すということも行っています。教皇権はこの時代に大いに動揺したのです。

②揺らぎ始めた教会の権威

この事件などにより、それまで絶対のものだと思われていたローマ教皇の権威が揺らいでしまうと、少しずつ教会のありかたに対しての不満や疑問を口にする人も増えていきます。

イングランドのウィクリフや、ベーメンのフス（その活動は15世紀まで続きますが）は、聖書を中心とする信仰の原点に戻ることを主張し、教会のあり方を批判しました。これは、のちの宗教改革の先がけとなります。

③ヨーロッパの人口が激減したペストの流行

「14世紀の危機」を代表する大きな社会的事件が、ペストの流行です。ペストは好冷性の細菌といわれ、気温がやや低いときに流行する傾向があります。14世紀の気温低下と、モンゴル帝国によるユーラシア大陸の一体化が、ペストの大流行を生んだといわれます。**ヨーロッパの人口の3分の1が亡くなったというペストの流行は大きな社会変動を引き起こしました。**

代表的な変化は、農民人口の減少です。人が少なくなれば、当然、生産物の量は少なくなります。領主たちは収入の確保のために農民の支配を強めますが、農民たちは反乱を起こしてそれに抵抗します。フランスやイングランドでは、百年戦争中に大規模な農民反乱が起きました。

フランスでは、百年戦争で土地が荒れたうえに、ペストが流行していました。その一方で、領主たちは支配を強化しようと考えていたため、農民が反抗し、ジャックリーの乱と呼ばれる大規模な農民一揆が起きました。イングランドでは、百年戦争中に戦費のための課税強化が行われ、それに反発した農民たちによってワット＝タイラーの乱という大規模な一揆が起きました。

領主たちにとっては、それまで自分たちの荘園で支配していた「農奴」たちが一斉に反乱を起こしてくるわけですので、自分たちの足元が大きく揺らいでしまいます。イングランドでは、農民たちが領主から離脱して自

立する動きが広がっていきます。

クローズアップ ④死生観の変化と初期のルネサンス

　ペストの流行によるもうひとつの社会の変化は、人々の死生観の変化です。人々がバタバタと倒れ、亡くなっていく状況に、人々の中には相反する気持ちが芽生えます。たとえば「死にたくないから、神にすがって生きよう」と信仰心を深める者もいれば、「本当に神がいるのならば、なぜペストが流行するのか、神は無力だ」と信仰心が薄れる者もいるわけです。また、「どうせいつか人は死ぬんだ、生きているうちは楽しもう」と考える人もあらわれます。

　こうした危機の時代は、人にいかに生きるか、ということを強く意識させ、人々は旧来の価値観にとらわれない発想をするようになります。それが宗教改革やルネサンスにつながっていくのです。

　14世紀の北イタリアでは、そうしたルネサンスの動きがいちはやく起きていました。詩人のダンテは学術用語として用いられるラテン語ではなく、日常使われていたイタリア語の方言で人間の心の動きを描いた『神曲』を著しました。また、文学者のボッカチオは『デカメロン』で、ペストの脅威のもとでの人間の欲望や偽善を風刺しました。

クローズアップ ⑤イギリスとフランスの間の長期戦乱

　イングランドとフランスの間で起きた有名な戦乱が、**百年戦争**です。フランスでは1328年にカペー朝の王家が断絶したのですが、その次の王位をフランスのヴァロア家と、イングランドの王家であったプランタジネット家が争い、戦争に発展したのです。

　百年戦争は一般的に、イギリスとフランスが戦ったというイメージがありますが、**実際にはフランスの王家のあとつぎ争いであり、戦場もほぼフランスという、フランスの内戦という性格もありました。**というのも、ノルマン朝からプランタジネット朝にかけて、イングランド王は長らくフラ

ンスに領地をもつフランス王の家臣でもありました。そのため、フランス
王とイングランド王は政略結婚を重ねて深い血縁関係があり、百年戦争で
王位を主張したイングランド王は、断絶したフランス王の甥という、王位
を主張してもおかしくない立場でした。そんな王位継承争いに対し、フラ
ンス各地の領主たちが二派に分かれて戦った、という見方もできるのです。
また、この王位継承争いの背景には、フランドル地方やギュイエンヌ地方
をめぐる対立もありました。イングランドにとって重要な羊毛の輸出先で
あるフランドル地方や、イングランドが大陸（フランス側）に保持してい
たワインの一大産地であるギュイエンヌ地方へのフランスの進出をイング
ランドがきらっていたのです。

　14世紀中の百年戦争は長弓隊を活用したイングランド側が優勢で、フラ
ンスは防衛に手一杯でした。15世紀に入ってもしばらくは、イングランド
の優勢が続きます。

クローズアップ ⑥「諸侯の寄せ集め」となった神聖ローマ帝国

　ドイツを見ると、**神聖ローマ帝国では、「大空位時代」などを経て皇帝の
権力は低下しており、一方で諸侯は自立して、「領邦」と呼ばれる地域支配
権をもつ存在となっていました**（日本史の「大名」のような存在がたく
さんあり、それが神聖ローマ皇帝によってまとめられている、というのが神
聖ローマ帝国のイメージです）。1356年に、皇帝の**カール４世**は**金印勅書**
という文書を発し、７人の選帝侯という有力諸侯で選挙を行って皇帝を選
出するというルールを定めました。

クローズアップ ⑦東ヨーロッパの大国リトアニア＝ポーランドの成立

　この時代の「知られざる」大国は**リトアニア＝ポーランド王国**です。1386
年にリトアニアとポーランドが婚姻政策で結びついた国家であり、成立時
の王朝である**ヤゲウォ朝**は16世紀まで存続し、東ヨーロッパ最強の国家と
して名を響かせました。

14世紀の中東

一代で大帝国を築いた「鬼武者」ティムール

クローズアップ ⑧モンゴル帝国の再興をかかげて遠征を行った英雄

　14世紀のイスラームの主役は、**ティムール**です。

　ティムールは、盗賊団の首領から身を起こし、一代で大帝国を築いた軍事の天才でした。若くして右足を負傷し、右腕の自由もきかなくなったという、全身傷だらけの「鬼武者」のような風貌であったと想像されています。出自は不明なところが多いのですが、チンギス＝ハンを常に理想の君主として、チンギス＝ハンの子孫という人物を立て、自らをアミールと称して**モンゴル帝国の再興を目指して戦いました**。

　ティムールは都のサマルカンドに愛着を持ち、青のタイルで飾られた壮麗なモスクをいくつも建てました。この、サマルカンドの町はチンギス＝ハンに徹底的に破壊されたという過去を持っていましたので、「チンギス＝ハンは破壊し、ティムールは建設した」といわれます。

　現在でも、サマルカンドの建築群はウズベキスタンを代表する世界遺産となっています。

クローズアップ ⑨のちにイスラームの主役となるオスマン帝国

　小アジア半島には**オスマン朝（オスマン帝国）**が成立しています。オスマン朝は**オスマン１世**が小アジアの戦士集団を率い、ルーム＝セルジューク朝からの独立を宣言して建設した王朝です。

　オスマン朝はビザンツ帝国の弱体化や内紛につけこみ、ビザンツ帝国領を奪う形で拡大し、バルカン半島に進出します。そして、バルカン半島のアドリアノープルを攻略し、首都とします。そのため、今までのイスラーム国家よりも、だいぶヨーロッパ寄りに軸足があるという印象を与えます。15世紀にこのオスマン帝国はさらなる発展をとげることになります。

14世紀のインド、草原・オアシス地帯

帝国の結合がゆるんだモンゴル帝国

クローズアップ ⑩インド北部の王朝の交代

インドでは、奴隷王朝に始まるデリー＝スルタン朝が続いています。奴隷王朝の次の**ハルジー朝**は南インドにもその勢力を広げましたが、14世紀前半に滅亡し、1320年に**トゥグルク朝**が成立しました。トゥグルク朝はデリー＝スルタン朝最大の領域を実現しましたが、14世紀末にティムール軍の侵入を受け、事実上崩壊してしまいました。

クローズアップ ⑪イスラーム化していったモンゴル帝国の西方

13世紀に成立した、元を中心に「ハン国」が緩やかに連合するというモンゴル帝国は、14世紀前半もその体制が続いていましたが、**それぞれの「ハン国」が独自の文化を深めていくようになり、帝国の結合がゆるんできます**。ペストの流行や頻繁に起きた天災も、帝国に動揺を与えました。

ロシアの**キプチャク＝ハン国**は14世紀前半に最盛期を迎え、このころ、公式にイスラームを受け入れます。この時代、ロシア人たちはモンゴル人たちの支配下に入っていることになり、自由になれないロシア人たちはこの状況を「タタール（モンゴル）のくびき（牛馬の首につける横木）」のようだ、とたとえました。モンゴル人の前ではロシア人は、飼われている牛馬のような存在だという意味です。

イランを中心とした**イル＝ハン国**は、13世紀末から14世紀初頭の君主である**ガザン＝ハン**のもとで最盛期となりました。ガザン＝ハンはイスラーム教に改宗し、支配下のイスラーム教徒との融和をはかりました。

中央アジアの**チャガタイ＝ハン国**は、14世紀半ばに東西に分裂します。この、西のほうの支配地からティムールが登場しています。

187

14世紀の中国

皇帝の強力な独裁が行われた明王朝

クローズアップ ⑫元の足元を揺るがせた財政難

14世紀の各「ハン国」の様子は前ページでお話ししました。ここではモンゴル帝国のうち、中国を支配した元王朝のその後についてお話しします。「14世紀の危機」と呼ばれる寒冷化やペストの流行は、元王朝にも動揺を与えました。**自然災害やペストへの対応に迫られたり、モンゴル帝国の一体化が失われて他のハン国との貿易が減少し、財政難が進んだのです。**

また、フビライの時代ごろから、貴族層のチベット仏教への信仰が盛んになり、チベット仏教への過度の信仰や寄進などが、財政難を進めました。元王朝は財政難解消のために紙幣を盛んに発行しましたが、紙幣の「乱発」になってしまい、経済はさらに混乱してしまいました。

元の滅亡のきっかけとなったのが、紅巾の乱です。元の末期には、黄河の氾濫が相次ぎ、民衆は黄河の治水工事に強制的に駆り出されていました。この人々の不満をあおって反乱を起こしたのが、仏教の一派であった白蓮教徒の人々でした。この反乱は、反乱軍の目印として赤い布切れを使ったので、紅巾の乱といいます。

クローズアップ ⑬極貧から身をおこした明の創始者

紅巾の乱の中から登場した人物が、明を建国した朱元璋です。朱元璋は貧しい農民階層の出身で、両親と兄を亡くし、17歳で寺に預けられました。両親は餓死したといわれていますので、極貧の出身だったようです。紅巾の乱が始まると、反乱に加わり目覚ましい出世をします。

力をつけた朱元璋は、今度は反乱を鎮圧する側にまわり、白蓮教の指導者を長江に沈めて殺害します。そして元王朝への攻撃にとりかかるとともに、新しい王朝の皇帝として即位し、国号を明として南京を都とします。皇

帝としての朱元璋は、**洪武帝**と呼ばれています。明に攻撃された元は、首都の北京を失うとモンゴル高原に移動し、明との対決姿勢を維持しました。これを「北元」といいます。

クローズアップ ⑭強い独裁を行った明の皇帝

朱元璋は皇帝として抜群の能力をほこった人物ですが、独裁指向の強い皇帝であり、**各省庁にあたる「六部」を皇帝の直属にして独裁を強めます。**疑い深い性格であった朱元璋は、明王朝の建国に手柄があった家臣たちにも次々と罪を着せて処刑します。その数も、一度に1万人とか、3万人と記録に残るような、大規模な粛清を何度も実行しているのです。少しでも気に入らなければすぐに殺されたといいますから、この時代の官僚は、夕方帰宅すると「今日も殺されなかった」と、安堵したといいます。

一方、朱元璋は貧しい農民出身だっただけに農民の扱いはうまく、厳しく統制をしながらも、**戸籍や土地の台帳をきちんとつくり、儒教道徳を農村に根付かせるなどの業績をあげました。**

明の皇帝たちは、創始者の行いを受け継いで独裁や粛清を行うことが多く、明の歴史には「粛清」「刑死」「毒殺」などの言葉が頻繁に登場します。「明」という王朝の名前が皮肉に感じられるような暗い時代という印象があるのです。

クローズアップ ⑮叔父が甥を討った靖難の役

洪武帝の死後、第2代皇帝に指名されたのは**建文帝**という人物でした。建文帝は疑り深く残酷な人物であり、自分の地位を安泰にするために、親戚にあたる人物を殺害したり、その領地を奪ったりしました。

これに対し、北平（北京）を本拠地とする、建文帝の叔父にあたる朱棣（しゅてい）という人物が危機に感じ、兵を挙げて建文帝を討ちました。これが、1399年に始まった靖難の役といわれる事件です。この結果、15世紀初頭に朱棣が皇帝に即位し、**永楽帝**となります。

14世紀の日本

鎌倉幕府の滅亡と南北朝の争乱

 ⑯鎌倉幕府を揺るがせた幕府に対する不満の声

　鎌倉幕府を支えていたのは御家人、すなわち将軍の家臣である武士たちでしたが、**鎌倉時代の末期になると、貧しさに苦しむ御家人が増加し、それとともに幕府に対する不満が高まりました。**

　鎌倉時代の武士たちは基本的に分割相続、つまり親の領地を兄弟で分け合って相続するという形をとっていたので、時代が進むほど、その領地は細かく分かれてしまい、ひとつひとつの領地から得られる収入は少なくなっていったのです。

　モンゴル襲来の負担も大きく、その割には（モンゴル襲来は「防衛戦」であったため）恩賞で新たな土地を得られなかったことも、武士の困窮を加速させました。また、モンゴル襲来では、動員された御家人ではない地方の武士や戦勝祈願を命じられた寺社なども多かったため、幕府はそこにも報いる必要がありました。中には勝手な土地開発を行い、自分の領地とする者もいました。

　こうして、いろいろな人の土地に絡む利害関係が増加したため、御家人、御家人以外の武士、寺社、荘園経営者、金融業者、有力百姓など、いろいろな階層を巻き込んだ土地争いが各地で起きました。中には、武力行使に及ぶこともあり、その被害者が相手を「悪党」として訴えたため、幕府はトラブルに首を突っ込まざるを得なくなり、その結果幕府に対する不満の声はさらに高まることになります。また、13世紀の後半ごろから始まった寒冷化も、社会不安の一因となりました。

 ⑰**後醍醐天皇**により始められた建武の新政

　1318年に即位した**後醍醐天皇**は、幕府から政権を奪回することをもくろ

みました。後醍醐天皇は2度の倒幕計画を企てましたが失敗し、隠岐に流されてしまいます。しかし、後醍醐天皇の意を汲んだ後醍醐天皇の子である護良親王や楠木正成が倒幕の兵を挙げ、鎌倉幕府の御家人の中にも、後醍醐天皇に協力する者が登場しました。**足利高氏**（のちの尊氏）は幕府の西日本の拠点である京都の六波羅探題を攻め落とし、新田義貞は鎌倉を攻め、1333年に鎌倉幕府は滅亡しました。

　京都に戻った後醍醐天皇は1334年に建武と年号を改め、天皇が直接政治を行う、いわゆる「建武の新政」を開始します。幕府や院政、摂政や関白など、天皇をしのぐ政治権力をなくし、全国の公家、武家を天皇の支配下に置く政治が目指されました。

　しかし、この政府は天皇に強い権限があるために、天皇の決裁が滞れば、政治が停滞してしまいます。また、多くの武士の協力を得て鎌倉幕府を倒したにもかかわらず、後醍醐天皇は自分に近い貴族や側近を重く用いる一方で、武士を総じて軽く扱ったため、武士の不満は高まりました。政治体制も急ごしらえであったため、たちまち政治が混乱してしまいました。

クローズアップ ⑱長期にわたる南北朝の争乱の始まり

　多くの武士が建武の新政に失望する中で、武士の期待は**足利尊氏**に集まりました。1335年に北条氏の残党が幕府の再興を目指して鎌倉を占拠した事件が起こりましたが、その鎮圧に向かった足利尊氏は、鎮圧後も鎌倉にとどまり、後醍醐天皇に反旗をひるがえします。

　1336年、足利尊氏は京都を制圧し、光明天皇を新たに立てました。後醍醐天皇は吉野に逃れ、建武の新政は崩壊しました。ここから、**京都の北朝と吉野の南朝に朝廷が分裂し、抗争を繰り広げる南北朝の争乱**が始まります。1338年に足利尊氏は征夷大将軍に任じられ、幕府を開きました。この幕府はのちに室町幕府と呼ばれます。

　南北朝の争乱は50年以上にもわたる長期の戦乱となりました。この南北朝の争乱を終息させたのは3代将軍の**足利義満**です。足利義満は1392年に

南北朝を合体させ、内乱を終わらせました。足利義満は朝廷から高い位を与えられ、公家社会においても存在感を発揮しました。

クローズアップ ⑲室町時代の社会の変化

室町幕府によって諸国に置かれた守護は、鎌倉時代の守護よりも強い権限が与えられました。従来の守護は警察権や治安維持など、限られた権限にとどまりましたが、**室町時代の守護は年貢の一部を徴収する権限や、幕府による裁判の判決の執行権などを持ち、次第に「領国」のように地域支配を行う存在になりました**。一方、地方に土着の武士を<u>国人</u>といいます。国人の中には強力な守護の支配に対抗して、しばしば一揆（抵抗するための団結）を結ぶ者もいました。

海に目を向けると、13世紀中ごろから、東アジアの海の一帯に倭寇といわれる武装集団が登場しました。初期の倭寇（前期倭寇）は九州北部や瀬戸内の漁民などを中心に、朝鮮や中国の沿海の人々も加わったものでした。

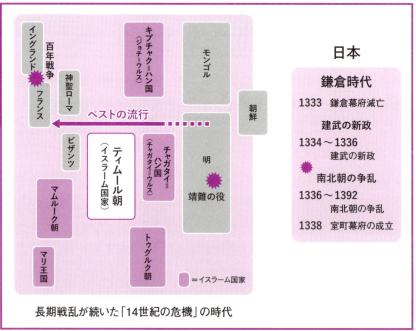

長期戦乱が続いた「14世紀の危機」の時代

15世紀

つながる海の
ネットワーク

～室町幕府と日明貿易～

15世紀の世界

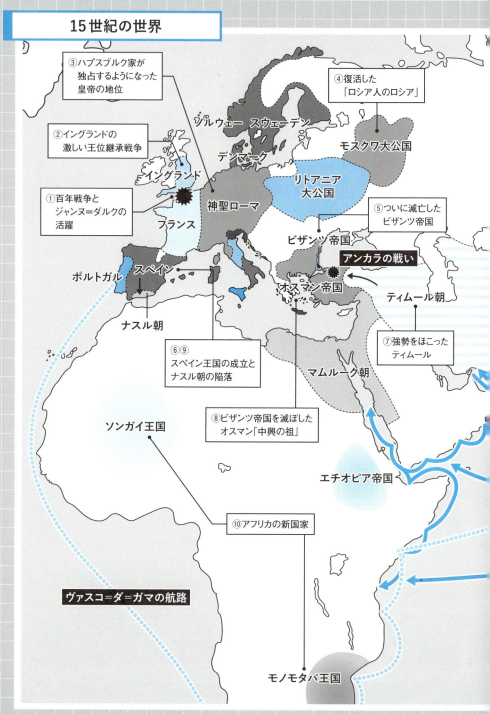

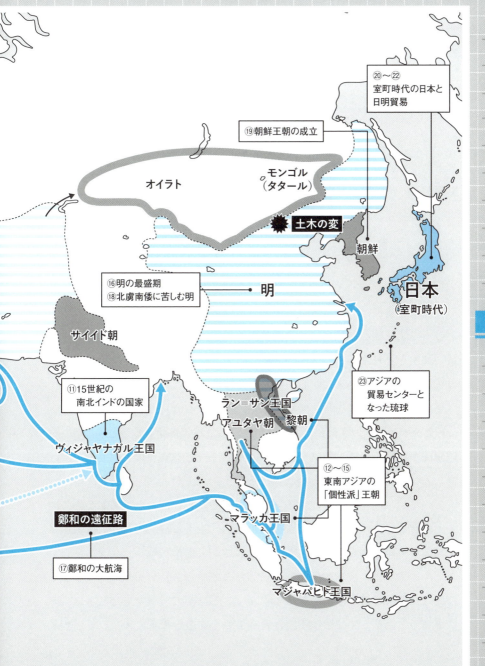

15世紀を読み解く

アジアから広がった海のネットワーク

アジア各地域の経済発展がつないだ交易網

　15世紀は、「海上交易の時代」です。「14世紀の危機」が終わると、アジア各地域の経済が急速に回復します。**海上交易が活発化し、アジア発の「大交易時代」が展開されるのです**。15世紀末には、このアジアの交易網にヨーロッパからポルトガルが参入します。

明によって展開された朝貢貿易

　13世紀ごろから、東アジアの海に「倭寇」と呼ばれる武装集団が現れました。この集団は、朝鮮半島や中国の沿岸を襲って食料などを奪いました。そこで、**明王朝の初代皇帝の洪武帝は、民間人の対外交易を禁止する「海禁」政策をとりました**。沿岸の民衆に自由な航海をさせると、倭寇に沿岸の民衆が加わるケースも想定されたからです。

　民間人の対外貿易を禁止することは、貿易が国家同士の正式なやりとりに限定される、ということです。**明が展開した貿易は朝貢貿易と呼ばれ、周辺諸国から明への貿易品は「貢ぎ物」、明から周辺諸国への貿易品は「授け物」という名目で貿易が行われました**。

　「貢ぎ物」と「授け物」のやりとりですから、そこには上下関係が伴います。朝貢貿易において明は、周辺諸国に対して、形式上では上位に立ち、周辺諸国から貢ぎ物を受ける立場になるのです（その代わり、お返しとしての「授け物」は、貢ぎ物よりも高価なものである場合が多く、明にとって経済的に得な貿易とはいえません）。周辺諸国と外交関係を結ぶことは、多くの勢力と隣接している明王朝にとっても、安全保障上のメリットがあるのです。

　明の３代皇帝である永楽帝は朝貢貿易を積極的に推進しました。そのた

めに明王朝が派遣した人物が、鄭和です。鄭和はイスラーム教徒の宦官で、東南アジアからインド洋の各地を訪れて朝貢を促し、多くの地域と朝貢関係を結びました。鄭和の艦隊（第一次艦隊）は、62隻の船に2万8000人が乗っていたといいますから、かなりの大艦隊だったことでしょう。大船団を見せつけ、威圧することで、交易ルートの安全も確保できるというわけです。**鄭和の艦隊の一部は遠くアフリカに達したといいます。**

日本も「朝貢貿易」に加わった

日本も、この朝貢貿易体制と無縁ではありません。室町幕府の**足利義満**が明の呼びかけに応じて朝貢を行い、いわゆる「日明貿易」を開始しました。当然、朝貢貿易には上下関係が伴うので、**足利義満は明の皇帝に対し臣下の立場をとり、明の臣下としての「日本国王」の称号をもらいました。**この、日明貿易は正式な船であることを示すための割符（勘合）を用いたことでも知られます。

立地を生かして発展した琉球

明との朝貢貿易を最大限に利用して発展したのが、琉球です。

琉球は、15世紀前半に統一され、琉球王国となっていました。琉球は明からほぼ無制限の朝貢貿易を許され、**中国、日本、東南アジアとの中間点に位置するという立地の良さを生かして、周辺諸国の物を集めて明に献上し、代わりに明の物産を授かって周辺諸国に売るという貿易で発展しました。**日本と明との日明貿易で日本が朝貢した回数は19回でしたが、琉球が明に朝貢した回数は171回にのぼることからも、琉球の朝貢貿易に対する姿勢が非常に積極的であったことがわかります。

明王朝と結びつきを深めたマラッカ王国

東南アジアにおいて、明王朝と結びつきが深かったのがマラッカ王国です。鄭和の来航によりマラッカ王国は明の朝貢国となりました。マラッカ

も、琉球と同じように**インド、東南アジア、琉球、中国へのアクセスがよく朝貢貿易や中継貿易で利益を得ました**。その後、**マラッカがイスラーム教国になったことで、西アジアからのイスラーム商人の来航が増えたことも、マラッカの発展が加速した要因になりました**。

　明の朝貢体制の外にはありましたが、インド南端の<u>ヴィジャヤナガル王国</u>も琉球やマラッカと同じように立地がよく、イスラーム商人や東南アジアの商人、時折訪れる中国の商人などの中継地として発展します。

🔍 アジアの交易網に参入したポルトガル

　このように、15世紀は中国周辺、琉球、東南アジア、インド、そしてイスラーム商人というように、アジアの海を舞台に活発な交易が行われ、「交易の時代」とか「<u>大交易時代</u>」といわれる時代となりました。

　この交易網への参入をはかったのが、ヨーロッパの国々です。14世紀の危機の中、ヨーロッパ人は交易に活路を見出し、繁栄するアジアに憧れ、競ってその産物や香辛料を求めようとしていました。しかし、ヨーロッパとアジアの間には、オスマン帝国が存在しており、アジアの物産はオスマン帝国の商人を経由したうえで、ヴェネツィアなどの商人の手に渡ったものを買うしかありませんでした。多くの商人の手を経ると、それだけ商品は高価なものになります。

　そこで、**アジアへの探検航海を行い、直接アジアとの貿易を行えば、アジアの産物や香辛料を大量に手に入れることができるという考え方が起こりました**。また、アジアにキリスト教を布教することで、間のイスラーム国家であるオスマン帝国を挟み撃ちにできるとも考えられました。

　この動きを最初に本格化したのが<u>ポルトガル</u>です。1488年には**バルトロメウ＝ディアス**がアフリカ南端の<u>喜望峰</u>に到達し、1498年には**ヴァスコ＝ダ＝ガマ**がインド西岸の<u>カリカット</u>に到達し、インド航路を開きました。ここから、**ヨーロッパとアジアとの経済的一体化が本格的に始まることになるのです**。

15世紀のヨーロッパ

同じ年に起きた百年戦争の終結とビザンツ帝国の滅亡

クローズアップ ①「オルレアンの少女」の登場で逆転した百年戦争

イングランドとフランスの間で戦われている**百年戦争**は、依然、イングランドが優勢であり、1420年代まではフランスの北半分をイングランドが支配しており、フランスは崩壊の危機に立たされていました。

しかし、1429年にフランスを救うひとりの人物が登場します。それが「オルレアンの少女」と呼ばれた16歳の少女、**ジャンヌ＝ダルク**です。神の啓示を受けたというジャンヌ＝ダルクはオルレアンの街を解放し、フランス王を助けてフランスを優勢に導きます。

以後はフランスが優勢に展開し、**結果的にはフランスがイギリス勢力のほとんどを大陸から追い出し、1453年に戦争は終結しました。**

クローズアップ ②激しい内戦となったイングランドのバラ戦争

百年戦争が終わった後も、イギリスでは戦いが続きます。ランカスター家とヨーク家という2つの家系の間で、王位継承争いが勃発したのです。これを**バラ戦争**といい、30年続く長期の戦乱となりました。

激しい内戦となったバラ戦争は泥沼となりましたが、ランカスター家の血をひくテューダー家の**ヘンリ7世**が優勢となり、ヨーク家の王女と結婚することで戦争は終結します。ここから、イギリスの王朝は**テューダー朝**に切り替わりました。

クローズアップ ③ハプスブルク家が世襲した神聖ローマ皇帝の地位

神聖ローマ帝国では、スイスをルーツとするオーストリアの名門である**ハプスブルク家**が皇帝に選出されることが一般化し、15世紀半ばから19世紀の帝国消滅まで、神聖ローマ皇帝の位はほぼハプスブルク家の世襲とな

1・2世紀
3・4世紀
5・6世紀
7世紀
8世紀
9世紀
10世紀
11世紀
12世紀
13世紀
14世紀
15世紀
16世紀
17世紀
18世紀
革命
19世紀前半
19世紀後半
帝国
戦間
恐慌
冷戦
グロ

ります。

　様々な地域・民族をその領域内に含めている神聖ローマ帝国では、いろいろな事件が起きています。現在のチェコにあたるベーメンでは、カトリック教会のありかたを批判した**フス**が登場しました。フスは教会批判をしたということで火あぶりにあいましたが、これをきっかけに、フスの意見に共感する者や、神聖ローマ帝国の支配に反対する者（もともと、神聖ローマ帝国の中核であるゲルマン系の民族と、ベーメンのスラヴ系民族は、言葉や文化が違うのです）が、1419年に**フス戦争**と呼ばれる反乱を起こしました。この戦争は15年に及び、最終的に講和が成立しましたが、**ベーメンの人々の、帝国に対するくすぶった感情は、17世紀の三十年戦争で再び燃え上がることになります。**

　神聖ローマ帝国の一部だったスイスでは、13世紀ごろからハプスブルク家の支配が強くなりました。これに反発したスイスは独立闘争の末に、1499年に事実上の独立を達成します。

クローズアップ ④久しぶりに戻った「ロシア人のロシア」

　ロシアは13世紀、14世紀とモンゴル帝国のキプチャク＝ハン国に支配されていましたが、15世紀に**モスクワ大公国**がキプチャク＝ハン国から独立し、**久しぶりに「ロシア人のロシア」が戻ってきました。**

　15世紀のモスクワ大公である**イヴァン3世**は周辺諸国をまとめあげ、1480年にキプチャク＝ハン国の軍と戦って勝利し、モンゴル人の支配から独立しました。イヴァン3世は滅亡していたビザンツ帝国の最後の皇帝の姪を妻とし、**ツァーリ（皇帝）**の称号を名乗り、ビザンツ帝国の、ひいてはローマ帝国の後継者と称するようになります。

クローズアップ ⑤ついに滅亡したビザンツ帝国

　395年にローマ帝国が分裂して成立した「東ローマ帝国」は7世紀ごろからビザンツ帝国と呼ばれるようになりながらも、ローマの伝統を引き継

ぎながらこの15世紀まで存続してきました。しかし、オスマン帝国のメフメト2世に攻められ、1453年についに滅亡しました。**東ローマ帝国はじつに1000年以上もの長い歴史を重ねたことになります。**

クローズアップ ⑥スペイン王国の成立と国土回復運動（レコンキスタ）の完成

長らくイスラーム勢力に支配されていた中世のイベリア半島では、キリスト教徒がイスラーム勢力からイベリア半島を取り戻そうという国土回復運動（レコンキスタ）が続いていました。

この戦いの中からカスティリャ王国とアラゴン王国という2つの国が頭角を現し、1469年にカスティリャ王女の**イサベル**とアラゴン王子の**フェルナンド**が結婚（恋愛結婚だったようです）したことで、スペイン王国が成立します。「カトリック両王」と呼ばれた2人は、協力してイスラーム勢力と戦い、1492年にイスラーム勢力の最後の砦だったナスル朝のグラナダを落とし、**イスラーム勢力をイベリア半島から追い出すことに成功します。**

隣国のポルトガルは、もとはカスティリャ王国の一部でしたが、カスティリャから独立し、国王**ジョアン2世**のもとで成長を見せます。

レコンキスタ完成後のスペイン・ポルトガルは、**ヨーロッパの西端という「地の利」を生かし、新航路を開いてヨーロッパにとっての「大航海時代」の先陣を切ることになります。**

ポルトガルは14世紀中盤に「航海王子」と呼ばれた**エンリケ**がアフリカ西岸の開拓事業を推進しました。そして、**バルトロメウ＝ディアス**の艦隊は1488年にアフリカ南端の喜望峰に、**ヴァスコ＝ダ＝ガマ**は1498年にインドのカリカットに到達します。

スペインにおいても、ジェノヴァ生まれの船乗りである**コロンブス**がイサベル女王の支援を受けて1492年に西へ向かい、大西洋を横断してサンサルバドル島に到達しました。

これらの航海は後世のヨーロッパに多くの富をもたらすとともに、植民地支配にもつながる歴史的な転換点となりました。

1·2世紀
3·4世紀
5·6世紀
7世紀
8世紀
9世紀
10世紀
11世紀
12世紀
13世紀
14世紀
15世紀
16世紀
17世紀
18世紀
革命
19世紀前半
19世紀後半
帝国
戦間
恐慌
冷戦
グロ

15世紀の中東・アフリカ・インド

オスマン帝国を大国にのしあげた「中興の祖」

⑦15世紀初頭に強勢をほこったティムール朝

15世紀はじめ、イスラーム世界の中心的存在は引き続き、**ティムール**でした。ティムールは1402年にオスマン帝国を**アンカラの戦い**で破り、その強さを見せつけました。返す刀でティムールは中国の明への遠征を試みますが、その遠征の途中で病死してしまいます。

ティムールの死後も「ティムール朝」はしばらく存続し、首都のサマルカンドは文化が発展しましたが、15世紀後半には衰退してしまいました。

⑧ビザンツ帝国を滅ぼしたメフメト2世の「奇策」

15世紀に大きく成長し、世界史の中でもきわめて大きな影響力を持ったイスラームの大国が**オスマン帝国**です。オスマン帝国は1300年ころに建国された国家ですが、1402年の**アンカラの戦い**でティムールに完敗し、一時は大きく弱体化してしまいます。

オスマン帝国はその後次第に国力を回復させていき、15世紀中盤には「中興の祖」である**メフメト2世**が登場します。**メフメト2世は悲願であったコンスタンティノープルを攻略し、ビザンツ帝国を滅ぼしました。**

この攻略時にメフメト2世はあっと驚くような「奇策」を用いて難攻不落のコンスタンティノープルを陥落させたといいます。コンスタンティノープルは、自分たちの「急所」であった深い入り江の入り口を太い鎖で封鎖するという堅い守りで知られていましたが、メフメト2世はその鎖を正面から突破しようとせず、72隻もの軍艦を、「山越え」させ、陸側から入り江の中に船を侵入させたというのです。

この奇襲によって、コンスタンティノープルを陥落させたメフメト2世は**イスタンブール**とその町の名を変え、新しい都とします。

メフメト2世は「征服王」というニックネームのとおり、盛んな遠征を行い、領土をバルカン半島の全域や、黒海の向こう側のクリミア半島まで広げました。こうした遠征は、**次第にオスマン帝国を多民族を含む国家に変えていきます。**

クローズアップ ⑨イベリア半島最後のイスラーム王朝の滅亡

イベリア半島の最後のイスラーム王朝となった**ナスル朝**は、スペインの攻撃を受けて1492年に滅亡します。首都の**グラナダ**はアルハンブラ宮殿などのイスラーム文化が栄えた、15世紀のイベリア半島最大の都市として知られていました。

クローズアップ ⑩イスラーム文化が栄えたアフリカの国家

アフリカでは15世紀後半に**ソンガイ王国**が成立しました。ニジェール川流域を支配したソンガイ人の国家で、トンブクトゥの町には大学が建てられ、イスラーム文化が栄えました。この国家は16世紀末に、モロッコ軍の侵入で崩壊します。

南アフリカには、現在のジンバブエの地にあったジンバブエ王国が15世紀に滅び、**モノモタパ王国**が成立しています。現在のジンバブエからモザンビーク周辺を領域にして、インド洋交易で栄えました。

クローズアップ ⑪交易で繁栄したインド南部の国家

インド北部は「デリー＝スルタン朝」が続いています。15世紀にはサイイド朝、ロディー朝が成立しました。**サイイド朝**はデリー周辺を統治するにとどまり、**ロディー朝**は15世紀末の名君のもと、最盛期を迎えました。

インド南部には、**ヴィジャヤナガル王国**が存在しています。インド南部に成立した王朝の決まり文句のように、その立地を生かして交易で繁栄しました。アラビア方面から馬を輸入し、それを軍事力として活用しました。ヴァスコ＝ダ＝ガマはこの国家の地方政権を訪れています。

1・2世紀
3・4世紀
5・6世紀
7世紀
8世紀
9世紀
10世紀
11世紀
12世紀
13世紀
14世紀
15世紀
16世紀
17世紀
18世紀
革命
19世紀前半
19世紀後半
帝国
戦間
恐慌
冷戦
グロ

15世紀の東南アジア

交易や宗教で存在感を発揮した東南アジアの「個性派」王朝

クローズアップ ⑫アジア商業の「ハブ」として発展したマラッカ王国

「大交易時代」のアジアにおいて、重要な役割を果たしたのが東南アジアの王朝です。ここでは、13世紀から15世紀ごろに成立した「個性派」の王朝を見ていきましょう。

14世紀末にマレー半島に成立した王朝が**マラッカ王国**です。中国への朝貢貿易を積極的に行い、明王朝の鄭和の遠征艦隊の拠点になりました。1414年に王がイスラームに改宗したことにより、イスラーム圏内から多くの商人が来航し、**中国、インド、イスラーム世界の「中継点」となり、よりいっそう繁栄しました。**

クローズアップ ⑬中国の制度を取り入れたベトナムの黎朝

15世紀前半にベトナムに建国された王朝が**黎朝**です。明王朝から自立を果たして建国されました。中国風の制度を導入して国力を高めました。

クローズアップ ⑭長期にわたって存続したアユタヤ朝

14世紀末にタイに建国された**アユタヤ朝**は、15世紀にカンボジアのアンコール朝や、タイ北部のスコータイ朝を支配下に入れ18世紀まで繁栄しました。ラオスにはラオ人が**ラン＝サン王国**を建設しています。

クローズアップ ⑮ヒンドゥー文化が発展したマジャパヒト王国

インドネシアには**マジャパヒト王国**が存在しています。13世紀末から16世紀初頭にかけて栄えたヒンドゥー教の王国です。現在のインドネシアはイスラーム教徒が多数を占める国家ですが、随所にヒンドゥー教の文化の名残が見られます。これは、マジャパヒト王国の影響なのです。

15世紀の中国、朝鮮半島

諸外国に君臨した明の永楽帝

クローズアップ ⑯明の最盛期を築いた強力な皇帝

甥の建文帝を「靖難の役」で破り、1402年に即位した明の**永楽帝**は、1421年に**都を南京から北京に移し、明の最盛期をつくりました。**

永楽帝は父の洪武帝と同じように、強力な独裁を行いました。その中で、皇帝の政治を補佐する役所である内閣を置き、そのメンバーである内閣大学士たちに政治の補佐をさせました。内閣の地位は、はじめはそれほど高くなかったものの、次第に国政を動かす存在になっていきます。日本の行政機関が「内閣」というのも、この「内閣」の名残です。

永楽帝は盛んな遠征を行い、モンゴルをさらに北方に追いやりました。また、**文化事業も盛んに行い、百科事典である『永楽大典』や、儒教の注釈書である『四書大全』『五経大全』などの編纂をさせました。**

永楽帝は明の黄金期をつくりましたが、父と同じように絶えず粛清を行い、暗い面も多い皇帝でした。特に、宦官を重く用いることが多く、のちに正式な役人である官僚と、皇帝の身の回りに仕える宦官との間に軋轢を生むことになりました。

クローズアップ ⑰明の国力を示した鄭和の大航海

永楽帝の政策で、特徴的なものが鄭和の大航海です。イスラーム教徒の宦官である鄭和に、**大規模の艦隊を率いさせて東南アジアからインド洋に7回の派遣を行い、沿岸の諸国に朝貢を促しました。**この結果、明へ朝貢の使節を派遣した国家は50以上にものぼりました。

第一次航海は62隻の船に2万8000人を乗せていったといいます。その約100後のマゼランの世界周航が、5隻の船に265人といいますから、その航海がいかに大規模かがわかり、ヨーロッパの国々と比較した、この時代

の明の国力の一端が垣間見えます。その艦隊の一部はアフリカの東岸にまで達したといいます。

クローズアップ ⑱不名誉な記録を残した6代皇帝

明は、その時代を通して「北虜南倭」に苦しめられています。「北虜」とは、北のモンゴル系の民族、「南倭」とは、沿岸を荒らしまわった海賊の「倭寇」のことです。

特に、「北虜」に悩まされたのが6代皇帝の正統帝です。モンゴル系民族のオイラトが勢力を強めたことに対して正統帝は50万の大軍を率いて迎え撃ちますが、1449年の戦いにおいて、オイラトの包囲攻撃にあって皇帝自身が捕虜になってしまいます。これを土木の変といい、皇帝が野戦で捕虜になるという、非常な不名誉な記録を残してしまいました。

このことが明に北方の防衛を強化する必要性を再認識させ、万里の長城の改修・増築につながります。現在見られる万里の長城は、そのほとんどが明の時代の改修によるものです。

クローズアップ ⑲李成桂による朝鮮王朝の成立

朝鮮半島では、朝鮮王朝が成立しています。14世紀まで存続していた高麗は倭寇の侵入により弱体化し、1392年に李成桂が高麗を倒して、新しい王朝をたてたものが朝鮮王朝（李氏朝鮮）です。

李成桂は朱子学を国家の基礎としました。今もなお、朝鮮半島では儒教の影響が強く残っています。

朝鮮王朝は第4代の皇帝である世宗のときに最盛期を迎え、官僚体制の確立や、女真や倭寇の侵入を防ぐなどの業績をあげました。

現在、朝鮮半島で一般的に使われている文字であるハングルを制定し、公布したのもこの世宗です。ハングルははじめ「訓民正音」の名で公布され、民衆の間で少しずつ普及しました。「ハングル」の名で呼ばれたのは20世紀に入ってからのことです。

15世紀の日本

民衆の力が増大していった室町時代

クローズアップ ⑳明の皇帝に臣下の礼をとった足利義満

室町幕府の第3代将軍**足利義満**は、1395年に将軍職を子の足利義持に譲り、15世紀初頭にはすでに将軍ではありませんでしたが、大御所として政治上の実権は握り続けました。

この時代の足利義満の重要政策に1404年に始まった日明貿易があります。明と国交を開き、貿易を行ったのです。正式な貿易船であることを証明するために勘合と呼ばれる割符を使ったことが特徴で、勘合貿易ともいわれます。**明を中心とする国際秩序の中での朝貢貿易のため、足利義満は明に対して形式的に臣下の礼をとりました**。幕府はこの、貿易に参入する権利を有力守護や大寺社に販売することによっても利益を得ました。

クローズアップ ㉑一揆の発生を生んだ民衆のエネルギー

室町時代は、民衆の力がまとまりをもつようになった時代でもあります。人々は災害や戦乱、領主や近隣との対立などから生活を守り、生き抜くために団結するようになります。こうした団結により運営される村を「惣村」といい、村の代表者の会議である寄合で、村の掟を決めたり、年貢の配分を決めたりしました。**この惣村は、権力者に対して次第に自立的、自治的な性格を持つようになり、飢饉や社会不安が重なったときには「一揆」を結んで蜂起することもありました**。室町幕府は、こうした民衆の勢いに対して、しばしば借金の帳消しを認める徳政令などで対応しました。

15世紀の代表的な民衆の蜂起には、1428年に民衆が京都の高利貸しを襲った正長の徳政一揆や、守護の赤松氏の家臣の追放を要求した播磨の土一揆や、新将軍の就任に合わせて徳政を要求した嘉吉の徳政一揆などがあります。

1・2世紀
3・4世紀
5・6世紀
7世紀
8世紀
9世紀
10世紀
11世紀
12世紀
13世紀
14世紀
15世紀
16世紀
17世紀
18世紀
革命
19世紀前半
19世紀後半
帝国
戦間
恐慌
冷戦
グロ

207

㉒乱世の呼び水となった応仁の乱

　8代将軍の**足利義政**の時代には、義政の後継者をめぐる対立に、幕府の実力者たちの主導権争いや後継者争いが絡み、1467年に京都を舞台にした長期の戦乱である**応仁の乱**が起きました。応仁の乱は11年も続き、**戦場となった京都は荒廃し、幕府の根幹は大きく揺らぎました。**

㉓アジアの「貿易センター」となった琉球

　この時代のアジアで、特徴的なはたらきを見せたのが琉球です。琉球は1429年に尚巴志という人物によって統一され、那覇を拠点に中継貿易で繁栄しました。明は琉球との貿易を優遇し、琉球も明に対して積極的に朝貢したため、**琉球は明の物産をアジアの各地に送り出し、アジアの物産を集めて明に送る「貿易センター」としてのはたらきをするようになりました。**

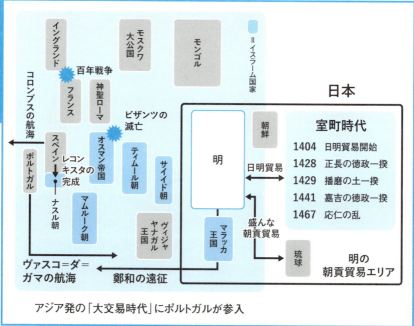

アジア発の「大交易時代」にポルトガルが参入

16世紀

国家を率いる「国王たちの世紀」

～戦国を勝ち上がった信長と秀吉～

16世紀の世界

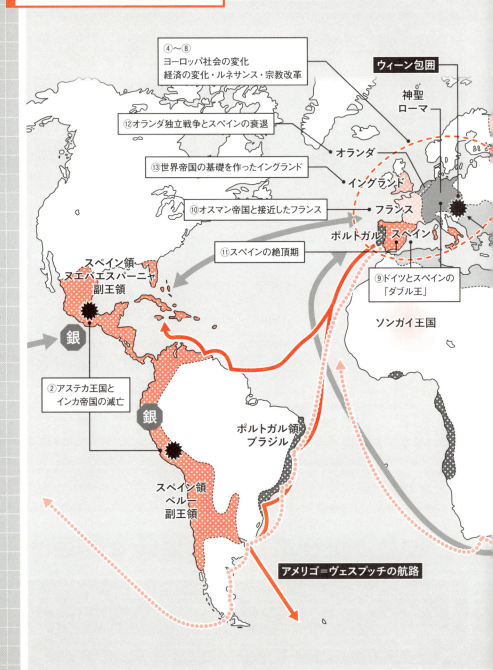

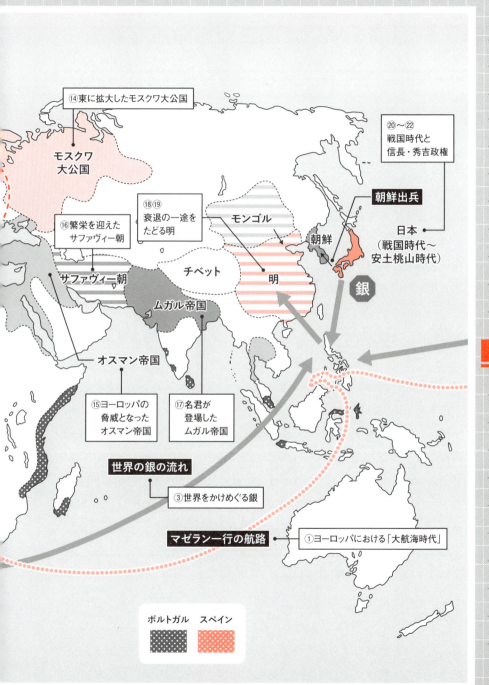

16世紀を読み解く

国家を率いた国王たちの生存競争

地域の歴史を代表するようなビッグネームたち

　16世紀は、世界史でも、日本史でも、歴史に触れる人にとっては、興味深い、変化に富んだ世紀といえます。ヨーロッパの歴史ではいわゆる**大航海時代**とよばれる海洋への進出、**宗教改革**、**ルネサンス**の広がりなど、後世に大きな影響を与えた事件が多い、変化に富む時代でした。そして日本史ではこの時代がずばり、**戦国時代**から**安土桃山時代**にあたる時代です。武田信玄や上杉謙信が死闘を繰り広げた川中島の戦いは1553年から64年、織田信長が今川義元を討った桶狭間の戦いは1560年、**織田信長**が本能寺の変で死去したのが1582年、**豊臣秀吉**が天下を握ったのが1590年、そして、「天下分け目」の戦いとなった関ヶ原の戦いが1600年です。戦国好きの方ならワクワクするような言葉が16世紀に並んでいます。世界史でも、日本史でも、この時代から歴史に興味を持った、という人も少なくないと思います。

　日本史が戦国時代だったように、世界史でもこの時代は神聖ローマ帝国、フランス、スペイン、イングランド、オスマン帝国など、ビッグネームが覇権を握り抗争した、戦国時代のような様相がありました。神聖ローマ皇帝の**カール5世**（スペイン王**カルロス1世**）、スペインの**フェリペ2世**、イングランドの**ヘンリ8世**や**エリザベス1世**、オスマン帝国の**スレイマン1世**など、それぞれの王たちも、地域の歴史を代表する人々ばかりです。

16世紀に多い「監督」タイプの有名人たち

　ということは16世紀も12世紀と同じように、人材豊富な「黄金世代」といえます。ただ、12世紀の人々は、どちらかといえば自分も剣をふるい、戦場に出ていき武勇をほこった「武人」タイプの人物が多いのに対し、16世紀の時代の人物は「王」として、あるいは「大名」としてクローズアップ

されることが多いのが特徴です。

　言い換えれば、12世紀の有名な人物は戦いぶりや場面ごとの戦術で名を成した「選手」タイプが多く、**16世紀の人物は、国家を経営し、大規模な戦いで勝利に導く、「監督」タイプの有名な人物が多いというわけです。**

🔍「主権国家」と「主権者」の誕生

　この違いは、今までの時代とは国家のありかたが違ってきた、ということからきています。14世紀、15世紀と時代が進むと、イングランド、フランス、スペイン、神聖ローマ帝国などの「大国」の存在感が増し、百年戦争など大国同士の戦争も増加しました。

　こうした中で「王がリーダーシップを発揮し、国を挙げて勝利のために戦う」という国家づくりが進んでいくのです。その結果、国を統一的に支配する、王という**「主権者」が国家の全域を経営し、主権者の決定を国民全員に従わせるという「主権国家」というスタイルの国家が生まれるのです**（「主権国家」のあり方は時代によって異なり、現在の国家の多くは、国民の多数決で決まったことを国民全員が従うという「国民主権」というタイプの主権国家です）。

　一方で、日本でも、応仁の乱によって室町幕府が力を失い、京都の町が荒廃すると、京都の幕府を全国の守護たちが支えていくという室町幕府のスタイルが崩壊していきます。

　その中で、京都から離れて自国の経営に集中するようになった守護や、京都で幕府の政治にかかわっていた守護の「留守番」をしていた守護代、応仁の乱で力を失った守護に代わって、実力で自らの勢力をつくった国人などが**大名となり、「分国」といわれるそれぞれの支配領域を経営する群雄割拠の戦国時代となるのです**。それぞれの分国の中では、**戦国大名たちは分国法という独自の法令を出すなど、主権者のようにふるまいました。**

　こうして、16世紀には自らリーダーシップをとり、広い地域を経営する「主権者」型の人物が世界でも日本でも登場したというわけなのです。

16世紀の世界貿易

ヨーロッパの「大航海」がもたらした世界のさらなる一体化

①ヨーロッパから世界への積極的なアクセス

　この時代は、ヨーロッパではいわゆる「**大航海時代**」と呼ばれる、世界への積極的なアクセスの時期でした。この時代のヨーロッパの人々の中では、十字軍やマルコ＝ポーロの記述などからアジアへの興味が高まり、アジアの産物や香辛料の直接取引への期待が高まっていました。また、オスマン帝国の発展に対する危機感もあり、遠方の国々との協力関係構築も期待されていました。折りしも、造船技術の向上や羅針盤の改良なども、遠洋航海を可能にしていました。

　15世紀末にも、**コロンブス**や**ヴァスコ＝ダ＝ガマ**など多くの航海者が大航海時代の先がけとなりましたが、この16世紀にはさらに多くの航海者が登場し、ヨーロッパ諸国にとっての地理的発展をもたらしました。

　1501年から1502年にかけて航海を行い、コロンブスの到達した地が新大陸であると確認した**アメリゴ＝ヴェスプッチ**の航海や、1519年から1522年にかけて世界周航を達成した**マゼラン**一行の航海がよく知られています。

②スペインが滅亡に追い込んだアメリカの文明

　ヨーロッパの進出前にも、アメリカではアステカ王国やインカ帝国など、独自の文明を持つ国家が発展していました。そこに武力を用いて征服したのがスペインです。**アステカ王国**は**コルテス**によって1521年に滅ぼされ、**インカ帝国**は1533年に**ピサロ**によって滅ぼされました。スペイン人が使用した馬や銃、鉄製の武器や、侵攻とともに持ち込まれた疫病などが、あっという間にアメリカの文明を滅亡に追い込んだのです。

　スペインはメキシコとペルーに国王の代理人である副王を置き、植民地支配を開始しました。植民地ではキリスト教化が進められ、鉱山や農場で

は先住民を労働力としました。**過酷な労働や疫病などにより先住民は激減し、不足した労働力を補うためにアフリカから多くの人々が奴隷として連れてこられました**。ここから、ラテンアメリカはスペイン人の支配層と先住民、奴隷と、その混血からなる多様な民族構成の社会となっていきます。

　中南米に大きな勢力圏をつくったのはスペインですが、ブラジルを支配したポルトガルをはじめ、イギリス、フランス、オランダなども新大陸に勢力圏をつくっていきました。

クローズアップ　③世界をかけめぐる銀

　スペインはアンデス山脈のポトシ銀山やメキシコのサカテカス銀山などの巨大銀山からの銀、南蛮貿易で獲得した日本の銀などをフィリピンのマニラ、メキシコの太平洋側のアカプルコや大西洋側のヴェラクルスに集積させ、そこから世界中に銀を運んでいきました。**スペインは当時、世界で産出される銀の9割以上を握っていたといわれます**。この銀は世界中の交易に使われ、めぐりめぐって最終的には中国の陶磁器や生糸などの買い付けに使われることになり、中国に銀が集まることになりました。

クローズアップ　④大航海時代がもたらした様々な変化

　視点をヨーロッパに移すと、この大航海時代は、様々な影響をヨーロッパにもたらしました。最大の影響は、「価格革命」と呼ばれた物価の急上昇です。大量の銀がヨーロッパに入り込んだことにより、銀貨が大量に流通してお金の価値が下がり、物価が急上昇するインフレーションが発生したのです。**物価の上昇は、それまでお金で税をとっていた領主たちの地位を低下させ**（お金で税をとることで保たれていた領主の経済力が、お金の価値が下がることで低下したのです）、**封建社会を崩すはたらきがありました**。

　経済の軸足が地中海から大西洋に動いたことや、トウモロコシやイモ類、トマトなどアメリカ大陸原産の作物がヨーロッパに伝わったことも大航海時代がもたらした変化として挙げられます。

16世紀のヨーロッパ

文化と宗教の大変化とスペインの盛衰

クローズアップ ⑤地域的、分野的なルネサンスの広がり

　この16世紀は、イタリアでは**ルネサンス**の成熟期にあたり、西ヨーロッパ諸国では徐々にルネサンスが広がっていく時代にあたります。イタリアでは**レオナルド＝ダ＝ヴィンチ**の活動の後期や、**ラファエロ**や**ミケランジェロ**の主な創作活動の時期が16世紀にあたり、西ヨーロッパ諸国でも、ネーデルラントの思想家の**エラスムス**や画家の**ブリューゲル**、ドイツの画家の**デューラー**や**ホルバイン**、イギリスの劇作家の**シェークスピア**、スペインの画家の**エル＝グレコ**や文学者の**セルバンテス**などが登場しました。

　また、地動説をとなえた**コペルニクス**と、その説を補強した**ガリレオ＝ガリレイ**、惑星の運行法則をとなえた**ケプラー**など、自然科学の分野でも発展が見られました。

クローズアップ ⑥ヨーロッパ中を揺るがしたカトリックに対する批判

　16世紀に起きたキリスト教の大きな変化が、**宗教改革**です。それまで絶大な力を持っていたカトリック教会に対して、批判を行った勢力が**プロテスタント**という別の流れをつくったのです。

　1517年、神聖ローマ帝国（ドイツ）において、**ルター**という人物が贖宥状（しょくゆうじょう）（これを買えば罪が許されるという証明書）を販売するカトリック教会に対して批判を展開しました。これが**宗教改革**の始まりです。聖書を拠りどころにし、教皇の権威を否定するルターの考えを神聖ローマ皇帝は弾圧しましたが、皇帝と対立する諸侯はルターを支持したため、宗教改革は帝国を二分する争いのもととなりました。ルター派は皇帝の弾圧に抗議の声をあげたため、**プロテスタント**（抗議する者）と呼ばれるようになり、のちに宗教改革以後に成立した新教徒全体を指す言葉となりました。

スイスでは**カルヴァン**が宗教改革運動を行いました。カルヴァンはお金を稼ぎ、貯めることを肯定する説を展開したために、その考えは商工業者に広まりました。イギリスでは国王**ヘンリ8世**が自らの離婚問題をきっかけに、離婚を認めないカトリック教会から分離し、イギリス国王を頂点とする**イギリス国教会**を創設しました。

クローズ アップ ⑦カトリック教会による宗教改革への反撃

ルターやカルヴァンによって批判されたカトリック教会ですが、**カトリック側も黙って攻撃されるばかりでなく、反撃を試みます**。これを**対抗宗教改革**といいます。

対抗宗教改革のために1545年から1563年にかけて開かれたトリエント公会議の結果、ローマ教皇の権威が再確認され、宗教裁判が強化されることになりました。密告が奨励され、カトリック教会の教えに反する者は次々と処刑されました。

こうした弾圧にプロテスタントの諸宗派は反発し、ヨーロッパ各地で宗教戦争が多発します。16世紀に起きた主要な宗教戦争としては、カトリック国のスペインに対してカルヴァン派を中心としたオランダ独立派が戦った**オランダ独立戦争**や、フランスでカトリックを信仰する貴族とカルヴァン派を信仰する貴族が戦った内戦である**ユグノー戦争**などを挙げることができます。

クローズ アップ ⑧海外への布教を積極的に行ったイエズス会

また、プロテスタントを弾圧するだけではなく、カトリック教会の内部でも、規律を引き締めて世界にカトリックのよさを広めようとする団体ができていました。その先頭に立ったのが**イエズス会**の活動です。イエズス会はローマ教皇への服従を誓い、**カトリックの活動をアピールするために海外への積極的な布教を行いました**。1549年に日本に到達し、キリスト教を布教した**フランシスコ＝ザビエル**も、イエズス会の重要人物です。

クローズアップ ⑨スペインとドイツの「ダブル王」となったカルロス1世

16世紀のヨーロッパ諸国を見る視点の「起点」となるのは、**カルロス1世**(神聖ローマ皇帝としては**カール5世**)です。この人物はハプスブルク家のスペイン王であり、神聖ローマ皇帝にも選出されました。**神聖ローマ皇帝とはいわゆる「ドイツの王」ですから、この人物はスペイン王とドイツの王を兼任する「ダブル王」であったのです**。カルロス1世はスペインにあってはマゼランの航海を支援し、ドイツにあってはルターによる宗教改革を弾圧した、大変忙しい国王でした。この時代、スペインはアステカ王国やインカ帝国を征服し、大きな海外植民地を手にしました。

クローズアップ ⑩スペイン・ドイツと対抗したフランスの王

スペインとドイツの王が同一人物となれば、間に存在しているフランスの王の心中はおだやかではありません。居ながらにして挟み撃ちの形になるからです。当時のフランス王**フランソワ1世**は、神聖ローマ皇帝の選挙でカルロス1世と争った過去があり、カルロス1世(カール5世)に強い対抗心がありました。

そこで、**フランソワ1世はオスマン帝国との接近をはかります**。オスマン帝国のスレイマン1世もヨーロッパへの進出をはかっていた折だったので、フランスとの連携に応じました。**16世紀のヨーロッパは、スペイン・神聖ローマ帝国と、フランス・オスマン帝国の、2つの同盟関係がお互いに挟み合っているという構造だったのです**。

クローズアップ ⑪「太陽の沈まぬ帝国」の王となったフェリペ2世

カルロス1世(カール5世)の死後、ハプスブルク家は神聖ローマ皇帝系とスペイン系に分かれました。このうち、スペイン王を継承したのが**フェリペ2世**です。ポルトガル王家とも血縁があったため、隣のポルトガル王家が断絶したことでポルトガルの王も兼任し、膨大な海外植民地を手にし

ました。**この時代のスペインは「太陽の沈まぬ帝国」と呼ばれる絶頂期にありました。**

クローズアップ ⑫オランダの独立問題に手を焼いた世界帝国スペインの衰退

しかし、絶頂にあった「世界帝国」スペインは、オランダといういわば「小石」のような小国につまずき、衰退を始めます。

スペイン領だったオランダにカルヴァン派のプロテスタントが広まると、熱心なカトリック信者であったフェリペ2世はオランダのプロテスタント信仰を厳しく弾圧しました。宗教の弾圧と重税に苦しんだオランダの民衆は**オラニエ公ウィレム**という人物を首領にいただき、1568年に**オランダ独立戦争**を開始します。戦争中、スペインについた南部を除く、オランダ北部は1581年にネーデルラント連邦共和国として独立を宣言します。オランダとの戦いでスペインは国力を次第に奪われていき、衰退に向かいます。

クローズアップ ⑬スペインに代わり世界帝国の基礎をつくったエリザベス1世

この、オランダの独立を後方から支援していたのがイングランドの国王、**エリザベス1世**です。スペインはイングランドと戦うために、無敵艦隊と呼ばれた艦隊を差し向けますが、1588年の**アルマダの海戦**で、イングランドの艦隊に敗北し、さらに衰退に向かってしまいました。

エリザベス1世は父のヘンリ8世が始めたイギリス国教会の確立をはかるとともに、国内産業の保護を行って**東インド会社**をおこし、スペインに代わる世界帝国の基礎をつくりました。

クローズアップ ⑭勢力を東に伸ばしたモスクワ大公国

東ヨーロッパでは、ロシアのモスクワ大公国が大きく東に勢力を伸ばしています。「雷帝」と呼ばれた**イヴァン4世**が、皇帝の呼称として「ツァーリ」の名を正式に採用して皇帝の権力の強化を図り、南ロシアの狩猟・農耕民のコサックの協力を得て、シベリアへの進出を進めました。

16世紀の西アジア、インド

並び立つイスラームの「三大王朝」

クローズアップ ⑮ヨーロッパの脅威となったオスマン帝国

　ビザンツ帝国を滅ぼしたメフメト2世以後も、強大な軍事力をほこったオスマン帝国は発展、拡大を続けました。それまでのイスラームの主力をなした、マムルークの流れをくむトルコ系の騎兵に加え、農村部に住むキリスト教徒の少年を君主の奴隷とし、イスラームに改宗させ、兵士として養成して編成した歩兵軍団である**イェニチェリ**も戦力として活用されました。また、オスマン帝国は火砲を積極的に使用したことも、騎兵を主体とする他国よりも一歩リードすることができた理由と考えられます。

　オスマン帝国の**セリム1世**は新興のサファヴィー朝を撃退し、エジプトのマムルーク朝を滅ぼしてメッカやメディナの支配権を獲得しました。

　続く**スレイマン1世**はバルカン半島を北上してハンガリーの大部分を併合し、1529年にはウィーンを包囲してヨーロッパ諸国に大きな脅威を与えました（第一次ウィーン包囲）。

　スレイマン1世の死後のオスマン帝国はヨーロッパ諸国への大きな脅威ではありつつも、そのピークは過ぎていきます。オスマン帝国の艦隊とキリスト教国の連合艦隊が戦った1571年のレパントの海戦ではオスマン艦隊が敗北し、オスマン帝国の威信が低下しました。

　また、スレイマン1世はフランスに対して「恩恵」としてさまざまな特権を与えたとされます。以後もオスマン帝国は通商特権を諸外国に与えていきますが、のちにそれを利用した経済的進出を受けてしまいます。

クローズアップ ⑯「世界の半分」の繁栄を謳歌したサファヴィー朝の都

　イランでは、16世紀に**サファヴィー朝**が成立しています。サファヴィー朝は過激な神秘主義思想をもつサファヴィー教団からおこった王朝であり、

シーア派を国教としました。その後、**イランでは現在までシーア派が主流となります。**

オスマン帝国との戦いに敗北し、西側への勢力拡張は止まったものの、**アッバース1世**のもとで繁栄を迎え、**イスファハーン**を都とします。多くの商人が集まるイスファハーンには美しいモスクが立ち並び、「イスファハーンは世界の半分」といわれるほどの繁栄を謳歌したといいます。

クローズアップ ⑰インドを代表する「名君」の登場

インドのイスラーム国家の代表格といえば、16世紀から19世紀までインドを支配していた**ムガル帝国**です。

初代皇帝の**バーブル**はデリー＝スルタン朝の最後の王朝であるロディー朝を打ち破り、ムガル帝国を建国しました。ムガルとは「モンゴル」の意味で、バーブルがティムールやチンギス＝ハンの流れをくむモンゴル系と自称したことから、この名で呼ばれます。

第3代皇帝の**アクバル**は、インド史上最高の名君とも呼ばれます。インドのイスラーム王朝の頭を悩ませるのは、イスラームの国家でありながら、住民の多くはヒンドゥー教徒ということです。イスラームは一神教であり、信者の平等が大原則です。一方、ヒンドゥー教には多くの神々が存在し、カースト制という身分制の背景となっていました。つまり、「一神教で平等」のイスラームと「多神教で身分あり」のヒンドゥー教では、「水と油」のような関係でした。ムガル帝国にとって、支配を拡大すればするほど、対立が激化するという頭の痛い問題があったのです。

そこで、アクバルは両教徒の融和をはかります。率先してヒンドゥー教徒を妻とし、**イスラーム世界で慣習となっている異教徒へのジズヤ（人頭税）を廃止して、両宗教の税制の平等を実現したのです。** アクバルは宗教の融和をはかり、軍事制度や官僚制度、貨幣や土地の制度を統一し、国に安定をもたらした業績によりインド史上最高の名君といわれます。また、アクバルはデリーからアグラに遷都して帝国の中央集権化を進めました。

16世紀の中国

内外の問題を抱え衰退の一途をたどった明王朝

⑱「北虜南倭」に悩まされた明王朝

　中国の明王朝は、永楽帝ののちは衰退の一途をたどります。国内では暗い政治的な争いが続き、「**北虜南倭**（北の異民族と、南の海賊集団）」に悩まされます。「北虜」のほうでは、1550年にモンゴルによって北京を包囲され、「南倭」のほうは、活発化した倭寇（後期倭寇と呼ばれます）によって中国東南部を荒らされています。

　一方で、明には生糸や陶磁器を求める密貿易商人やポルトガル商人の来航が増え、代金として銀が持ち込まれました。16世紀後半には海禁政策が緩和され、民間商人が貿易を行うことができるようになったため、**明への銀の流入量は一気に増加しました**。

⑲長期にわたって朝廷を留守にした万暦帝

　明の末期の皇帝、**万暦帝**は1572年から1620年までと長期にわたる在位でした。その治世の前半10年は有能な補佐役の**張居正**により、税を銀でとるという改革が進み、財政の再建が進みました。

　その結果、明に流入した多額の銀が民衆に対する重い税負担によって政府に吸い上げられ、政府と結びつく特権商人や、政治を裏であやつる宦官たちが最終的にその銀を手にする、という構造ができあがり、明の後期は貧富の差が非常に拡大した時代でした。

　その後の万暦帝は、ほとんど朝廷に出ることなく、後宮でお気に入りの宦官と遊びふけったといいます。そんなときに、豊臣秀吉の朝鮮出兵やモンゴル人の反乱、南方の民族の反乱などが起きてしまいました。**特に、秀吉による朝鮮出兵に対し、朝鮮に差し向けた援軍のための出費は、明の財政を大きく傾かせてしまいます**。

16世紀の日本

戦国の争いの中から登場した信長・秀吉

クローズアップ ⑳戦国時代の到来と「銀の島」日本

　日本では応仁の乱以降、各地で戦乱が続きました。応仁の乱以降、戦場に登場するようになったのは軽装備の歩兵である足軽です。足軽は重要な戦力として、戦場においてなくてはならない存在になりましたが、略奪をはたらいたり、簡単に寝返ったりすることも多く、戦場は荒廃し、「乱世」の雰囲気はいっそう強くなりました。

　こうした戦乱が続く中で、分国といわれる領域を実力で支配する多くの**戦国大名**が生まれました。戦国大名は家臣団をまとめ、城下町を発展させ、治水工事や鉱山開発などを行いました。

　このころ、ヨーロッパ人から鉄砲やキリスト教が伝わり、**西日本の大名を中心にポルトガル船やスペイン船との貿易がさかんに行われました。**これを南蛮貿易といいます。当時、日本では石見銀山をはじめとする銀の生産が盛んに行われており、世界の3分の1の銀を生産していたと言われます。その大量の銀が南蛮貿易によって海外に流出したのです。

クローズアップ ㉑天下取りを目前にして生涯を終えた織田信長

　尾張国（現在の愛知県）出身の戦国大名である**織田信長**は、駿河の今川義元を**桶狭間の戦い**で破り、岐阜を拠点に勢力を伸ばして1573年に**将軍の足利義昭を京都から追放して室町幕府を滅ぼしました。**

　織田信長は1575年に信濃や甲斐の大大名であった武田氏を長篠の戦いで破ると、翌年には安土城の建造を始めました。安土城の城下には**楽市・楽座令**を出し、商工業者に営業の自由を保障して城下町の発展をはかりました。1582年には西日本の大大名である毛利氏を討とうとしましたが、家臣の**明智光秀**に裏切られ、本能寺で自害して生涯を終えます。

223

クローズアップ ㉒天下を統一して戦国の世を終わらせた豊臣秀吉

　信長の家臣であった羽柴秀吉は、本能寺の変の直後、明智光秀を討つことに成功し、翌年には織田信長の重臣であった柴田勝家を破り、織田信長の後継者としての地位を固めました。秀吉は**大坂城**を拠点に各地の大名と戦い、1590年に関東の大大名の北条氏を滅ぼし、東北の伊達政宗を屈服させてついに**天下統一を達成しました**。

　秀吉は、**村ごとに検地を行い、土地の生産力を米の量であらわす石高で把握しました**。いわゆるこの**太閤検地**によって、**荘園のような複雑な中世的な土地の関係が整理されたことになります**。また、一揆を未然に防ぐための**刀狩**も行われました。

　秀吉は晩年、2度の朝鮮出兵を行いますが、いずれも苦戦し失敗に終わりました。秀吉の死後の政権争いから起きた1600年の**関ヶ原の戦い**では**徳川家康**が勝利し、17世紀以降は徳川家が政権を握る時代となります。

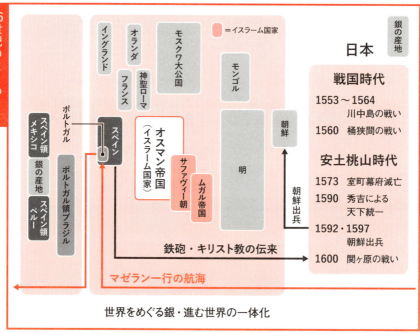

17世紀

「17世紀の危機」とアジアの安定

~江戸時代の始まり~

17世紀の世界

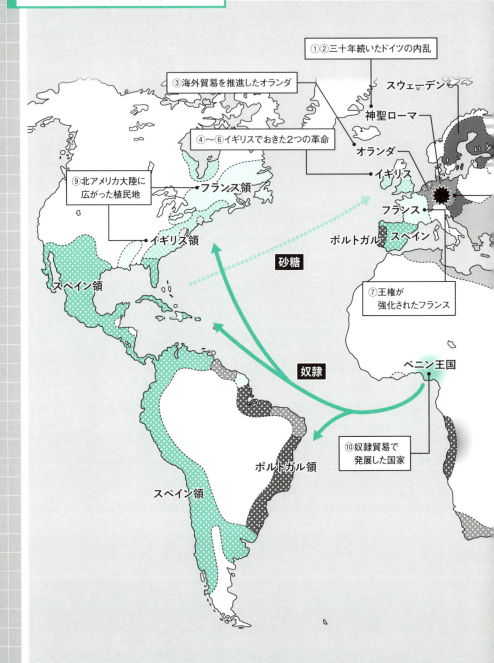

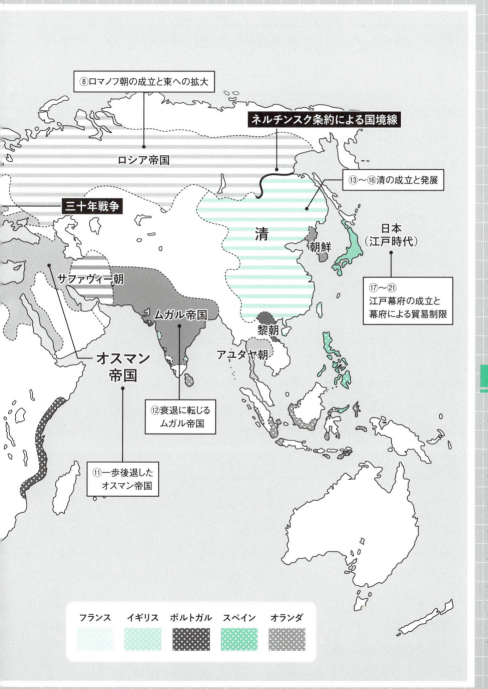

17世紀を読み解く

危機の時代にあえぐヨーロッパと政治的安定の時代のアジア

🔍 寒冷化にみまわれた「17世紀の危機」

　3世紀と14世紀の「危機の時代」と並び、**17世紀も気候の寒冷化による「危機の時代」であったことが知られています**。この寒冷化はヨーロッパにおいて特に厳しく、ロンドンのテムズ川も凍りついたといわれています。寒冷化による不作に加え、この時代でも発生したペストの流行によって社会不安が高まりました。

　3世紀や14世紀と同じく、危機の時代には内乱が多発します。ドイツで起こった**三十年戦争**やスペインのカタルーニャの反乱、イギリスにおける王党派と議会派の内乱などが頻繁に起きました。ドイツの三十年戦争では人口の3分の1が失われたという深刻な状況となりました。

　フランスは「太陽王」と呼ばれた**ルイ14世**の華やかなイメージの時代ですが、1661年の記録には、民衆の平均寿命は25歳以下で、約4分の1の乳児は1歳になる前に死亡したというものが残っています。この時代の民衆の栄養状態がいかに悪いか、というのがうかがえます。

🔍 少しずつ細くなっていく銀の供給

　この「17世紀の危機」には、経済的な要因も加わっていました。それが、**アメリカ大陸からの銀の流入の減少です**。

　16世紀までは、スペインの海外進出などにより、メキシコやペルーで産出された銀がヨーロッパに運ばれ（船を出すたびに現金を積んで帰ってくるようなものです）、ヨーロッパが好景気にわいていたのですが、**17世紀に入ると次第にメキシコやペルーの銀鉱山が枯渇してヨーロッパに入ってくる銀の量が減少し、デフレーションが起こり始めます**。ヨーロッパの農民は不作のうえに、その農作物を売ってもたいしたお金にならないという、

不作と困窮のダブルパンチに見舞われたのです。

繁栄を迎えたオランダとイギリス

ただ、じつはこうした「17世紀の危機」の中で繁栄を迎えた国もありました。それが貿易や商工業に軸足を置くオランダとイギリスです。

17世紀前半は「オランダの世紀」ともいわれ、独立したばかりのオランダが躍進した時代でもありました。オランダは中継貿易に軸足を置いた国家であったため、寒冷化で苦しむ農業国を尻目にアジア貿易で繁栄を迎えました。それに続き、**17世紀後半には商工業を中心産業とするイギリス経済が発展しました**。イギリスは奴隷や砂糖を運ぶ大西洋の三角貿易においても大きな富を獲得しました。

政治的安定が繁栄をもたらしたアジアの大国

では、ヨーロッパが「17世紀の危機」に見舞われていた時代、アジアはどうなっていたのでしょうか。

17世紀の危機は、世界的な気候の変動であったため、それぞれの地域で収穫量の減少が見られ、中国では明王朝の滅亡期の動乱、日本でも飢饉の発生や島原の乱などの影響があったと指摘されています。

しかしながら、**どちらかといえばアジアの諸地域の17世紀は繁栄と安定の時代でした**。17世紀の日本では戦国の雰囲気が落ち着き、いわゆる元禄文化が花開きますし、中国では中国史上最高の名君といわれる康熙帝の時代を迎えます。インド、イラン、西アジアでは、ムガル帝国、サファヴィー朝、オスマン帝国と、それぞれの地域の歴史を代表するような国家が繁栄しており、それぞれの文化が花開いています。これらの大国では、**政治的な安定が気候の変動の影響を上回ったといえます**。

ヨーロッパの中でも豊かな階級の人々は、こうしたアジアの産物を進んで買い求めました。特に、中国の陶磁器や日本の漆器、インド産の綿織物（キャラコ）はイギリスなどで高い人気を博していました。

| 17世紀のヨーロッパ

「危機の時代」に起きた
ドイツの内乱とイギリスの革命

 ①激しい内乱となったドイツの三十年戦争

　16世紀から続く宗教戦争の代表例であり、「17世紀の危機」を象徴する事件となったのが、1618年に始まったドイツでの**三十年戦争**です。

　ドイツ（神聖ローマ帝国）の、ベーメンのプロテスタントによる反乱がきっかけとなり、**ドイツ全土のカトリック派とプロテスタント派の諸侯が争い、ドイツを二分する戦争になったものです。**

　ドイツでの内戦にスウェーデンやフランスなどの海外勢力なども介入し、互いに傭兵を大量に投入したため戦争は長期化し、人口の3分の1が亡くなったといわれるほど、ドイツに荒廃をもたらしました。

　三十年戦争ははじめ、**プロテスタントとカトリックの宗教による対立で**したが、次第に皇帝派の諸侯と反皇帝派の諸侯の政治的な対立へと変わっていき、ついには**フランスの介入により、神聖ローマ皇帝のハプスブルク家とフランスのブルボン家による対外戦争に変化していきました。**フランスはカトリックの国でありながら、三十年戦争ではプロテスタント側に立って参戦したことも、この戦争の性格が宗教を争点とする戦いから、国家間の利害を争う戦争に変わっていったということを示しています。

 ②神聖ローマ帝国の実質的な解体を意味した条約

　三十年戦争の講和条約が1648年に結ばれた**ウエストファリア条約**です。この条約は「初の国際条約」ともいわれます。かねてから独立状態であったオランダとスイスのハプスブルク家からの独立が承認され、宗教問題では神聖ローマ帝国内でのカルヴァン派の信仰が承認されました。そして、**帝国内の諸侯らはそれぞれの領地での主権が認められ、実質的な独立国となりました。**三十年にわたる戦乱で、**皇帝の力ではもはや、帝国全体をまと**

めきれないことが追認された格好となったのです。

これ以降、「神聖ローマ帝国」の名や皇帝は存在するものの、実質は解体したのも同然となります。そのため、ウェストファリア条約は「帝国の死亡証明書」といわれるようになります。

クローズアップ ③「オランダの世紀」となった17世紀前半

周辺諸国が飢饉や内乱で苦しんでいるのを尻目に、17世紀前半に盛期を迎えたのが、**オランダ**です。優れた造船技術や航海術を背景にバルト海貿易で繁栄したオランダでは、1602年に多くの貿易会社が統合され、**東インド会社**が成立しました。この、東インド会社を中心に海外貿易を推進したオランダは、商業ネットワークを広い地域に形成し、首都の**アムステルダム**は国際金融の中心となりました。

ヨーロッパの貿易商人たちにとってはインドネシア産の香辛料貿易や、東南アジア産の砂糖を東アジア各地に運ぶ貿易は当時の「ドル箱」でした。オランダは世界にさきがけてインドネシアを勢力圏におき、利益をあげました。イギリスもこの地を狙いましたが、**インドネシアのアンボイナ島でオランダ人がイギリス商館員を襲撃して殺害した事件（アンボイナ事件）が起き、イギリスはインドネシアや東アジアの交易から一歩後退しました。**

クローズアップ ④イギリスが初めて迎えた「王のいない時代」

オランダに次いで経済が発展したのがイギリスです（この章からイングランドとスコットランドが一体化するので、「イギリス」と表現します）。

イギリスでは、1603年にエリザベス1世が亡くなったあとに、スコットランドから王を招き、**ステュアート朝**が成立します。ステュアート朝の王は重税をかけて商工業者の不満を招き、**イギリス国教会を重視して議員の中にも多かったピューリタン（イギリスのカルヴァン派）を弾圧したため、議会と対立が生じ、王党派と議会派による内戦へと発展します。**

その結果、1649年に**クロムウェル**が率いる一派が王を処刑する革命が起

き、**イギリス史上初めて、王のいない共和政がもたらされます。**

　クロムウェルはアイルランドとスコットランドに兵を送り込んで征服し、イギリスにとっては商売上の敵にあたるオランダに対して、**航海法**を制定してイギリス市場とその港からオランダ人を締め出して挑発し、**イギリス＝オランダ戦争**をしかけてオランダを苦しめました（クロムウェルの死後もイギリス＝オランダ戦争が起き、最終的にイギリスが勝利を手にします）。

　この戦争によって、イギリスはオランダに代わって世界の貿易市場をリードすることになります。しかしながら、クロムウェルは独裁的なふるまいをしていたので、反発が高まりました。**クロムウェルの死後はステュアート朝の王が再び迎えられて、イギリスは再び王政の国になりました。**

クローズアップ ⑤戦闘らしい戦闘が起きなかった「名誉革命」

　1660年、再び王政が戻ってきたイギリスですが、この王たちも議会を軽視して専制を行ったため、議会は**「議会を尊重するという条件で海外から王を招いて王位についてもらおう」**と考えるようになりました。議会はステュアート朝の王と血縁関係がある**メアリ2世**とその夫であるオランダ総督**ウィリアム3世**に手紙を書き、王位の就任を要請します。

　ウィリアム3世が、早速オランダ軍を率いてイギリスに上陸すると、ほとんどの貴族は王であったジェームズ2世を見限ります。孤立したジェームズ2世はフランスに亡命し、イギリスを明け渡します。

　議会は、即位したウィリアム3世とメアリ2世に、王よりも議会が優位であることを宣言した「**権利の宣言**」を提出しました。両王はこれに署名するとともに「**権利の章典**」として発表し、王よりも議会の決定を優先するというイギリス政治の原則が確立したのです。1688年に起きたこの革命はほぼ戦闘がなく、死者もほぼ出なかったことから**名誉革命**と呼ばれます。

クローズアップ ⑥インドと大西洋に重心を置いたイギリスの貿易政策

　オランダとの**アンボイナ事件**で東南アジアから締め出された格好になっ

たイギリスは、**インドの経営に軸足を移しましたが**、そのことが、のちに
イギリスに大きな富をもたらすようになりました。

　アメリカ大陸でもイギリスの植民地経営が始まり、アメリカの植民地か
らヨーロッパへは砂糖やタバコを、アフリカからアメリカ大陸へは労働力
として奴隷を運び、大きな利益を得ました。

クローズアップ ⑦強大な権力を持ったフランスの「太陽王」の時代

　フランスの17世紀は、王の権力がいよいよ強まった時期にあたります。フ
ランスでは、16世紀後半に起きた長期の戦乱である、宗教戦争の**ユグノー
戦争**をおさめた**アンリ4世**が王となり、**ブルボン朝**を創始します。アンリ
4世はユグノーと呼ばれたフランスのカルヴァン派に信仰の自由を認め、長
期にわたる戦乱からの復興に努めました。

　ブルボン朝の2代目の王は**ルイ13世**といいます。ルイ13世の時代の宰相
であるリシュリューは、王の権力を高めるために議会を停止し、王がきわ
だった権力を持つようにしむけました。次の**ルイ14世**は、**絶大な権力を持
つ「太陽王」としてフランスに君臨し、絶対王政の最盛期を実現しました。**
壮麗な**ヴェルサイユ宮殿**は、ルイ14世の権力の一端をうかがわせます。

クローズアップ ⑧長期にわたりロシアに君臨したロマノフ朝の皇帝

　ロシアでは、1613年にロマノフ朝が成立しています。ロマノフ朝は20世
紀まで続く長期の王朝となりました。

　「大帝」と呼ばれる5代目皇帝の**ピョートル1世**は東方への領土拡張をは
かり、1689年に清の康熙帝との間に**ネルチンスク条約**を結んで両国の国境
を確定させています。17世紀末にピョートル1世は西ヨーロッパの国々へ
の海外視察を行い、西欧の技術や制度の吸収をはかりました。

　**ロシアは東方正教会の影響が強かったため、プロテスタントの影響が及
ばず、宗教戦争が起きなかった**ことも、この時代のロシアの発展にはプラ
スにはたらきました。

17世紀の南北アメリカ、アフリカ

ヨーロッパに富をもたらした「白い積み荷」「黒い積み荷」

クローズアップ ⑨北アメリカ大陸にも拡大した植民地

　南北アメリカ大陸を見ると、16世紀にはスペインやポルトガルが中心となって建設されたラテンアメリカの植民地が主でしたが、**17世紀はオランダやイギリス・フランスが、北アメリカ大陸を中心に植民地や植民都市を建設する例が多く見られます。**

　1620年代、オランダはアメリカの東海岸に**ニューネーデルラント植民地**を建設し、その中心はニューアムステルダムと名付けられました。この地が1664年にイギリスに奪取されて**ニューヨーク**となるのです。

　イギリスは北アメリカ大陸東岸を中心に**ヴァージニア植民地**や**ニューイングランド植民地**を、フランスはケベックやミシシッピ川流域の**ルイジアナ**などの植民地を建設しました。また、カリブ海の島々にもオランダやイギリス、フランスなどの植民地支配が及びました。イギリスはカリブ海の島々で生産された砂糖を本国に運び、大きな利益を得ました。大西洋を渡る砂糖は、イギリスでは「白い積み荷」と呼ばれました。

クローズアップ ⑩盛んになった奴隷貿易

　南北アメリカ大陸での植民地経営は、多くの労働者を必要としました。そして、その労働力は先住民やアフリカから連れてこられた奴隷が担うことになりました。**ヨーロッパの国々は競うように大西洋での奴隷貿易を展開しました。**

　アフリカのベニン王国は、そうした奴隷貿易で発展した国の代表例です。イギリスはベニン王国との貿易をほぼ独占し、イギリスが輸出した火器が奴隷狩りに大いに用いられました。アフリカからアメリカ大陸に運ばれた黒人奴隷たちは、イギリスでは「黒い積み荷」と呼ばれました。

17世紀の西アジア、インド

絶頂期を過ぎた オスマン帝国とムガル帝国

クローズアップ ⑪ヨーロッパから一歩後退したオスマン帝国

17世紀のオスマン帝国は、依然としてヨーロッパ諸国にとっては脅威となっていたものの、軍事費の増大や帝国内部の反乱、サファヴィー朝との抗争、ヨーロッパ諸国の経済的進出などから**少しずつ衰退に向かっていました**。

1683年には2度目の**ウィーン包囲**を行いましたが、失敗に終わります。この失敗に追い打ちをかけるように、オーストリアやポーランド、ヴェネツィアなどによる連合軍に攻撃を受け、1699年の**カルロヴィッツ条約**でハンガリーをオーストリアに譲って講和をすることになります。**この条約は、オスマン帝国が初めて領土をヨーロッパの国に譲った出来事となりました**。

クローズアップ ⑫衰退に転じたムガル帝国

インドでは、ムガル帝国の第5代皇帝**シャー＝ジャハーン**と、第6代皇帝**アウラングゼーブ**の時代が17世紀にあたります。

シャー＝ジャハーンは愛する妻のムムターズ＝マハルの死を嘆き、白大理石で、「世界一美しいお墓」すなわち**タージ＝マハル**をつくったことで有名です。しかし、タージ＝マハルの建設費用は膨大な額にのぼり、国家予算が底を尽きかけたため、国家の将来を案じた息子のアウラングゼーブによって監禁されてしまいます。

アウラングゼーブは精力的な遠征を行い、ムガル帝国の最大領域をもたらした皇帝です。しかし、熱心なイスラーム教徒であったばかりに、**ヒンドゥー教徒に対するジズヤ（人頭税）を復活するなど、ヒンドゥー教徒に厳しい姿勢をとったために反乱が起こり**、衰退に転じました。

1・2世紀
3・4世紀
5・6世紀
7世紀
8世紀
9世紀
10世紀
11世紀
12世紀
13世紀
14世紀
15世紀
16世紀
17世紀
18世紀
革命
19世紀前半
19世紀後半
帝国
戦間
恐慌
冷戦
グロ

17世紀の中国

女真人たちがつくった新しい王朝

⑬「17世紀の危機」に起きた明から清への王朝交代

東アジアにおける「17世紀の危機」の代表例が、明から清への王朝交代です。

明王朝では1627年から1628年に大飢饉が発生し、1631年には大規模な農民反乱が起きました。反乱軍のリーダーとなった**李自成**は西安で王と称し、北京に進軍して明の皇帝を自殺に追い込み、明を滅亡させます。

しかし、そのころには北方からすでに女真人が、新しい王朝である清を名乗って万里の長城を越え、北京に迫っていました。清の軍に追われて追い詰められた李自成は自殺してしまいました。こうして、明が滅び、新しく清王朝の時代が到来するのです。

⑭清の基礎をつくった初期の皇帝たち

明に代わって新しい王朝となった清は、満洲（中国東北部）を原住地とする女真人の王朝です。はじめ女真人たちは明の支配を受けていましたが、**ヌルハチ**という人物が女真人たちの部族を統一し、新しい国家として「金」と名乗りました。ヌルハチは「清」王朝の初代皇帝とみなされていますが、この時点での国家の名前は「金（後金）」と呼ばれていました。

ヌルハチから始まる清王朝の初期の皇帝たちは、いずれも有能な皇帝として知られます。2代目の**ホンタイジ**は皇帝を名乗り、女真人の「女真」を「満洲」に改め国号を「金」から「清」に変えました。

3代目の**順治帝**の時代に、明が李自成の乱によって滅亡します。清の軍は万里の長城を越え、明を倒したばかりの李自成を討って「異民族でありながら李自成を倒し、明王朝の仇を討った明の正統な後継者」としてのポジションを獲得します。

クローズアップ ⑮世界史上随一の「名君」の時代

　清の4代目の皇帝となる**康熙帝**は、中国の皇帝はおろか、世界史の王の中でも随一の「名君」の呼び名が高い皇帝です。満洲語、漢語、モンゴル語をあやつり、儒学の講義を毎日聴き、陣中でも読書を欠かさなかったといいます。戦争中でも1日に300通もの報告に目を通し、決裁を行うなど精力的な仕事ぶりが今に伝わっています。

　康熙帝が即位した時期は、明から清への変動期でした。康熙帝は清に反対する勢力を警戒して、民間貿易を禁止する海禁政策を一時的に厳しくしました。そのため、通貨として用いる銀が不足してしまい、「康熙不況」と呼ばれる不況に見舞われてしまいました。

　しかし、清に不満を持つ南部の反乱を鎮圧し、台湾を拠点とする反清勢力を降伏させると海上の脅威がなくなりました。そこで康熙帝が海禁政策を緩め、今まで禁止していた民間貿易を（統制は行いましたが）復活させると、景気は上向きになっていきました。

　中国からは生糸や絹織物、陶磁器、茶などが輸出され、ヨーロッパや日本の商人がその対価として銀で支払ったため、中国に銀が集まりました。

クローズアップ ⑯満洲人と漢民族の両方の性格を持つ統治

　清は満洲人という、漢民族から見ると北方の異民族が建国した王朝です。しかし、清は中国の正統な王朝であるという姿勢をとり、対外的には周辺諸国に朝貢を求め、国内では科挙などの中国の伝統を尊重しました。また、**政府の高官には満洲人と漢民族を同数任命し、不公平を無くすというスタンスもとりました。**

　その一方で満洲人の王朝であるという性格も残し、満洲人の風習である辮髪を強制し、清を批判する言論や思想は容赦なく取り締まったという面もありました。軍事組織にも、満洲人固有の社会組織をもとにした八旗が正規軍として組織されました。

17世紀の日本

江戸幕府の始まりと「泰平の世」の到来

クローズアップ ⑰江戸幕府の始まりと幕藩体制の整備

　日本では1603年に**徳川家康**が征夷大将軍になり、**江戸幕府**が成立します。1614年と1615年の大坂の陣で徳川家康は豊臣氏を滅ぼし、敵対勢力を排除しました。

　初代将軍徳川家康から3代将軍**徳川家光**の時代にかけて、幕府は全国の大名を統制し、**幕府と藩が全国の領地と人民を支配する**という、**幕藩体制**をととのえました。幕府は**武家諸法度**を制定し、領地と江戸を定期的に往復する**参勤交代**を義務付けるなど、大名たちを強力に統制しました。

　大名たちだけではなく、幕府は公家や寺社などに対してもそれぞれの法令を定め、統制を加えました。

クローズアップ ⑱はじめは積極的だった幕府の外交

　豊臣秀吉が朝鮮に出兵したことにより、朝鮮や朝鮮を属国とみなしていた明は日本との国交を絶っていました。朝鮮とは1607年に朝鮮の使節が来日して国交が結ばれ、以後は朝鮮から使者が来日するようになります。

　明との講和はうまくいかず、正式な国交が結ばれなかったため、幕府は東南アジア方面の民間貿易を進め、東南アジア方面に向かう商人に**朱印状**という渡航証明書を与え、東南アジア諸国経由で生糸などの中国の生産品を手に入れました。

　幕府ははじめ、ヨーロッパ諸国との貿易にも積極的でした。徳川家康は**スペイン領であったメキシコにまで使節を派遣して、貿易の可能性をさぐるほどでした**。当初、幕府は貿易のためにキリスト教を黙認していましたが、宗教統制の中でキリスト教徒が抵抗することをおそれ、キリシタンの禁止に舵を切るようになります（1637年、キリシタン弾圧と過酷な年貢の

取り立てに苦しんだ百姓たちが蜂起した島原の乱が、そのような抵抗の代表例です）。それとともに、海外渡航の制限や外国船の来航が禁止されました。この中で東南アジアにいくつもあった「日本町」も衰退してしまいます。幕府は、ヨーロッパの国の中では、**布教と貿易を切り離し、貿易だけを望んだプロテスタント国のオランダを相手にした貿易のみを行う**こととし、その商館を長崎の出島に移し、幕府の監視下に置きました。

クローズアップ ⑲幕府が開いた「四つの口」

このような貿易制限策が行われた結果、17世紀半ばには、アイヌ、中国、朝鮮、琉球、オランダが幕府の貿易相手となり、**アイヌには松前、朝鮮には対馬、中国とオランダには長崎、琉球には薩摩と、「四つの口」に貿易の窓口が限定されました**。そして、中国とオランダとの貿易は幕府が直接管理し、アイヌ、朝鮮、琉球はそれぞれ松前藩、対馬藩、薩摩藩という大名に外交や貿易を担当させました。

こうして、**キリスト教の流入を抑えながら貿易に統制を加える体制**をつくったのです（この体制は後世、「鎖国」といわれましたが、「４つの口」は開いているので、完全に閉ざされてはいない、という見方もあります。しかし、厳しい貿易統制をしていたことには変わりありません）。

オランダ商人は日本との貿易を独占する代わりに、海外情勢の提供を求められました。オランダ船の来航のたびに幕府に提出された「オランダ風説書」は、幕府にとって海外情勢を知る貴重な情報源となりました。

クローズアップ ⑳武断政治から文治政治に転換した幕府

幕府ははじめ、法令に違反する大名やあとつぎがなかった大名について、その領地を容赦なく削減したり取りつぶしたりする「武断政治」と呼ばれる強い統制を行っていました。

しかし、第４代将軍**徳川家綱**や第５代将軍**徳川綱吉**の時期には、武断政治が改められ、主君に対する忠義の精神や、礼儀によって秩序の安定をは

かる、いわゆる「文治政治」に移行していきました。東アジア周辺でも清王朝が成立し、しばらく安定した国際関係が続きます。

徳川綱吉は湯島聖堂を整備するなど、儒学を重んじる政治を推進しました。犬や鳥などの生き物の殺生を禁じた生類憐みの令は、極端な動物愛護の内容が民衆を苦しめましたが、中には捨て子などの社会的弱者の保護を求めた項目もあり、戦国の雰囲気が遠のくという効果もありました。

クローズアップ ㉑京都・大坂を中心に発展した町人文化

この時代に京都・大坂を中心として発達した町人文化を、「元禄文化」といいます。江戸時代に入って戦いの時代が終わり、全国の交易網や商工業が発達した結果、豊かな町人階層が成長して文化の担い手となったのです。

その一方で、1657年に江戸で起きた明暦の大火の復興費用や、寺社の造営・修復の費用などにより幕府の財政は悪化し始めていました。

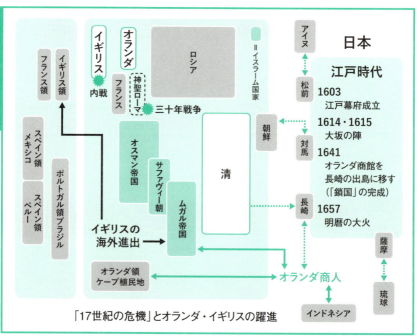

「17世紀の危機」とオランダ・イギリスの躍進

18世紀

産業革命の始まりと新興国の成長

～改革を試み続けた江戸幕府～

18世紀の世界

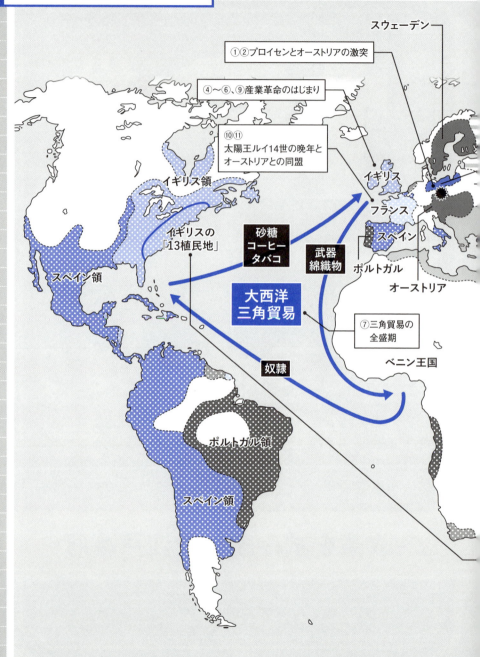

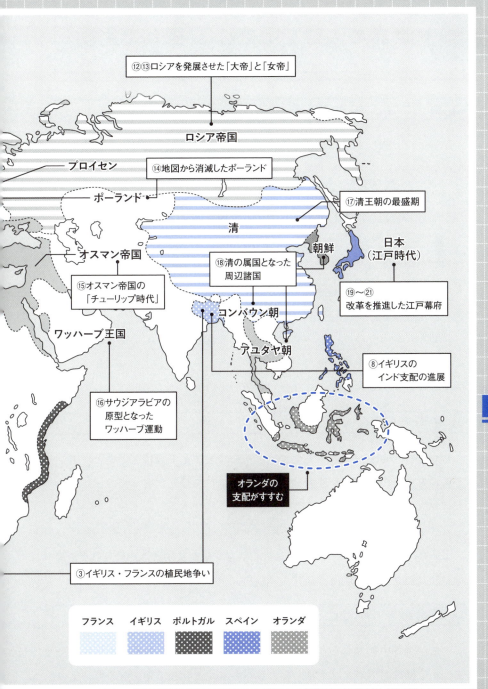

18世紀を読み解く

世界の人口を増やした「隠れた主役」

🔍 ヨーロッパの「サブ主食」のひとつのイモ類

　世界には、様々なイモを使った料理があります。イモ料理といえば、イギリスのフィッシュアンドチップスや、ジャーマンポテト、イタリア料理のニョッキなどが想像されます（フィッシュアンドチップスやジャーマンポテトは19世紀以降の料理のようですし、ジャーマンポテトはドイツでは「ジャーマンポテト」とはいわないようです）。あるいはビーフシチューやスープの中に入っているイメージを持つ人もいるでしょう。どちらかといえば、**イモ料理は（肉じゃがを除けば）ヨーロッパの料理を想像する人が多いのではないかと思います。**

　たしかに、ヨーロッパの人々はよくイモを料理に使っているイメージがあります。高校の地理の授業でも、ドイツやポーランド、ロシアなどではイモ類は「サブ主食」のような存在と説明されます。

🔍 中南米を原産とするイモの仲間

　しかしながら、ジャガイモやサツマイモなどの**イモ類はもともと、アンデス地方などの中南米が原産地です**。初めてイモ類と出会ったヨーロッパ人は16世紀にインカ帝国を征服したスペイン人です。

　スペイン人がヨーロッパに持ち帰ったイモは、16世紀後半に病院食として出されたという記録があります。ただ、**なかなか食用とは認められず、普及したというわけではありませんでした。**

🔍 飢饉がきっかけになり広がったイモの栽培

　イモが世界中で食べられるようになったのは、じつは飢饉がきっかけです。イモは寒冷でやせた土地、踏み荒らされたような土地でも育ち、土の

244

中でできるため虫や鳥の害も少なく、面積当たりの生産が生み出すカロリーは小麦より高いのです。要は、**飢饉や戦乱に強い農作物なのです**。

そして、思い出すのは「17世紀の危機」です。気候の寒冷化や戦乱に強いイモ類（特にジャガイモ）は危機の時代にこそ大いに広まったのです。そして、人々がイモの利点に気づいた**18世紀は、まさに「イモの時代」となりました**。

18世紀に見られたイモ栽培の広がり

「17世紀の危機」の代表的な戦乱である三十年戦争のほか、多くの戦乱に見舞われたドイツでは、18世紀の**プロイセン**の「大王」**フリードリヒ2世**が「家畜のえさ」との偏見があってイモを食べようとしなかった農民にイモの栽培を強制し、多くの人々を飢えから救ったという伝説があります。伝説の真偽は明らかではありませんが、この伝説をモチーフにした絵画もあり、フリードリヒ2世の名君ぶりを示すエピソードになっています。

このフリードリヒ2世が、ライバルである**オーストリア**の**マリア＝テレジア**と戦った戦争が**オーストリア継承戦争**と**七年戦争**です。この戦争は多くの外国の介入を招き、世界戦争の様相を呈しましたが、スウェーデンでは七年戦争に介入したことをきっかけにイモの栽培が伝わったため、七年戦争のことを「イモ戦争」と呼んでいます。

また、17世紀にイギリスの支配下に入ったアイルランドの農民は、麦類はイギリスの地主へ納めなければならなかったため、イモが主食のようになりました（これが、19世紀のイモの疫病による大飢饉を招きます）。

その結果、アイルランドの人口はかえって増加したといいます。

フランスでも、国王**ルイ16世**がパルマンティエという農学者を保護し、ジャガイモの栽培を進めたとされます。スウェーデンの例と同様、七年戦争がきっかけとなっており、七年戦争でパルマンティエが捕虜になったことからジャガイモ栽培を知ったとされています。飢饉が頻繁に起こっていたフランスでは、ジャガイモの栽培が多くの人々を救いました。ルイ16世

はフランス革命において「民衆の敵」とされて処刑された王ですが、本人は民衆の食のことも気にかけていたことがわかります。

中国の人口の増加を支えたイモの栽培

18世紀の中国でも、イモは大きな役割を果たしています。18世紀の中国は、康熙帝や雍正帝、乾隆帝といった清王朝の名君たちによる、安定した時代でした。

安定した時代は当然、人口の増加をもたらします。18世紀の約100年間で中国の人口は１億数千万人から３億人と、ほぼ倍増したと推定されています。

そうなると当然、食糧不足が危惧されますが、**この時代に食料不足が深刻化しなかった理由のひとつに、イモやトウモロコシなどの栽培の普及があると考えられています。**

幅広い環境に対応できるイモ類（中国ではサツマイモ栽培が盛んだったようです）は寒冷な北東部や内モンゴル、南部の山岳地帯などで重要な作物となり、人口の増加を支えたのです。

日本でも広がったイモの栽培

日本でも、18世紀にイモの栽培が広がりました。17世紀から18世紀の間には、寛永の飢饉（1640〜1644年）、享保の飢饉（1732年）、宝暦の飢饉（1755年）、天明の飢饉（1782〜1787年）などの飢饉が続き、農民の暮らしはとても不安定でした。

そこで、享保の改革を行った将軍として知られる**徳川吉宗**は学者の青木昆陽の説を受け入れ、サツマイモ（甘藷）の生産を奨励しました。

すでに薩摩ではサツマイモが栽培されており、青木昆陽は飢えから人々を救う食物としてのイモの有効性を知り、幕府に進言したのでしょう。この功績から、青木昆陽は後世「甘藷先生」と呼ばれるようになります。

> 18世紀のドイツ

ライバルとして戦った
プロイセンとオーストリア

クローズ アップ ①「新興国」と「古豪」の対立と戦争

　三十年戦争後のドイツでは、「新興」国家である**プロイセン**と、「古豪」である、ハプスブルク家の**オーストリア**が対立しました。

　プロイセン王の**フリードリヒ2世**と、オーストリア大公の**マリア＝テレジア**は**オーストリア継承戦争**と**七年戦争**という2度の大きな戦争を繰り広げ、フリードリヒ2世が勝利を手にしました。プロイセンはオーストリアから豊かなシュレジエン地方を奪い、強国の一角を占めました。

クローズ アップ ②2つの戦争に介入したイギリスとフランス

　オーストリア継承戦争と七年戦争の2つの戦争の特徴は、イギリスとフランスがともに介入した戦争ということです。オーストリア継承戦争でイギリスはオーストリアを支援し、フランスはプロイセンを支援しましたが、七年戦争ではそれが逆転し、イギリスはプロイセンを、フランスはオーストリアを支援します。**フランス王家とオーストリアのハプスブルク家は長年の対立関係にあったため、両国が手を結んだことは、「革命的な出来事（外交革命）」とされました。**

クローズ アップ ③アメリカ・インドの植民地争奪戦に勝利したイギリス

　イギリスとフランスは、プロイセンとオーストリアの戦争に援軍を送りましたが、**これらの戦争の対立関係を利用して、植民地を拡大するための戦争をインドやアメリカでも行いました。**インドでの**カーナティック戦争**や**プラッシーの戦い**、北アメリカでの**フレンチ＝インディアン戦争**などが、ドイツの戦争の「裏」で戦われ、**いずれもイギリスが勝利したことから、インドや北アメリカ大陸支配の主導権をイギリスが握ることになりました。**

247

18世紀のイギリス

イギリスの躍進を支えた産業革命と三角貿易

④イギリスで始まった産業革命

　イギリスで18世紀に起きた大きな変化が、**産業革命**です。産業革命は綿工業の分野で始まりました。

　それまでイギリスはインド産の綿織物（キャラコ）を大量に輸入していましたが、**綿織物を国内で安く大量につくれば、儲けを国内産業のものにできるという考えが、その動機になったのです。**

　1733年に**ジョン＝ケイ**という人物が綿織物を織る機械に**飛び杼**という機構を発明して組み込みました。織物の横糸を巻き付けている「杼」を、手を触れずに左右に移動させるというしくみでしたが、この「ちょっとした工夫」が織物の生産効率を飛躍的に高めたといいます。その次には糸をつくる機械が必要になり、紡績機に改良が加えられました。

　1769年に**ワット**が蒸気機関を改良し、蒸気機関が様々な機械に接続され、生産力はさらに増大しました。これを「**動力革命**」といいます。

　19世紀には交通機関にも蒸気機関が組み込まれて輸送力が増大し、「**交通革命**」がもたらされます。

⑤産業革命がもたらした社会の大きな変化

　産業革命は社会のありかたを大きく変えました。工場を持ち、労働者を雇う**産業資本家**と、労働力を提供して働く**工場労働者**に大きく分かれる**資本主義**社会の出現を導いたのです。

　資本家が豊かになる一方で、労働者は劣悪な環境で長時間の労働を強いられ、社会の格差は大きくなります。**イギリスは豊かな資本家と貧しい労働者の「２つの国民」が存在するといわれるほど格差が拡大しました。**労働者たちの不満は労働運動や、社会主義運動に向かいました。

クローズアップ ⑥それまでの労働が「機械に置き換え」られる

また、産業革命前までの工業生産を支えてきた**手工業者も、機械の出現によって、その仕事を機械が代わりに行うことになり、失業してしまいます**。機械の操作を行うスキルさえあれば仕事ができるようになり、それまでの「職人技」は不要になりました。

イギリスでは、機械に仕事を奪われた熟練工が機械や工場を打ち壊す「**ラダイト運動**」を起こして抵抗しましたが、結局は失業した職人も工場労働者の一員になりました。その後も、歴史の中では、**機械が進化するたびに「それまでの仕事をしていた人々が機械に置き換えられる」**という現象が起こります。

クローズアップ ⑦盛んに行われた「大西洋三角貿易」

このころ、イギリスの支配が強化された地域が北アメリカやカリブ海地域でした。イギリスはこれらの地域の植民地を拡大し、奴隷を使って砂糖やコーヒー、タバコなどを盛んに生産しました。

アフリカからアメリカに向かう奴隷貿易、アメリカやカリブ海からイギリスに向かう砂糖や綿花の貿易に加え、**武器や綿織物、雑貨をイギリスからアフリカに送るという貿易ルートも確立し**、大西洋を舞台とした**三角貿易**によってイギリスは莫大な利益をあげたのです。イギリスの港町だった**リヴァプール**は三角貿易の拠点として大いに発展しました。

その一方で、アフリカからアメリカに連行された奴隷は数千万人にのぼり、アフリカ社会は深刻な打撃を受けました。アフリカからアメリカに向かう航海では船に奴隷が無理に詰め込まれて輸送され、水不足や感染症により、その航路で多くの奴隷たちが命を落としました。イギリスの他にも、フランスやポルトガルも三角貿易を積極的に推進しました。

この奴隷貿易は、人道的な立場から次第に批判が強まり、イギリスでは19世紀初頭に奴隷貿易が禁止されました。

⑧インドでも強まるイギリスの支配

　インドの18世紀は、ムガル帝国の支配力が急落した時代でした。デカン地方ではヒンドゥー教徒の諸勢力の同盟であるマラーター同盟が結成され、ムガル帝国からの自立を唱えてムガル帝国を揺るがしました。また、インド北西部ではシク教の教徒がムガル帝国から自立してシク王国をつくって反乱を起こしました。

　こうした状況の中でインドに対する支配を強めたのがイギリスです。イギリスはヨーロッパの戦争の裏でインドをめぐるフランスとの戦いに勝利し、フランスをインドから撤退させました。イギリスは、南インドに存在していたマイソール王国、ムガル帝国から自立したマラーター同盟やシク王国を各個撃破し、インドの支配を進めました。

⑨「大分岐」の時代といわれる18世紀

　これまで、どちらかといえば、**アジアはヨーロッパに対して優位な立場にあり、ヨーロッパの国々にとってアジアの大国は豊かで強く、憧れの対象して見られていました**。インドの綿織物（キャラコ）や、中国の陶磁器や生糸、絹織物などは豊かなアジアを象徴する輸入品でした。しかし、ここまでは、ヨーロッパの国は豊かなアジアの国が欲しがるようなものを生産していません。そのため、アジアとヨーロッパの間の貿易は、基本的にはヨーロッパの国々がアジアにお金（銀）を支払うという形であり、ヨーロッパからアジアに富が流出していたのです。

　しかし、18世紀のイギリスで産業革命が始まり、生産力を飛躍的に拡大させることで、**アジアとヨーロッパの立場は次第に逆転していきました**。それまでものの輸入先であったアジアが、機械で大量につくった安い生産品の輸出先、すなわち「市場」になっていったのです。アジアに植民地を広げて支配を行うという、アジアとヨーロッパ諸国の立場の逆転の始まりとなったこの**18世紀のころを「大分岐」の時代ということがあります**。

18世紀のフランス

強力な王権は続くも
イギリスに先を越されるフランス

クローズアップ ⑩孫をスペイン王にねじ込んだルイ14世

18世紀初頭のフランスは**ルイ14世**の最晩年にあたります。ルイ14世は、断絶したスペイン王家を自分の孫に継承させることを画策したため、1701年、これに反対したオーストリア、イギリス、プロイセンなどと戦争になりました。この**スペイン継承戦争**ではなんとか諸国に、孫をスペイン王にすることを認めさせ、スペインのブルボン朝を成立させましたが、重要な植民地を譲るなど、**実際の利益は薄い戦争となりました。**

クローズアップ ⑪植民地戦争でイギリスに喫した連敗

次なる**ルイ15世**は、プロイセンとオーストリアが戦った2つの戦争に介入しました。フランスはオーストリア継承戦争ではプロイセン側に、七年戦争ではオーストリア側につきます。

このオーストリアとの同盟は、オーストリア継承戦争で敗北したオーストリアが、**失った土地の奪回のために外交方針を転換し、フランスとの同盟に踏み切ったものです。**じつはそれまで、オーストリアのハプスブルク家と、ヴァロア家やブルボン家などのフランス王家は、300年にもわたる対立の歴史を持つ「宿敵」であり、オーストリアとフランスの国民はお互いに強い反感を持っていました。

この同盟の樹立のため、政略結婚でフランス王家に嫁いできたのが、オーストリア大公マリア＝テレジアの娘の**マリ＝アントワネット**です。**フランス革命で「国民の敵」として処刑されたアントワネットですが、根底には、フランス国民の根強い反オーストリア感情があったに違いありません。**これらの戦争の裏では、インドやアメリカでイギリスとの植民地争奪戦争が行われましたが、フランスは連敗し、多くの植民地を失いました。

18世紀のロシア

ロシアを発展させた「大帝」と「女帝」

クローズアップ ⑫バルト海での優位を確立した「大帝」

18世紀初頭のロシアは「大帝」**ピョートル1世**の時代でした。ピョートル1世は17世紀中ごろから重ねてきた近代化政策の成果を、スウェーデンとの北方戦争で発揮し、バルト海での優位を確立します。

ピョートルはその時期に築いたバルト海沿岸の要塞を拡充して都とし、自分の名前の由来でもある聖人の聖ペテロの名前を冠した「ペテルブルク」と名付けます。

クローズアップ ⑬国民の高い支持を得たロシア史を代表する「女帝」

18世紀後半のロシアの「女帝」といえば、**エカチェリーナ2世**です。

エカチェリーナはドイツの小貴族からロシアに嫁いできたドイツ人でしたが、夫のピョートル3世に対してクーデターを起こし、自ら帝位につきました。

そうした経緯がありながらも、聡明で勉強熱心であり、ロシア正教に自ら改宗してロシアの文化を吸収したエカチェリーナは国民の高い支持を得ました。皇帝として優れたリーダーシップを発揮したエカチェリーナは、ウクライナとクリミア半島を手に入れ、南方への進出を果たしました。**ラクスマン**という使節を日本に派遣したことでも知られます。

クローズアップ ⑭地図から消滅したポーランド

エカチェリーナはプロイセンとオーストリアと共同でポーランドに領土を要求し、ポーランドを3国で分割してぶんどってしまうというポーランド分割を行いました。そのため、ポーランドはしばらく地図から消滅することになります。

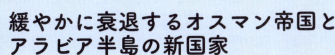

緩やかに衰退するオスマン帝国とアラビア半島の新国家

クローズアップ ⑮少しずつ衰退に向かった「大国」オスマン帝国

17世紀末の第二次ウィーン包囲以降、オスマン帝国は衰退に転じましたが、18世紀前半のオスマン帝国は、比較的安定した時代でした（ロシアのピョートル1世と戦い、アゾフ海の支配権は失っています）。18世紀前半の皇帝アフメト3世の時代は特に**チューリップ時代**と呼ばれており、フランスの影響を強く受けた宮廷文化が流行しました。

18世紀後半にはロシアのエカチェリーナ2世の本格的南下の圧力を受けてクリミア半島を失い、支配下のアラブ系の民族の独立運動が活発になります。しかし、<u>オスマン帝国は依然「大国」として認識され、その衰退は18世紀を通して緩やかでした</u>。

一方、一時は繁栄を極めていたイランのサファヴィー朝は、17世紀後半から急速に衰え、1722年にアフガニスタンから侵攻してきたアフガン人によって首都イスファハーンが攻略され、事実上滅亡しました。その後、イランはしばらく混乱の時代となりました。

クローズアップ ⑯アラビア半島中部でできた「サウジアラビア」の原型

18世紀半ば、オスマン帝国の支配が及んでいないアラビア半島の中部で、イブン＝アブドゥル＝ワッハーブという人物が、ムハンマドの教えにかえれと主張し、イスラームの原点回帰運動である**ワッハーブ派**の運動を起こしました。

このワッハーブ派に協力したのがアラビア半島中部の豪族である**サウード家**です。サウード家はワッハーブ派と協力してワッハーブ王国を建てました。<u>この国家は19世紀初頭にいったん滅ぶものの、のちの「サウード家のアラビア」</u>すなわちサウジアラビア王国に受け継がれます。

東アジア・東南アジアに強い影響力を及ぼした清の最盛期

⑰ 3人の皇帝がもたらした清の最盛期

　清の18世紀は、**康熙帝**、**雍正帝**、**乾隆帝**という3人の皇帝のもと、最盛期を迎えていました。17世紀中に国内の統治体制を固めた**康熙帝**は、18世紀に入ると大軍をチベットに送って保護下に置き、モンゴル高原の西方の民族の**ジュンガル**と戦いました。

　康熙帝のあとを継いだ**雍正帝**は、ロシアと**キャフタ条約**を結んでモンゴル北方の国境線を定めました。また、雍正帝は皇帝直属の補佐組織である**軍機処**を設置して戦争・外交を中心に補佐をさせました。この時代、清の国内でキリスト教の宣教師同士が布教方法をめぐる対立を起こしたため、雍正帝はキリスト教の布教を全面禁止します。

　第6代皇帝の**乾隆帝**は、1758年に**ジュンガルを併合し、清の最大領域を実現しました**。手に入れたジュンガルの土地は、新しい土地という意味を持つ「**新疆**」と名付けられました。乾隆帝は、対ヨーロッパ貿易の窓口を**広州**に限定するという貿易管理体制をとりました。従来、貿易の窓口は広州を含む4つの都市だったのですが、それぞれが「客の取り合い」をしてしまったため、貿易に秩序を与えるために広州に限定し、「公行」と呼ばれる特権商人に貿易の独占権を与えるしくみをとりました。

⑱ 清と属国関係となった周辺諸国

　中国では清王朝が全盛期を迎えていたので、東南アジアの大陸部は清に朝貢を行い、属国になっています。タイの**アユタヤ朝**や、ビルマの**コンバウン朝**がそうした国家の代表です（アユタヤ朝は18世紀半ばに、このコンバウン朝によって滅ぼされています）。朝鮮半島の李氏朝鮮王朝も17世紀前半には清の属国となっていました。

18世紀の日本

財政難を改善するために行われた多くの試み

クローズアップ ⑲貿易制限によって試みられた金銀の流出防止策

本章の日本は、おおむね、6代将軍徳川家宣から、10代将軍徳川家治の時代です。6代将軍**徳川家宣**、7代将軍**徳川家継**の時代に、幕府の政治を主導していた**新井白石**によって、海外への金銀の流出を防ぐために貿易額を制限する**海舶互市新例**が1715年に出されました。

海外貿易の中心的なスタイルは、中国産の生糸やオランダ領からの砂糖を輸入し、その代金として金銀を輸出することであったため、**取引の額を制限すれば、輸入の際に支払う金銀の額が減り、金や銀の国外流出が防止できるだろう、と考えたのです**。この命令には、密貿易の取り締まりという側面もありました。

クローズアップ ⑳徳川吉宗による「享保の改革」

7代将軍の徳川家継は7歳の若さで亡くなってしまったので、当然ながら子どもがいませんでした。そこで、徳川家の分家の紀伊家から徳川吉宗を迎え入れ、将軍としました。

この8代将軍**徳川吉宗**の時代は、いわゆる「**享保の改革**」の時代と呼ばれます。徳川吉宗は財政難に陥っていた幕府を立て直すため、税の根幹であった米を増産し、米の価格を安定させようとしました。それに加えて米のとれ高にかかわらずに年貢額を一定にする徴税法を導入したことで幕府の収入は安定しました。また、支出を抑制するため、社会の各層での無駄遣いやぜいたくを引き締める倹約令も出されました。

その結果、幕府の財政が上向きになった反面、**米を経済の中心としてさらに重視することになったため、米のとれ高が社会に影響しやすい、飢饉に弱い不安定な社会になってしまう**というデメリットもありました。

また、徳川吉宗は学問を振興し、キリスト教以外の内容であれば漢字に訳された洋書の輸入を許可したことから、ここから「蘭学」が発達します。

クローズアップ ㉑「お金」も経済の柱にしようとした田沼意次の改革

10代将軍の**徳川家治**の時代に、幕府の財政改革にあたった人物が**田沼意次**です。**田沼意次は貨幣経済が社会のいたるところに浸透していることに着目し、商人に盛んにお金を稼がせて、そこからも税をとることで財源にしようとしました**。また、それまで基本的に「輸入」が中心であった貿易に、アワビやナマコなどの高級海産物の「輸出」要素を取り入れて、流出した金銀を取り戻そうとしました。

田沼意次の政策は米中心の幕府経済に加えて、お金も経済の柱にしていこうという、合理的で時代の流れに沿ったものでした。しかし、田沼意次自身がお金に汚いという悪評が立ち、辞職に追い込まれてしまいました。

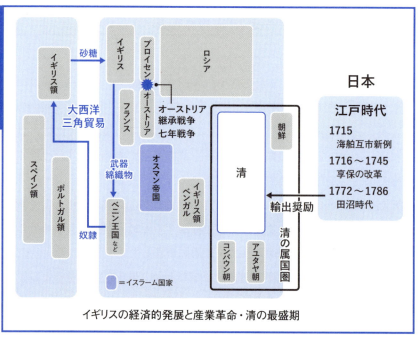

イギリスの経済的発展と産業革命・清の最盛期

革命の時代

1760ごろ～1815

アメリカとフランスで芽生えた民主主義

~寛政の改革の時代~

革命の時代の世界

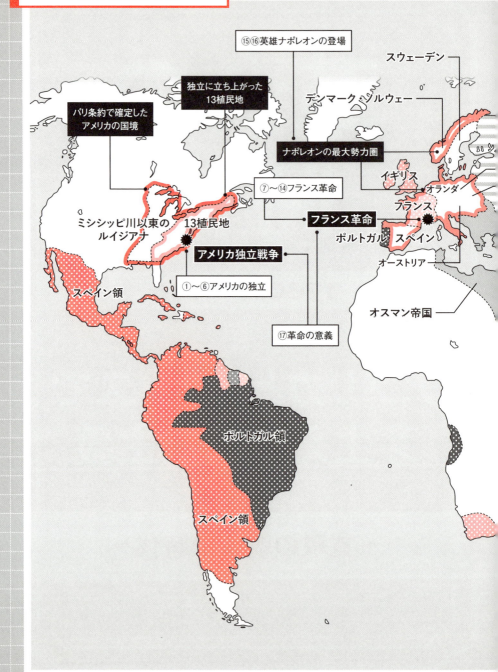

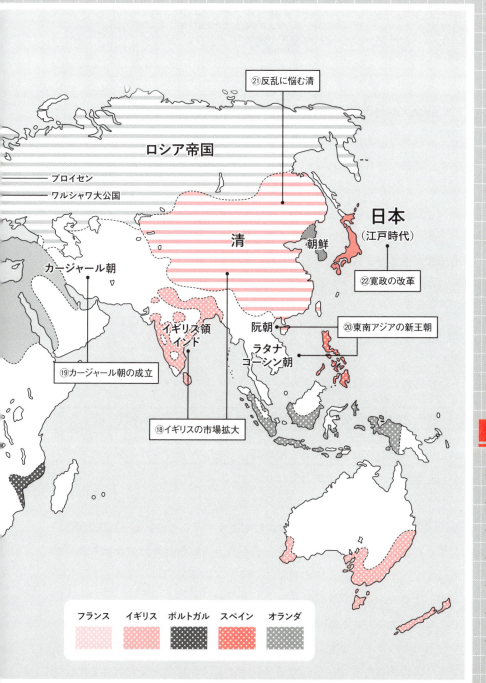

革命の時代を読み解く

オランダが「消滅」していた知られざる歴史

「小さな出島が、唯一のオランダ」といわれた時代

　江戸時代の日本において、ヨーロッパに対する唯一の窓口が長崎の出島です。現在の出島を訪れると、復元がかなり進んでいるため、当時の様子をうかがい知ることができます。扇形の端から端まで歩いて数分で到達し、その「狭さ」を実感することができます。

　この出島には、知られざる歴史があります。それは、**出島ではオランダの国旗がひるがえっているのに、本国のオランダが消滅してしまっているという時期があったこと**です。「世界の中で、オランダの国旗がひるがえっていたのは、この小さな出島だけ」といわれる（インドネシアにも商館はあったと思われるので、大げさな表現かもしれませんが）奇妙な現象が発生していたのです（この時期は幕府も「オランダに異変があった」ことぐらいは把握していたようです）。

ヨーロッパ全体を揺るがしたフランス革命の時代

　この、オランダが消滅していた時期は、ちょうどヨーロッパ全体を揺るがした**フランス革命**の時期と重なります。

　フランスで革命が進行し、フランス国王のルイ16世が処刑されると、周囲の国々によってフランス革命の進行を阻止するための同盟（**対仏大同盟**）が組まれました。その一員にオランダが入っていたため、フランスの革命軍はオランダに攻め込んで占領し、フランスの衛星国にしたのです。このとき、オランダ東インド会社もいったん消滅しています。

　さらに、ナポレオンがフランスの政権を握ると、ナポレオンは弟をオランダの王とします。しかし、この弟がナポレオンの指示に従わなかったり、イギリスの侵攻を受けたりしたので、ナポレオンは兵を差し向けてオラン

ダを占領、1810年に完全にフランスの一部としました。

このような過程の中で、**1810年から1815年はオランダという国が完全に地図上から消えてしまっていたのです**。フランス革命のあおりを受けて出島にはオランダ船が長期にわたって来航せず、オランダ商館では物資の不足に苦しんだようです。本国が消滅しても、物資が不足してもオランダ商館長はめげずに、オランダの国旗を出し続けていたというわけです。

フランス革命の影響が日本に波及した「フェートン号事件」

この、オランダが「消滅」していた時期は、日本史でいえば、11代将軍の徳川家斉の時代にあたります。

高校の日本史の授業では、徳川家斉の時代に、様々な海外の船が日本にやってきたことを学習します。その中に、1808年にイギリス船が長崎に入港し、オランダ商館員を捕らえるという「**フェートン号事件**」が起きましたが、それがまさにフランス革命時代の事件なのです。

オランダがナポレオンの弟によって統治されていた時期、ナポレオンと敵対していたイギリスは、**アジアにあるオランダの貿易拠点を公然と奪うチャンスだと考え、植民地や貿易拠点を襲ったのです**。長崎でも、イギリス船のフェートン号がオランダ船に偽装して長崎湾に入り、オランダ商館員を人質にして水や食料を強要し、乱暴をはたらきます。

結局、日本が水や食料を与えてフェートン号を退去させ、大事にはいたらなかったのですが、堂々と外国船が長崎湾に入り、騒ぎを起こしたことに強い態度がとれなかった責任をとる形で、長崎奉行は自ら切腹しました。

この時期には幕府の思惑に反して様々な船が来航する事件が続出しました。「黒船」の来航はペリーの前にもあったのです。特に、この時代ロシア船の来航が多く、1792年にエカチェリーナ2世が派遣し、通商を求めたラクスマンや、1811年に国後島へロシア船の船長が上陸し、捕らえられたゴローウニンの事件などがありました。

独立前夜のアメリカ

イギリスへの不満をつのらせた植民地が独立に向かう

クローズアップ ①別々の思惑で存在していた13の植民地

北アメリカ大陸の東海岸では、17世紀初頭につくられた**ヴァージニア植民地**以来、イギリス人たちによる13の植民地がつくられました。

これらの植民地はまとめて「**13植民地**」と呼ばれましたが、イギリス本国では自由に信仰ができなかったカルヴァン派や、カトリックのキリスト教徒が中心となり、自由に信仰ができる地を目指してつくられた植民地や、貴族が土地を買い取ってつくった植民地、王から土地を与えられた者がつくった植民地など、様々な植民地がありました。

北部の植民地は自営農民や商工業者が多く、南部の植民地はタバコや綿花などの商品作物をつくる大農園が多いなど、それぞれの中心産業も様々であり、そこに豊かな地主、貿易商、イギリスからの移民、先住民、奴隷など様々な立場の人々が暮らす、多様な社会が形成されました。

ということは、<u>13の植民地はお互いにバラバラな状態で存在し、それぞれに住んでいる人も、バラバラな思惑で暮らしていたということです。</u>

クローズアップ ②13の植民地が「団結」を始めた課税問題

このように、お互いにバラバラに存在していた13の植民地が団結し、イギリスと戦争してまで独立を勝ち取ろうとしたきっかけは、18世紀に起こった**フレンチ＝インディアン戦争**です。

フレンチ＝インディアン戦争は、七年戦争の裏でイギリスとフランスがアメリカの植民地を取り合った戦いです。この戦争はイギリスの勝利に終わりました。もちろん、13植民地はイギリス人がつくった植民地なので、それがフランス人に奪われるよりは、イギリスが勝利したほうがよいのです。そのため、植民地の多くはイギリスとともにフランス軍と戦い、戦争中に

は植民地とイギリスは協力体制をとりました。

クローズアップ ③植民地にかけられた重い税金

しかし、七年戦争のとき、イギリスはインドでもフランスと戦っていました。また、ヨーロッパにおける七年戦争そのものにも多くの兵を送り込んでいました。いずれの戦争においてもイギリスは勝者の側でしたが、その費用によってイギリスは財政難に陥りました。

そこでイギリスは、アメリカ植民地の支配を強化して重税をかけ、財政難を解消しようとしたのです。この状況は「戦争の費用を戦場の人々に払わせて現地調達しよう」というようにも見えてしまいます。

イギリスはアメリカ植民地に対して酒の醸造用に使う糖蜜に税をかけた砂糖法、印刷物の発行に税をかけた印紙法を制定し、果てはガラスや紙、塗料の輸入にも税をかけました。

印紙法が制定されたときには、植民地側はイギリス本国に植民地の代表がいない状態で、勝手に本国の議会が課税を決定している状況に「**代表なくして課税なし**」というスローガンで猛反発しました。

クローズアップ ④団結を始めた植民地の人々

さらに、イギリス本国はアメリカで消費されるお茶をイギリスの東インド会社の独占にするという**茶法**を制定しました。当時、東インド会社も財政難に陥っており、立て直しのためにアメリカ植民地を利用したのです。「日常口にするお茶も、イギリスの儲けになるのか」と、憤慨した植民地の人々は、1773年、ボストンの港の東インド会社の船を襲い、積み荷の茶を海に投げ捨てるという**ボストン茶会事件**を起こします。

1774年には、13のうち12の植民地の代表が集まる第1回の**大陸会議**が開かれ、イギリスとの輸出入を断絶する決議をしました。まだこの時点では、すぐに独立を求める意見は強くありませんでしたが、バラバラに存在していた植民地が団結しようとしたことには、大きな意義があったのです。

アメリカ独立戦争

独立戦争に勝利して成立したアメリカ合衆国

 ⑤ついに勃発した独立戦争

　1775年4月、ボストンの郊外で武力衝突が起きたことから、**アメリカ独立戦争**が勃発しました。発端はアメリカの急進派が隠し持っていた武器を、イギリス軍が取り上げようとしたことから起きた小規模な武力衝突でした。第二回の大陸会議において、植民地軍の最高司令官には**ワシントン**が任命されました。同じころ、**トマス＝ペイン**という人物が『**コモン＝センス**』というパンフレットを発行しました。平易な言葉でイギリスへの批判とアメリカ独立の意義を訴えかけたこのパンフレットは大ベストセラーとなり、独立へ向けての世論が大いに高まりました。

　続いて1776年7月4日、大陸会議は**ジェファソン**らが作成した**アメリカ独立宣言**を採択しました。ジェファソンらは緒戦のうちに建国の理念を訴え、正義が自分たちの側にあることをアピールしようとしたのです。

⑥アメリカの独立を支援したフランス

　イギリスのライバル諸国も、アメリカの独立に助け舟を出していきます。**フランスのルイ16世は兵を派遣して直接アメリカを支援し、スペイン、オランダも援軍を派遣しました**。また、ロシアを中心にした武装中立の同盟が組まれ、イギリスは同盟を呼びかける国がなくなり、孤立することになりました。

　そしてついに、1781年の**ヨークタウンの戦い**で植民地軍が決定的な勝利をおさめ、1783年の**パリ条約**でイギリスはアメリカの独立を承認し、ミシシッピ川以東のルイジアナをアメリカに譲ります。1787年には主権が民衆にあることが明記された**合衆国憲法**が制定され、新しい国家としてのスタートをきったのです。

フランス革命の勃発

民衆によって打倒された「最強」の王権

クローズアップ ⑦世界に広がったフランス革命の影響

フランス革命は、**フランスの王政が民衆によって打倒され、王のいない共和政に移行した、一連の事件を指す言葉です。**

さかのぼれば、フランス革命で処刑されたルイ16世の2代前は、「太陽王」と呼ばれ、ヨーロッパで最も強力な王権を持っていたといわれるルイ14世です。そこからわずか2代で民衆によって王が引きずり出されて公開処刑される、そのような大きな変化が、フランス革命という事件だったのです。**王が存在していることが当たり前であった世の中に、市民が暴動を起こして王を倒すことができたという「前例」ができたことで、**フランス革命以後、自由や権利を求める暴動の嵐がヨーロッパ中に吹き荒れることになります。

クローズアップ ⑧革命の背景となったフランスの財政難

ブルボン朝の絶対王政が続いていた**ルイ16世**時代のフランスでは、**アンシャン＝レジーム**（旧体制）という言葉で表現される身分制が根強く存在していました。「第一身分」とされた聖職者や「第二身分」とされた貴族には税を払わなくてよいなどの特権が与えられ、「第三身分」とされた平民には重い税負担がのしかかっていました。

すでにフランスは、ルイ14世のころからヴェルサイユ宮殿の造営や度重なる対外戦争によって、国家の財政は傾きつつあり、**ルイ16世の時代に入ると、アメリカ独立戦争への支援に莫大な戦費を使い、国家の財政は底をついていました。**

そこで、ルイ16世はこれまで税を免除されていた第一身分や第二身分への課税を計画しました。この方針に承認を得るため、ルイ16世は第一身分

から第三身分までの代表を集めた議会である三部会を開催しました。

クローズアップ ⑨第三身分の議員を中心に結成された「国民議会」

ところが、当然と言ってもいいのですが、第一・第二身分の代表は新たな課税に反対しますし、第三身分たちは「今まで俺たちばかりが払ってたんだから、お前たちも払えよ」という気持ちになるはずです。三部会は、税についての議論の場から、身分間の対立の場となってしまいました。

ここで、第三身分たちが動きます。三部会を離脱して自分たちを「国民議会」と名乗ろうとしたのです。ルイ16世は自分の前で第三身分たちが勝手な動きをすることを許さず、議場から締め出してしまいます。

第三身分は「会議はどこだってできる」と球戯場（テニスコート）に集まり、そこを議場として**国民議会**の成立を宣言し、自分たちの手による憲法制定まで解散しないという**球戯場の誓い（テニスコートの誓い）**を立てるのです。第一・第二身分の中にも、この議会に同調する者もいました。

クローズアップ ⑩バスティーユ牢獄に上がった「革命」の火の手

国王ルイ16世は、いったんこの議会を認める態度をとりますが、王妃マリ＝アントワネットや貴族の強硬派が弾圧を求めると弾圧に転じます。民衆はこれに対して1789年7月14日、**バスティーユ牢獄**を襲撃して武力蜂起に立ち上がりました。牢獄とは王政に従わないものを投獄する「圧政の象徴」であり、そこを占領することで、反権力をアピールすることができました。また、バスティーユ牢獄には多数の武器弾薬が蓄えられており、ここを襲撃することによって武器を手に入れることができたのです。

この動きは、フランス全土で広がり、農民たちによる貴族への襲撃が頻繁に起きました。そして、国民議会は**人権宣言**を採択し、革命の理念をアピールします。**この人権宣言には、基本的人権の尊重や国民主権などの考えが盛り込まれました。**

10月には食糧危機を背景に、女性を中心とするパリ市民がヴェルサイユ

宮殿に押しかけ、ルイ16世一家をパリに連行するという事件が起きました。この事件ののち、ルイ16世一家はパリ市民の監視下におかれることになります。

クローズアップ ⑪王への信頼が失われた国外逃亡未遂事件

1791年6月、ルイ16世一家の立場をさらに悪くする事件が起きました。それが、彼らの国外逃亡未遂事件です。国王一家が変装し、偽名を使って王妃マリ＝アントワネットの実家のオーストリアの領土であったネーデルラント（現在のベルギー）を目指して逃亡したことが、発覚したのです。

この事件を境に、民衆の国王への気持ちが変化していきました。革命当初は、民衆は本気で王を倒してしまおうと思っていたわけではなく、王が民衆に必要十分な自由や権利を与えてくれればそれでよい、と考える人も多かったのです。ところが、**王が国を捨てて逃げたことで、王に対する信頼や期待は大きく低下し**、1791年9月には新憲法が制定され、王の権力は大いに制限を加えられたのです。

クローズアップ ⑫ついに「王がいない」フランスへ

フランス初の憲法が制定されたことで、国民議会は立法議会と名前を変えました。立法議会には、「王の存在そのものは認めるが、法を王の上において、法で国を統治しよう」という立憲君主派と、「王の存在そのものをなくして、憲法によって国を統治しよう」という共和派がいました。

共和派が次第に優勢になっていくと、王妃マリ＝アントワネットの兄であるオーストリア王が妹の身を案じて革命の進行をけん制するようになりました。それに対して革命軍はオーストリアに宣戦布告を行い、革命は対外戦争に発展しました。オーストリアに苦戦する革命軍にとって、**ルイ16世やマリ＝アントワネットは次第に「オーストリアと手を組む国民の敵」とみなされるようになります**。パリの民衆は1792年8月に王宮を占拠し、王権を停止します。

フランスの第一共和政

王がいなくなったフランスで始まったのは「恐怖政治」だった

クローズアップ ⑬ 周辺諸国が結成した「対仏大同盟」

　王権が停止されたことで、フランスは王のいない政治、すなわち共和政に移行します。新たな議会である**国民公会**では共和政の樹立が宣言され、**第一共和政**が始まります。

　そして、ルイ16世と王妃マリ＝アントワネットは民衆の前に引き出され、ギロチンによって公開処刑されてしまいます。

　この処刑は、周辺諸国の王たちに大きな衝撃を与えました。自分の国でも大規模な反乱が起きてしまうと、すなわち処刑されるのは自分たちです。**周囲の国々は、フランスの共和政を早めにつぶし、革命の思想が自分たちの国の民衆に「飛び火」しないようにしようと協力します**。イギリスの首相ピットの提案によって周辺諸国による**第一回対仏大同盟**が結ばれ、フランスは多数の敵を同時に抱えることになりました。

クローズアップ ⑭ ロベスピエールによって展開された恐怖政治

　こうした危機を乗り切るため、フランス国内では強力なリーダーシップを持つ人物に権力を集中させようという動きが起こります。そして、強いリーダーシップを持つ**ロベスピエール**を中心とした**ジャコバン派**が政権を握ります。農民や下層市民の支持のもとでジャコバン派は農奴を解放し、最高価格令を出して物価を抑えます。そしてそれらの政策と引き換えに徴兵制を実施しました。

　しかし、ロベスピエールは独裁の傾向を強め、反対派を抑え込んでギロチンで大量処刑するという**恐怖政治**を展開しました。次第にロベスピエールは民衆の支持を失い、1794年にクーデターが起き、ロベスピエールは逮捕・処刑されて恐怖政治が終わりました。

フランスの第一帝政

国民の期待を背に登場した
皇帝ナポレオン

⑮民衆の投票によって皇帝に就任したナポレオン

　ロベスピエールの死後、1795年には総裁政府という政府が成立しましたが、この政府は不安定な政府でした。この情勢にフランスを狙う対仏大同盟が再結成され、フランス革命をつぶしにかかってきました。フランスの民衆は再び、強力なリーダーシップを持つ人物を求めました。

　その人物こそが、ナポレオン＝ボナパルトです。イタリアやエジプトへの遠征で、オーストリアやイギリスの軍を破るナポレオンの姿に民衆は熱狂しました。この世論を背景に、ナポレオンはクーデターを起こして統領政府を樹立し、政治の実権を握りました。

　実権を握ったナポレオンは第二回対仏大同盟を打ち破ると、民衆の権利や自由などを定めた民法典を発布しました。こうした業績によりナポレオンはさらに国民の人気を獲得し、ついには1804年、国民投票によって皇帝に就任するのです。ナポレオンによる帝政を、第一帝政といいます。

⑯西ヨーロッパの大部分を支配したナポレオン

　ナポレオンが皇帝になると、三たび対仏大同盟が結ばれて周辺諸国との戦争が始まります。イギリスとの海戦には敗北したものの、アウステルリッツの戦いではオーストリアとロシアの連合軍を破り、ナポレオンは西ヨーロッパの大部分を支配下に置きました。さらにナポレオンはイギリスに打撃を与えるために大陸封鎖令を出し、大陸の諸国とイギリスとの通商を禁じますが、これに反したロシアに遠征を行い、大敗北を喫します。

　諸国の連合軍によるライプツィヒの戦いで敗北し、ナポレオンは帝位を退きます。その後一時は帝位に返り咲いたナポレオンでしたが、ワーテルローの戦いで決定的な敗北を喫し、その帝国は完全に崩壊しました。

革命の意義と影響

世界に広がった2つの革命の影響

⑰「国民国家」の概念と民衆が選ぶリーダーの登場

　この革命の時代で紹介した、アメリカの独立やフランス革命には、いくつかの意義があります。ひとつは「国民国家」という概念の形成が進んだことです。**国民国家とは、国境の内側の人々が同じ国民であるという意識を持つ国家のことです**。18世紀ごろから、ヨーロッパでは国を挙げてよその国と戦うような大規模な戦争が増えてきます。大規模な戦争を戦い抜くには、多くの費用や兵隊が必要であり国家としての「チームワーク」を高める必要があります。国が一丸となって戦争にあたるために**国は法をととのえ、国家や国旗などの象徴を生み出し、国家の歴史の教育や、新聞やジャーナリズムなどで、国民の統合をはかっていったのです**。

　特に、アメリカ独立革命やフランス革命は、革命に立ち上がった人々にとっては「勝ち取った」独立や国民主権であり、「私たちの国」という意識が強くはたらきました。一方でフランス革命軍やナポレオン軍の侵攻に直面した国々にとっては、「守ろうとした」「守り抜いた」国であり、こちらでも「私たちの国」という意識が強くはたらくようになります。こうして、「国民国家」という概念が広がっていったのです。特に、**ナポレオンの支配下に置かれたドイツでは、ドイツ民族が団結してドイツ国家を再建しようという論が盛んになり、これが19世紀後半のドイツの統一の背景になります**。

　もうひとつの意義は、アメリカの大統領選挙やフランス皇帝の国民投票など、世襲の王ではなく、**自分たちのリーダーを国民が選ぶということが始まったということです**。こうして選ばれたリーダーは、国民の投票という背景を持つ強いリーダーシップを持つことになり、ひいては後世、国民の強い後押しを受けた独裁者も生んでしまうことになります。

革命の時代の世界

革命の時代に起きた世界の変化

クローズアップ ⑱周到な世界進出の「地固め」を行ったイギリス

　この章では、アメリカとフランスの革命を中心にお話ししましたが、この時代の他の地域についても紹介したいと思います。

　イギリスは対仏大同盟を主導してフランス革命に対応する一方で、オランダからスリランカを奪い、インドの地方勢力と戦うなど、世界進出への地固めを周到にしています。また、**中国に対してインド産のアヘンを密輸し始めたのもこのころです**。1807年には国際世論の高まりを受けて奴隷貿易を禁止しています。

クローズアップ ⑲イギリスやロシアの進出を受けたカージャール朝

　イランでは遊牧民を主体とした**カージャール朝**が成立しています。国家体制を確立する間もなく、この地域への進出をもくろむイギリスやロシアによって従属化が進められていきます。

クローズアップ ⑳この時代に成立したタイの現王朝

　タイでは**ラタナコーシン朝**が成立しています。この王朝は、東南アジアに対する列強の進出を切り抜け、現在でもタイの王朝として存在しています。また、ベトナムでは阮朝が成立しました。清の属国として様々な制度を取り入れましたが、フランスの進出先となってしまいます。

クローズアップ ㉑清が手を焼いた大反乱

　清では1796年から1804年まで、白蓮教徒の乱という大規模な反乱が起きています。反乱軍に清の正規軍は手を焼き、清王朝の弱体化が明るみになった事件です。反乱鎮圧のために清の財政は大きく傾きました。

> 革命の時代の日本

徹底した倹約が行われた「寛政の改革」

クローズアップ ㉒松平定信による政治の引き締め

　日本はこの時代、第11代将軍**徳川家斉**の治世の前半にあたります。この時代は1787年に老中になった**松平定信**による「**寛政の改革**」の時期にあたります。

　当時の日本は、1782年から起きた**天明の飢饉**によって打ちこわしや百姓一揆が次々と起こる状況で、松平定信は徹底した倹約と荒廃した農村の立て直しにより、状況の打開につとめました。

　1792年にはロシアのエカチェリーナ2世の使者として**ラクスマン**が根室に来航しました。この来航がきっかけとなり、幕府は蝦夷地などの防備を行うようになります。

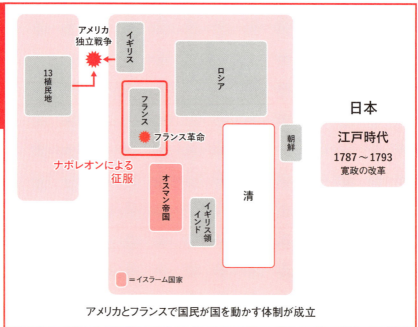

19世紀前半

1815～1848

革命の嵐が吹き荒れたヨーロッパ

～「嵐の前の静けさ」の日本～

19世紀前半の世界

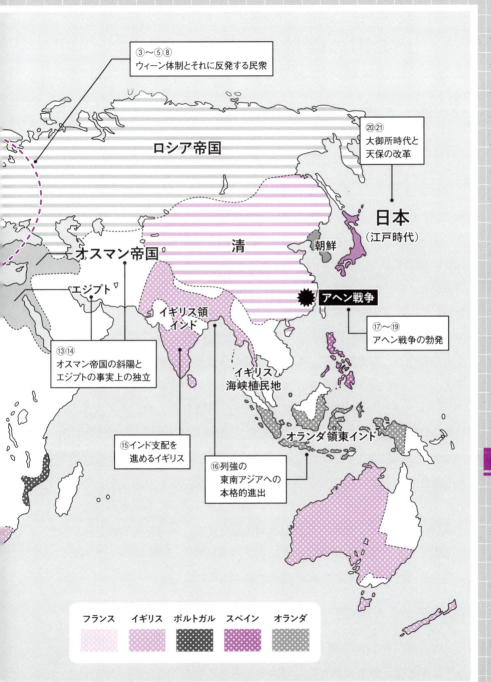

19世紀前半を読み解く

嵐のヨーロッパと嵐の前の静けさのアジア

🔍 すさまじい数の反乱・暴動が起きたヨーロッパ

　19世紀前半の時代は、「ヨーロッパは嵐の時代」「アジアは嵐の前の静けさの時代」ということができるでしょう。

　19世紀初頭、ヨーロッパを「面的」に支配したナポレオンが表舞台から姿を消すと、ヨーロッパにいったん「リセット」がかかったような状況になりました。そこで、諸国の代表が集まってナポレオン後のヨーロッパをどのようにするか、どのような領土分配にするかが話し合われました。この会議を「**ウィーン会議**」といいます。この会議の原則は、「正統主義」といい、フランス革命の前にヨーロッパを戻す、という考えに基づいていました。**ウィーン会議の参加者は王や貴族たちですから、国境線とともに「王や貴族が中心となる世の中」も復活させようと考えたのです。**こうした、ウィーン会議に基づく体制を「**ウィーン体制**」といいます。

　しかし、**ヨーロッパの民衆はすでにアメリカ独立革命やフランス革命という「成功例」を知ってしまっています。「戦争を起こせば、独立を手に入れることができる」「暴動を起こせば、王が倒せる」「革命によって自由や権利を手に入れることができる」**ということを知っているのです。

　そのため、19世紀前半のヨーロッパは、**「今まで通りの支配を続けたい王や貴族たち」と「王や貴族たちの政治を打ち破り、自由や権利を手にしたい民衆たち」の戦いの場となるのです。**19世紀のヨーロッパは、すさまじい数の革命や反乱、暴動が起きる嵐のような時代でした。

🔍 欧米による本格的進出前のアジア諸国

　一方、アジアでは、「嵐の前の静けさ」ともいえる状況でした。**ここでいう「嵐」とは、欧米の国々による進出と植民地化の「嵐」のことです。**

アジアの諸国は、クリミア戦争やインド大反乱、ペリーの来航など、19世紀後半には帝国主義を推進する国々の本格的進出にさらされていきます。19世紀前半にも、その兆候は見られるものの、それぞれの国家が抱える問題は、国家の経済問題や国内の民族の独立問題など、**まだ「国内問題」にとどまるものが多かったのです。**

🔍 ヨーロッパとアジアに見られた対照的な文化

　この、「嵐が吹き荒れるヨーロッパ」「嵐の前の静けさのアジア」という状況は、当時のヨーロッパと日本の文化を比較することで感じることができます。

　「嵐」の時代である、ヨーロッパの19世紀前半におこった文化は「**ロマン主義**」の文化です。この時代にはドラマチックな技法や表現を特徴とする絵画や音楽、文学などが多数生み出されましたが、この背景として、**自由や権利、独立にかけるこの時代の人々の熱い思いがあったのです。**フランスの七月革命をモチーフにした「**民衆を導く自由の女神**」を描いた**ドラクロワ**や、ロシアに占領されて失われた祖国ポーランドの音楽を多くの作品に取り入れた**ショパン**など、作品に熱い思いを込めた人々が数多く登場しました。

　一方で、同時代のアジアでは、19世紀後半に突入する前の「嵐の前の静けさ」ともいえる爛熟した文化がありました。日本では、いわゆる「**化政文化**」の時代です。11代将軍である徳川家斉の長期にわたる治世の時代の文化で、**快楽を追い求めるような作風や、現実を皮肉るような作風の作品が多く生み出されました**。アヘン戦争前の清では、イギリスから持ち込まれたアヘンが広がっていましたが、上流階級は「たしなみ」として、下層の階級でも嗜好品として認識されており、アヘンを吸引するキセルが工芸品としてつくられていました。オスマン帝国ではヴェルサイユ宮殿のような豪華さを誇るドルマバフチェ宮殿が建造されています。こうした、停滞した雰囲気が19世紀の世界の激動によって打ち破られるのです。

19世紀前半のラテンアメリカ

次々と独立を達成した ラテンアメリカ諸国

クローズアップ ①ラテンアメリカを動かした革命の思想

　この章では、まずラテンアメリカをクローズアップしてみましょう。おおむね、16世紀から18世紀のラテンアメリカは、ヨーロッパの国々の植民地となっていました。**19世紀前半のラテンアメリカでは、それらの国々が次々と独立したのです。**

　独立達成の大きな背景であったのが、18世紀末から19世紀初頭の、アメリカ独立革命やフランス革命です。これらの革命の情報がラテンアメリカにもたらされたことで、**ラテンアメリカの民衆も、蜂起をすれば自分たちもアメリカのように独立できるかもしれないと考えるようになったのです。**また、ラテンアメリカの多くの地域はスペイン領でしたが、本国のスペインがナポレオンに征服されていたため、独立できる「隙」が生じていたのも、ラテンアメリカ諸国の独立達成の理由のひとつです。

クローズアップ ②独立運動を指導した植民地生まれの白人たち

　周辺諸国に先がけていち早く独立を達成したのが、フランス領であった**ハイチ**です。ハイチでは黒人奴隷たちが蜂起し、**初の黒人共和国として独立しました。**

　ハイチ以外の国家の独立運動を主導したのは、**クリオーリョ**と呼ばれた植民地生まれの白人でした。もともとはヨーロッパ人の子孫である彼らは、地主など比較的豊かな階層ではありましたが、スペインなどの本国からは支配を受ける存在であり、その不満が独立に向かう原動力になったのです。**シモン＝ボリバル**や**サン＝マルティン**といった人々によって、ラテンアメリカのほとんどの地域が独立を達成しました。しかし、これらの地域は独立しても経済的にはヨーロッパに従属する状況が続きました。

ウィーン体制の始まり

繰り広げられたウィーン体制と民衆との戦い

クローズアップ ③ウィーン会議によりヨーロッパは「フランス革命の前」に

　ナポレオンが表舞台から去ると、オーストリア外相の**メッテルニヒ**の主催により、ウィーンにオスマン帝国を除く全ヨーロッパの代表が集まり、ヨーロッパの新たな国際秩序を模索する会議が開かれました。これを**ウィーン会議**といいます。ウィーン会議では多くの国々の利害の調整に難航し、議事進行は大幅に遅れて「会議は踊る、されど進まず」といわれました。この会議の結果、1815年に調印された取り決めがウィーン議定書です。

クローズアップ ④「王と貴族」の世の中に逆戻りしたヨーロッパ

　ウィーン会議の基本原則は、ヨーロッパをフランス革命以前の状態に戻すという「<u>正統主義</u>」がとられ、さらにはヨーロッパ諸国の勢力のバランスをとるような調整がはかられました。<u>この原則により、ヨーロッパは「王と貴族」の時代に逆戻りすることになったのです。</u>

　これにより、フランスではブルボン朝の王が復活することになり、**ルイ18世**が即位しました。ナポレオンを倒した「殊勲選手」であるロシアにはフィンランドが与えられ、さらにはポーランドもロシア皇帝がポーランド王を兼ねる形でロシアのものになりました。ドイツでは神聖ローマ帝国は復活せず、オーストリアとプロイセンを含む**ドイツ連邦**が成立しました。

　一方で、民衆の間には、アメリカ独立革命やフランス革命を通して、自由や権利、独立を求める思想が広がっていました。社会をつくりかえ、平等な世の中にしようとする社会主義の思想も広がりつつありました。

　ヨーロッパの国々は、**こうした革命の再発につながる運動や暴動、思想の抑え込みのために同盟関係を結びました。**こうして確立した体制を、**ウィーン体制**と呼んでいます。

1・2世紀
3・4世紀
5・6世紀
7世紀
8世紀
9世紀
10世紀
11世紀
12世紀
13世紀
14世紀
15世紀
16世紀
17世紀
18世紀
革命
19世紀前半
19世紀後半
帝国
戦間
恐慌
冷戦
グロ

⑤抑え込むことはできなかった民衆の「思い」

　ウィーン体制が成立しても、自由や権利、独立を求める民衆の「思い」までは、抑え込めるものではありません。1820年代には早速、ドイツでの学生運動やイタリアの秘密結社の革命運動、ロシアでの自由主義貴族の反乱が起こります。また、スペインやポルトガルでも、憲法をつくり、王の権利を制限しようという動きが見られました。

　1921年には、オスマン帝国が支配していたギリシアが独立宣言を出して、蜂起し、**ギリシア独立戦争**が始まりました。ギリシアの蜂起は、ウィーン体制を揺るがすものではありましたが、オスマン帝国方面への進出をもくろんでいたヨーロッパ諸国は、ギリシアの独立を支援してオスマン帝国の弱体化を狙いました。その結果、ギリシアはオスマン帝国に対して勝利をおさめ、独立を達成しました。<u>ラテンアメリカの独立や、ギリシアの独立は、他の国家に支配されている民族に大きな勇気を与えるものとなり、ウィーン体制が大きく揺らぐもととなりました。</u>

⑥再び革命の火の手が上がったフランス

　ブルボン王家が復活したフランスでは、**ルイ18世**はある程度民衆に対する自由や権利も認めましたが、その次の**シャルル10世**は出版の自由の制限や議会の解散を行い、貴族を優遇しました。不満がたまった国民は1830年パリで蜂起し、シャルル10世は退位を迫られイギリスに亡命しました。これが**七月革命**です。この革命のあとはフランス王家と血縁があり、民衆の自由や権利にも理解があった**ルイ＝フィリップ**が新しい王となります。

　フランス革命に続き、民衆の蜂起により王を倒したという七月革命は、「暴動を起こせば、支配者を倒せる」という成功例を再びヨーロッパの各地に示すことになり、これに刺激された人々による暴動や反乱が相次ぎました。ベルギーはオランダからの独立を果たし、ポーランドでは蜂起が起き、ドイツやイタリアでは、国民国家を求める運動が激しくなりました。

諸国民の春

民衆の反乱や暴動で崩壊したウィーン体制

クローズアップ ⑦二月革命により再び共和政となったフランス

フランスでは、七月革命によって王となった**ルイ＝フィリップ**にも民衆の不満が向かいました。ルイ＝フィリップはお金持ち優遇の政策をとり、選挙権が与えられたのは人口の1％という、ごく一部の大金持ちだけでした。

これに対して「小金持ち」の人々や、労働者は選挙法改正運動を起こしますが、ルイ＝フィリップはこれを弾圧します。1848年2月、反発した民衆が蜂起し、革命に発展しました。これを**二月革命**といいます。その結果、ルイ＝フィリップは退位を余儀なくされ、フランスは再び共和政（**第二共和政**）となります。

クローズアップ ⑧ウィーン体制を打ち破った諸国民の春

二月革命は、七月革命と同じようにヨーロッパの各地に影響を与えました。オーストリアの首都ウィーンとプロイセンの都のベルリンでは三月に反政府暴動（**三月革命**）が起こり、ウィーン体制を主導したオーストリアの**メッテルニヒ**が亡命に追い込まれました。そして、ウィーンとベルリンにそれぞれ、自由主義者を中心とする内閣が成立します。

オーストリア帝国内のハンガリーやベーメン（チェコ）、そして北イタリアでは民族の自治を求める運動が激化しました。中部イタリアでは、「青年イタリア」という組織がイタリア統一をめざしてローマ共和国を建国しましたが、フランスの介入により鎮圧されました。

<u>1848年はこうした、自由や権利、民族の統一に目覚めた人々による反乱や暴動が多発しました。</u>こうした状況を「**諸国民の春**」と呼んでいます。<u>この暴動や反乱で、ウィーン体制は崩壊に追い込まれたのです。</u>

クローズアップ ⑨イギリスの自由主義改革

　イギリスでも、自由や権利を求める民衆の声があがりましたが、イギリスではもともと王権に対して議会が強い力をもっていたため、**民衆は武力蜂起による「革命」に訴えることなく、議会に改革を求めることで、少しずつ自由や権利を勝ち取っていきました。**

　たとえば、穀物に関税をかけていた穀物法が撤廃され、東インド会社の商業活動の禁止が認められたことで、民間商人の貿易への参入がしやすくなったり、政治面での宗教差別が少しずつ撤廃されることで、イギリス国教会以外のキリスト教徒の権利が拡大されたりしたのです。しかし、労働者をめぐる環境はまだまだ悪く、労働者たちの参政権は制限されていたため、労働者たちは政治参加を求める**チャーティスト運動**を展開しました。

クローズアップ ⑩なかなかまとまらなかったドイツとイタリア

　フランスやイギリスが革命や改革を経験しながらも次第に国力を増していく一方で、**ドイツやイタリアは多くの小国家に分かれた分裂状態で、なかなかひとつにまとまることができませんでした。**

　経済を例にとっても、国内の小国家同士が関税をかけ合って競争し合っている状態であったために、協力して物を生産したり、海外植民地を獲得したりすることができませんでした。また、小国家ひとつひとつの軍事規模も小さく、大規模な対外戦争では不利になってしまう状況でした。ドイツやイタリアの人々の統一を求める声は大きかったものの、なかなか具体的な統一は進みませんでした。

　特に、**ドイツの統一を阻害していたのが、プロイセンとオーストリアという二大国家の「意地の張り合い」でした。** 旧来からドイツに強い影響力を持っていたオーストリアは国内に多くの民族を抱えていて「ドイツの国家」とはいえないような状況であり、プロイセンをはじめとする他のドイツの国家とは微妙なすきま風が吹いていたのです。

19世紀前半のアメリカ合衆国

アメリカの「自立」と西部開拓の時代

クローズアップ ⑪イギリスとの戦争が促したアメリカの経済的自立

　独立後のアメリカ合衆国は、国家としてのしくみをととのえることと、国力を充実することに専念し、ナポレオン戦争にも中立を守るなど、対外戦争を極力避ける方針をとりました。

　ところが、ナポレオン戦争中にフランスと貿易をしていたことが、イギリスとの対立を招き、1812年に**アメリカ＝イギリス戦争**に発展してしまいました。この戦争でイギリスの工業製品が手に入らなくなってしまったアメリカでしたが、**かえってアメリカの国内産業が発展するもととなり、アメリカの経済的自立が進みました。**

　こうした中で、アメリカはヨーロッパからとやかく口出しされるのではなく、アメリカが自立して独自の行動をすべきだという考えが生み出されました。第5代大統領の**モンロー**は「**アメリカはヨーロッパの問題に介入しない代わりにヨーロッパ諸国も南北アメリカの問題に介入するべきではない**」とした、**モンロー宣言**を発します。この考え方は20世紀初頭までのアメリカ外交の基礎となりました。

クローズアップ ⑫西に拡大したアメリカ

　建国時のアメリカはもともと「13植民地」だった東海岸の13州と、独立時にイギリスから譲られたミシシッピ川の東側のルイジアナだけでしたが、**合衆国は買収や併合によって西部への領土拡大を進め、1840年代には西海岸に到達しました。**

　この領土拡大は、フロンティアと呼ばれた、西部の開発も伴いながら進められましたが、もとから居住していた先住民が住み慣れた土地を追われる例も多くありました。

283

19世紀前半の西アジア

ついに訪れたオスマン帝国の斜陽

⑬オスマン帝国にダメージを与えたギリシアとエジプトの独立

　15世紀ごろから西ヨーロッパに対して脅威を与え続ける存在であったオスマン帝国も、次第にその力を失いつつありました。**支配下に置いていたセルビアやギリシア、エジプトなどをはじめとする勢力が独自の動きをするようになり、ギリシアは独立戦争まで起こしてきたのです。**

　また、フランス革命のときには、イギリスとインドの通商路を遮断するために遠征してきたナポレオンに攻められ、エジプトを一時的に占領されてしまいました。

　ナポレオン撤退後のエジプトで存在感を発揮したのが、**ムハンマド＝アリー**という人物です。ムハンマド＝アリーはエジプトでの権力抗争を制し、オスマン帝国にエジプト総督の地位を認めさせます。

　ムハンマド＝アリーはこの機会をとらえ、一気にエジプトの富国強兵化に乗り出します。教育・行政・軍制などをヨーロッパ風に改革し、綿花の増産を行い、輸出に力を入れたのです。そして、シリアの領有を求めて本国のオスマン帝国に対して**エジプト＝トルコ戦争**を起こして勝利し、事実上の独立を獲得したのです。

⑭オスマン帝国が着手した近代化改革

　こうした、支配下の民族の自立の動きや外国からの圧力を、オスマン帝国も黙って見ていたわけではありません。1839年には、**タンジマート**と呼ばれる近代化改革に着手しました。この改革ではイスラームも非イスラーム教徒も、帝国の国民が平等であることや、法の力がスルタンの権力の上にあることが明示されました（「平等」といううたい文句は、独立を目指す多くの民族をつなぎ留めておくための方便、と見ることもできます）。

19世紀前半のインド、東南アジア

本格的なアジア進出を始めたヨーロッパの列強

クローズアップ ⑮東インド会社によって進められたインドの統治

　18世紀後半からインド進出の主導権を握っていたイギリスは、東インド会社を通してインドの支配を進めていきました。東インド会社は貿易会社としての性格から、インドの統治機関としての性格を強め、1833年には**貿易活動そのものの停止が決定され、本来の貿易会社からインドの統治機関へと変化していきました**。すでに様々な民間貿易会社が貿易を行っており、東インド会社が貿易会社であることの意味は失われていたのです。

　イギリス本国での産業革命の進展と、盛んな貿易により、それまで世界中に輸出されていたインドの綿織物は、徐々に機械製のイギリスの綿織物にとって代わられるようになりました。そして、**インドまでもがイギリスの綿織物を輸入するようになり**、1810年代にはイギリスの綿織物の輸入が、インドの綿織物の輸出を超えるようになりました。これ以降は、インドの輸出の主力商品は綿花や麻、コーヒーや茶などの農作物が中心となり、イギリスへの経済的従属が進みました。

クローズアップ ⑯ヨーロッパ諸国の東南アジアへの本格的進出

　このころ、東南アジアでも、ヨーロッパ諸国の進出が進んでいます。イギリスは1819年に**シンガポール**を、1824年にマラッカを領有し、1826年にはこれらの植民地を結び付けて**海峡植民地**としました。この海峡植民地は**インドと中国を結び付ける中継地点として重要なはたらきをしました**。

　ジャワ島を中心に支配を広げていたオランダは、1799年に東インド会社が解散したあとは、本国が直接支配を行う**オランダ領東インド**となります。オランダはインドネシアの村落にコーヒーやサトウキビの栽培を割り当てる**政府栽培制度**を導入しました。

285

19世紀前半の中国

アジアに衝撃を与えた
アヘン戦争の勃発

クローズアップ ⑰茶の貿易で損を強いられていたイギリス

　18世紀後半から、ヨーロッパでは紅茶を飲む習慣が定着し、中国の茶に対する需要が高まっていました。その一方で、清王朝は欧米諸国との貿易の窓口を広州に限定しており、その貿易は特権商人に独占させていました。そのため、欧米の商人は自由に貿易ができず、不利な関税率や、追加の費用の徴収などで条件の悪い貿易を強いられていました。

　特に中国との貿易を積極的に行っていたのがイギリスです。茶の需要が特に高かったイギリスは、清にとって欧米諸国で最大の貿易相手国でした。貿易額が大きくなればなるほど、イギリスにとっては貿易条件の悪さが悩みの種になりました。18世紀後半に何度か貿易条件の改善を求めて清と交渉を行いましたが、清はそれを拒否していました。

　その一方で、<u>綿織物や毛織物といったイギリス本国の生産品は中国での需要があまりなく、イギリスは茶の代わりに輸出するものがないため、その代金として銀がイギリスから中国に大量に流れることとなりました</u>。

クローズアップ ⑱イギリスが持ち込んだインド産のアヘン

　そこで、イギリスが中国に持ち込んだものがインド産のアヘンです。<u>イギリスは密貿易という形で中国の沿岸部にアヘンを持ち込み、その代金として銀を回収し、インドとの綿織物貿易で本国に銀を還流させる</u>というアジアでの<u>三角貿易</u>を確立します。<u>イギリスは茶の代金として清に銀をいくら払おうとも、アヘンの貿易でその銀を回収できることになるのです</u>。

　18世紀後半から本格的に始まったアヘン貿易は19世紀前半に盛んに行われ、清ではアヘンが流行し、その中毒が社会問題となりました。また、アヘン貿易を通じて銀が海外に流出すると、銀で税を払っていた農民が銀を

手に入れにくくなり、実質的に増税となって農民が困窮しました。

　この問題に対して、清ではアヘン貿易を厳禁するべきという論と、アヘン貿易を容認してそこから税をとって財源とするべきという論が戦わされました。清の8代皇帝である道光帝は地方行政で手腕を発揮していた官僚の**林則徐**の厳禁論を採用し、1839年に林則徐を広州へ派遣しました。

　林則徐がイギリス商人からアヘンを没収して廃棄すると、イギリスは1840年、清に艦隊を差し向けて**アヘン戦争**を起こし、1842年にはイギリスが勝利して清に**南京条約**を結ばせました。

⑲清が結ばされた不平等条約

　南京条約では上海など5港の開港が定められ、清はイギリスに賠償金を払い、香港島を譲りました。その後、清はイギリス、アメリカ、フランスと相次いで条約を結び、外国人は罪をおかしても清の裁判を受けず、自国の外交官による裁判に従うという**領事裁判権**を与えることや、一定の関税率を定めてからは清が単独で税率を変更することができないことが定められました（いわゆる、「**関税自主権がない**」状態です）。

　これらの条項はいわゆる、不平等条約といわれるものですが、この時点の清はアヘン戦争の敗戦をそれほどまでには深刻なものとはとらえず、条約も不平等とは認識されていませんでした。

⑳日本にも波及したアヘン戦争の影響

　アヘン戦争の影響は隣国の日本にも影響を与えました。ナポレオン戦争の時代に起きたフェートン号事件の影響から、1825年に海外船の来航に対して攻撃を行うという「強気」の対応を求めた**異国船打払令**が出され、実際にアメリカ商船に砲撃したという事件も起こりました。しかし、アヘン戦争で清が劣勢であるという情報に接すると、幕府は欧米諸国の実力を見直し、1842年に**薪水給与令**が出され、外国船には水や燃料を与えて穏便に帰国させるという方針に転換しました。

19世紀前半の日本

課題が山積みとなった江戸時代の末期

クローズアップ ㉑財政難に苦しむ幕府と実力をつけつつあった西日本の藩

　日本のこの時代は、江戸幕府の11代将軍徳川家斉の後半期や、12代将軍の徳川家慶の時代にあたります。

　11代将軍の**徳川家斉**は放任的な将軍であったため、文化的にはいわゆる「化政文化」の発展が見られました。しかし、社会では度重なる飢饉と財政難、海外船の来航など課題が山積みとなっていました。

　12代将軍の**徳川家慶**は老中の**水野忠邦**を改革にあたらせ、**天保の改革**が実施されましたが、あまりうまくいきませんでした。一方で、琉球との密貿易や特産品の生産奨励を行った**薩摩藩**や、下関を通過する商人に対しての金融活動で財政を向上させた**長州藩**など、力をつける藩もありました。

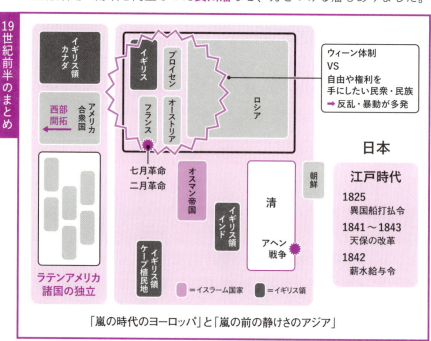

「嵐の時代のヨーロッパ」と「嵐の前の静けさのアジア」

19世紀後半

1848〜1880

大英帝国栄光の時代

〜ペリーの来航と明治維新〜

19世紀後半の世界

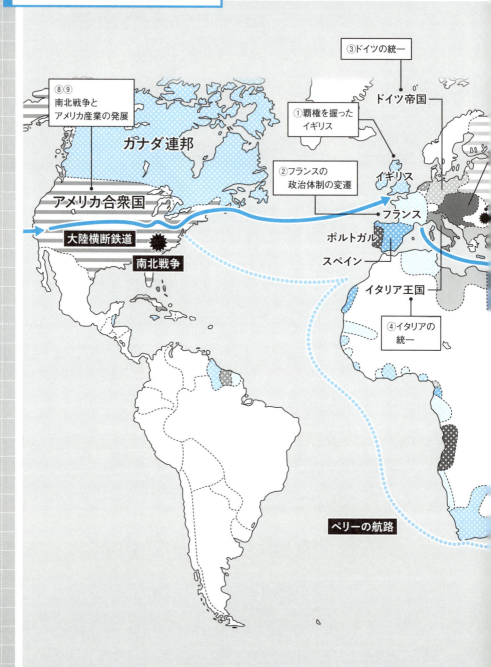

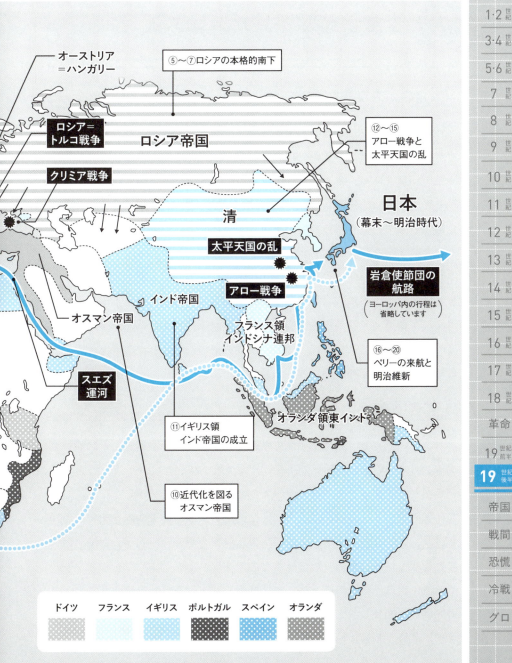

19世紀後半を読み解く

岩倉使節団が見たスエズ運河

「日本から世界に」アクセスした岩倉使節団

　1853年、日本を揺るがす出来事が起きました。それが、**ペリー**の来航です。アメリカ東インド艦隊の司令長官ペリーが、2隻の蒸気船を含む軍艦4隻で浦賀を訪れ、強大な軍事力を背景に日本に開国を迫ったのです。

　この「黒船」の来航は、幕藩体制を揺るがし、明治維新のきっかけになった事件として、よく知られています。

　このペリーの来航が、「世界から日本」へのアクセスと考えるならば、「日本から世界」へのアクセスの例は、1871年に派遣された岩倉具視を中心とする使節団、いわゆる**岩倉使節団**の派遣です。この使節団は不平等条約の改正の下準備と、海外情勢の視察のために派遣されましたが、不平等条約の改正は実質的には相手にされず、海外情勢の視察と欧米の要人との「顔合わせ」という意味合いが強い派遣でした。

帝国主義の「アクセル」となったスエズ運河

　ペリーの航路と、岩倉使節団の航路を比較すると、面白いことに気づきます。ペリーの来航と聞いて、多くの人が思いがちなのが、「アメリカ人の来航だから、きっと太平洋を渡ってきたのだろう」ということです。**しかし、実際のペリーの航路は、それとは逆にアメリカの東海岸を出て大西洋を渡り、アフリカの南端、スリランカ、シンガポール、香港、上海、琉球などを経ている「東回り」の航路なのです。**

　一方、岩倉使節団のほうは、太平洋を渡り、アメリカを横断してアメリカ大統領と面会し、大西洋を渡ってヨーロッパを歴訪します。その後、アラビア半島とエジプトの間の紅海を渡ってインド洋に入り、スリランカ、シンガポール、香港、上海などを経て帰国します。

この、出発年が19年違う、ペリーと岩倉使節団の航路を比較すると、世界の大きな交通網の発達が感じられるのです。

岩倉使節団がアメリカ大陸の横断に使ったのは、1869年に開通した大陸横断鉄道です。そして、ヨーロッパを出た使節団は、アフリカの南端を経ることなく、1869年に開通したスエズ運河を経てインド洋に出ています。

この例だけを見ても、この時代が世界の交通が急速に発展し、世界の一体化が進んでいった時代であることがわかります。特に、**スエズ運河の完成はヨーロッパからアジアの距離を大幅に短縮させ、その結果、アジアの植民地化を加速させることになったのです**。スエズ運河はヨーロッパに運ばれるインドの綿花、ベトナムのコーヒー、マレー半島のスズや天然ゴム、インドネシアのコーヒーや砂糖などの通り道になり、ヨーロッパから植民地化や民族運動鎮圧のための多くの兵員の通り道にもなったのです。このスエズ運河の完成後、1877年にはイギリス領インド帝国の成立、1886年にはビルマのインド帝国併合、1887年にはフランス領インドシナ連邦の成立、1896年にはイギリス領マレー連合州の成立と、一気に植民地化が加速したのです。**帝国主義を加速させるアクセルとなったその地を、岩倉使節団は目の当たりにしていた、というわけなのです。**

岩倉使節団が出会った「ビッグネーム」たち

岩倉使節団は、その旅の中で世界の多くの要人と出会っていますが、いずれも19世紀後半を代表する、世界史上のビッグネームたちです。その顔触れはアメリカ大統領グラント（リンカンの2代あとの大統領です）、イギリスのヴィクトリア女王、ドイツの宰相ビスマルク、イタリアのヴィットーリオ＝エマヌエーレ2世、フランスのティエール、オーストリアのフランツ＝ヨーゼフ1世、ロシアのアレクサンドル2世など、この章で紹介する重要人物だらけです。

特に、**列強の一角にドイツをのし上げたビスマルクとの出会いは、日本に富国強兵のひとつのモデルを与えることになりました。**

1・2世紀
3・4世紀
5・6世紀
7世紀
8世紀
9世紀
10世紀
11世紀
12世紀
13世紀
14世紀
15世紀
16世紀
17世紀
18世紀
革命
19世紀前半
19世紀後半
帝国
戦間
恐慌
冷戦
グロ

293

19世紀後半のイギリス・フランス

帝国主義を推進した ヴィクトリア女王とナポレオン3世

クローズアップ ①「大英帝国」の輝きが最高潮であった時代

　19世紀後半のイギリスは、**ヴィクトリア女王**の治世のもと、「大英帝国」が最も輝いていた時代です。国内では自由党と保守党による二大政党制が確立し、安定した政治が行われました。

　イギリスは圧倒的な海軍力を背景に世界中に植民地や、経済的に従属した地域を持ち、工業原料となる農産物や鉱産物の供給地とします。そして、「世界の工場」として工業生産品を世界中の市場に売ったのです。この、イギリスの圧倒的な経済的、軍事的な覇権の時代を「**パクス・ブリタニカ（イギリスの平和）**」の時代と呼んでいます。

　イギリスを追うようにドイツやアメリカ、フランスやベルギー、ロシアなどで産業革命が進むと、イギリスの工業生産自体は世界を圧倒するものではなくなりますが、イギリスは世界の海運や金融を握るようになり、国としての収益は高い水準で維持していました。

クローズアップ ②ナポレオンの甥によって行われた2度目の帝政

　1848年に成立した第二共和政下のフランスでは、農民と労働者が対立する不安定な状況が続いていました。共和政は王を持たず、多数決で決定するため、社会の多くを占める階層同士が対立すると収拾がつかなくなるのです。そこで、ナポレオン＝ボナパルトの甥である**ルイ＝ナポレオン**に期待が集まり、ルイ＝ナポレオンは大統領を経て皇帝に就任し（**ナポレオン3世**）、**第二帝政**が始まりました。ナポレオン3世は国民の高い支持を背景に、盛んな対外戦争やパリ市の整備、鉄道や銀行の整備などの政策を行いましたが、1870年の**プロイセン＝フランス戦争**に敗れて退陣しました。その後のフランスは再び共和政となり、**第三共和政**が成立します。

> 19世紀後半のドイツ・イタリア・ロシア

統一を達成したドイツとイタリア、南下を進めるロシア

③ドイツの統一を進めた名宰相ビスマルク

19世紀後半のドイツの最大の課題は、どのようにドイツを統一するかということでした。統一について話し合われた1848年のフランクフルト国民議会は不調に終わってしまいました。統一後のドイツに多民族国家のオーストリアを入れるかどうか、という路線の対立があったのです。**オーストリアをドイツに入れることにより、オーストリアの支配下にあるハンガリーやチェコなど、様々な民族がドイツに含まれてしまうという理由で、オーストリアをドイツに含めることに反対する勢力が多かったのです。**

こうした、ドイツの統一をめぐる状況は、プロイセン国王**ヴィルヘルム1世**が即位し、首相の**ビスマルク**が登場すると一変します。

ビスマルクはドイツ統一は話し合いではなく、軍隊と戦争によって成し遂げられると訴え、**鉄血政策**と呼ばれる富国強兵策に舵をきり、1866年に**プロイセン＝オーストリア戦争**でオーストリアを破り、**「ドイツ」からオーストリアを除外する姿勢を明確にします。**

そして、フランスを挑発して**プロイセン＝フランス戦争**を起こし、プロイセンの支配に従おうとしなかったドイツ南部の国々に対して、プロイセンにつくかフランスにつくかの判断を迫って、プロイセンに従わせました。戦争はプロイセンの大勝利に終わるとともに、ドイツの統一が達成され、1871年、ヴィルヘルム1世を皇帝とした**ドイツ帝国**が成立します。

一方で、プロイセンに敗れ、ドイツから除外された格好になったオーストリアは、多民族国家としての性格を強めていきます。国内を安定させるために、ハンガリーに対する支配的な態度を改めて自治を認めてその地位をひきあげ、オーストリア皇帝がハンガリーの王も兼ねるという**オーストリア＝ハンガリー帝国**を成立させます。

④サルデーニャを中心として成立したイタリアの統一

イタリアもドイツと同じように、長らく小国家に分かれていたうえに、北部のかなりの部分をオーストリアに支配された状態でしたが、19世紀後半に統一されました。イタリアの統一運動の中心となったのは、サルデーニャ王国の国王、**ヴィットーリオ＝エマヌエーレ2世**です。サルデーニャ王国はクリミア戦争にイギリス・フランス側で参戦して大国に接近し、フランスの援助を得てオーストリアを破り、イタリア北部を手に入れました。

一方で、イタリア南部ではイタリア統一を旗印にしていた**ガリバルディ**が義勇軍を率いて占領地を拡大させていました。

このガリバルディが占領地をヴィットーリオ＝エマヌエーレ2世に献上することでイタリアはほぼ統一され、1861年に**イタリア王国**が成立します。しかし、イタリア語圏の一部はまだオーストリアに支配されたままで、その奪還を求めるイタリアとオーストリアの対立が残ってしまいます。

⑤ロシアの「悲願」とクリミア戦争の敗北

寒冷な国であるロシアにとって、暖かい地への進出は悲願であり、特に凍らない港の獲得はロシアが掲げる最大の目標でした。 バルカン半島や黒海の出口に位置するオスマン帝国は、海への進出のためにはいつか戦わなければならない相手であり、18世紀後半ごろからロシアとオスマン帝国は度々交戦していました。

そのような状況の中、19世紀前半から、オスマン帝国とヨーロッパ諸国の間では「東方問題」と呼ばれる問題が浮上していました。オスマン帝国が支配するバルカン半島には、セルビア人やルーマニア人、ブルガリア人など多くの民族がいます。彼らはオスマン帝国に支配されているものの、自立を求める運動を展開していたため、バルカン半島情勢はきわめて不安定でした。ヨーロッパの国々は、こうしたオスマン帝国の「弱み」に付け込んで、オスマン帝国の外交や内政に口をはさんでいきました。特にロシア

は、**バルカン半島に多く居住していたスラヴ系の民族を味方につけて、オスマン帝国を動揺させようとしていました。**

1853年、ロシアはギリシア正教徒の保護を口実にオスマン帝国に対して**クリミア戦争**を起こし、本格的な南下に乗り出しました。しかし、ロシアの南下を嫌ったイギリスやフランスが協力してオスマン帝国の支援に乗り出したことで、ロシアは敗北してしまいました。この戦争によってロシアの南下はいったん頓挫します。

クローズアップ ⑥不十分な近代化に終わったアレクサンドル2世の時代

クリミア戦争の敗北を受け、ロシアの本格的な近代化の必要性を痛感したロシア皇帝**アレクサンドル2世**は、ロシアの産業革命を進めるために**農奴解放令**を出しました。今まで、領主の「農奴」とされた農民の身分を解放すれば、自主的に働くやる気のある農民が増えて生産力が上がり、一部は都市に行って産業革命を支える労働者になると期待したのです。

しかし、農奴解放令後のロシアでは、農民が農業を続けるためには、土地を自分たちで買って確保しなければなりませんでした。**土地を買うお金のない貧しい農民たちの多くは、ミールという農村共同体に属して細々と耕作するという立場になり**、農業生産を高め、工場労働者を増やすという目的は十分に達成されることはありませんでした。アレクサンドル2世自身も暗殺され、改革は不徹底に終わります。

クローズアップ ⑦ビスマルクによって挫折させられた再南下

それでもロシアは徴兵制の導入や産業化の推進などを行い、1877年に再びオスマン帝国に戦争をしかけます。この**ロシア＝トルコ戦争**ではロシア軍が大勝し、バルカン半島に大きな勢力圏を獲得したロシアが海に出るルートを確保したように見えましたが、ロシアの勢力拡大にイギリスとオーストリアが反対したため、ドイツのビスマルクが会議を開催して、ロシアの勢力範囲は縮小され、海への進出はまたも挫折することになりました。

19世紀後半のアメリカ

戦争を経て回避された アメリカの分裂

クローズアップ ⑧「アメリカ最大の危機」といわれる南北戦争

独立後、順調に西に国土を拡大させていったアメリカですが、19世紀後半にさしかかると、ある問題に直面するようになりました。それが、アメリカの北部と南部の対立です。**アメリカ北部の中心産業は商工業、南部の中心産業は奴隷を使ったプランテーション農業という性格の違いから、貿易政策や奴隷制の是非をめぐって、激しく対立したのです。**

奴隷制に批判的な北部では、奴隷制の廃止をかかげる**共和党**が発足し、共和党の**リンカン**が大統領に選出されると、奴隷制の存続を望む南部の州は合衆国を離脱し、**アメリカ連合国**をつくりました。リンカンはこの分離を認めず、1861年に**アメリカ南北戦争**が勃発します。

北部は苦戦しましたが、開拓地に定住すると無償で土地がもらえるという**ホームステッド法**を制定することで、西部の開拓民たちの支持をとりつけました。さらに1863年にリンカンは**奴隷解放宣言**を出し、内外にこの戦争の正義が北部にあるとアピールしました。次第に北部は優勢になり、**ゲティスバーグの戦い**で北部が決定的な勝利をおさめることになります。

クローズアップ ⑨多くの移民をひきつけたアメリカの発展

戦争後、アメリカの奴隷が解放されましたが、もとの奴隷に対する差別などは残りました。

南北戦争後は、1869年に**大陸横断鉄道**が完成するなど、交通・通信の一体化が見られ、**南部の原料を北部の工業が製品とし、西部の農民が食料を供給するという好循環により、イギリスを抜いて世界一の工業国となりました。**アメリカの発展は多くの移民をひきつけ、19世紀後半から20世紀前半のアメリカは「移民の世紀」となりました。

> 19世紀後半の西アジア、インド

大国に翻弄される
オスマン帝国・エジプト・インド

クローズアップ ⑩ロシアからの圧迫の中で近代化を模索したオスマン帝国

　イギリスやフランスの支援によって、クリミア戦争をなんとかしのいだオスマン帝国ですが、財政は破綻し、ロシアの圧迫はなおも続いています。この危機を受けてオスマン帝国では近代化が急がれ、1876年にアジア初の憲法であるミドハト憲法が制定され、議会も開設されました。

　しかし、この改革は不十分に終わってしまいます。ロシアが再び南下をはかり、ロシア＝トルコ戦争をしかけてきたのです。戦争を利用してリーダーシップを強めたいスルタンのアブデュルハミト2世は憲法を停止し、議会も廃止してしまいます。

クローズアップ ⑪ヴィクトリア女王が兼任した「インド皇帝」の地位

　インド支配を進めるイギリス東インド会社は鉄道建設を進めたり、近代的な税制を導入したりするなどの改革を行いました。しかし、それは多くのインドの人々にとっては、それまでの伝統を破壊するものと考えられ、インドの人々の反発を招きました。1857年、「シパーヒー」と呼ばれるインド人の傭兵が反乱を起こすと、そうした不満が一気に噴出して、反イギリスを訴える「インド大反乱」に発展しました。反乱軍はムガル帝国の皇帝を旗印にデリーを占拠し、抵抗をしましたが、イギリスはなんとかこれを鎮圧し、ムガル皇帝を廃止してムガル帝国を滅亡させました。

　イギリスはそれまで、インドの統治機関となっていた東インド会社を通して間接的にインドを支配していましたが、インド大反乱に直面したことで、間接的なインド支配に限界を感じ、東インド会社を廃止して1877年に「インド帝国」を成立させました。ヴィクトリア女王がインドの皇帝を兼ね、イギリス政府が直接インドを統治するようにしたのです。

1・2世紀
3・4世紀
5・6世紀
7世紀
8世紀
9世紀
10世紀
11世紀
12世紀
13世紀
14世紀
15世紀
16世紀
17世紀
18世紀
革命
19世紀前半
19世紀後半
帝国
戦間
恐慌
冷戦
グロ

299

19世紀後半の中国

外に戦争、内に内乱と「内憂外患」に悩まされた清王朝

⑫清に再び戦争をしかけたイギリス

アヘン戦争とその後の南京条約によって、上海などの港を開港させたイギリスですが、いまひとつその結果に満足していませんでした。

中国南部の5港を開かせたものの、中国の最大消費地である北京の周辺の港が開港されていなかったことと、イギリスの主力製品である綿織物が期待したほどには売れていなかったからです。

そこで、イギリスは北京に近い港を開港させ、よりよい条件で貿易ができるように圧力をかけるため、さらなる戦争を求めます。1856年、イギリスはフランスとともにアロー戦争を起こします。アロー号という、イギリス船に偽装した中国船を清の役人が取り締まった際、偽装に使っていたイギリス国旗を清の役人が引きずりおろし、海に捨ててしまったことをイギリスが問題視したことから始まった戦争でした。「第二次アヘン戦争」といわれたこの戦争によって、イギリスは再び清を破り、北京条約を結んで北京に近い天津の開港や、外国公使の北京駐留、キリスト教布教の自由などを認めさせました。アヘン貿易も公認されることになりました。

⑬ロシアにも恩恵があったアロー戦争

1853年のクリミア戦争で西方への進出に失敗したロシアは、東方への進出も狙うようになりました。ロシアは1858年に清の北方に圧力をかけてアイグン条約を結び、アムール川（黒竜江）以北をロシア領としました。

また、アロー戦争はロシアにとっても利益のある戦争でした。アロー戦争の講和にあたってイギリス・フランスと清の仲介を行ったロシアは、「口利き料」として、清に沿海州（樺太の対岸にあたる地域）を譲るように要求し、ロシアのものとしたのです。

クローズアップ ⑭ 清を混乱に陥れた大反乱

アロー戦争と並行して、清の内部では1851年から1864年にかけて<u>太平天国の乱</u>と呼ばれる大反乱が起きていました。当時の清は銀で税をとっていたので、**アヘン貿易や開港などによって中国の銀が大量に海外に流出すると、民衆は銀を手にしにくくなり、実質的な増税となって苦しむようになったのです。**

清の民衆が苦境に立たされる中、**洪秀全**という人物が立ち上がります。「拝上帝会」というキリスト教結社の一員だった洪秀全は、貧農や失業者を吸収し、満洲人たちのつくった国である清を倒し、漢民族の国を新たにつくろうと、「太平天国」と名乗る国を立ち上げます。

この太平天国は、不満を抱える民衆を吸収して瞬く間に勢力を広げ、南京を占領して都として「天京」と称しました。太平天国に応じるような反乱も各地で発生し、清は大混乱に陥ってしまいます。

これらの乱に対して、清の正規軍は無力でしたが、曽国藩や李鴻章といった官僚が組織した義勇軍が鎮圧にあたり、イギリス人やアメリカ人が組織した西洋式軍隊の力も借りて、ようやく乱を鎮めることができました。

クローズアップ ⑮ 不十分な改革に終わった「洋務運動」

太平天国を含めた一連の反乱がおさまると、清では太平天国の鎮圧に功績があった**曽国藩**や**李鴻章**を中心に、体制の立て直しがはかられました。アヘン戦争やアロー戦争、太平天国などとの戦いの中で、近代化の必要性を痛感した彼らは、イギリスやフランスなどから技術を導入し、富国強兵を目指しました。これを洋務運動といいます。

この洋務運動によって、軍備は充実しましたが、皇帝を中心とするそれまでの政治のありかたや、経済の構造までは変えることはありませんでした。「身も心も」近代化したとはいえず、この改革はけっして成功したとはいえませんでした。

301

ついに訪れたペリーの来航と江戸幕府の終焉

クローズアップ ⑯日本に大きな衝撃を与えたペリーの来航

1853年、アメリカ東インド艦隊の司令長官である**ペリー**は、4隻の軍艦を率いて浦賀に来航し、江戸幕府に開国を迫りました。19世紀半ば以降、アメリカは太平洋での捕鯨に力を入れるようになり、燃料の補給や、漂流民の保護の観点などから日本との国交を求めたのです。

軍艦による強力な軍事力を見せつけられた幕府は翌年に再訪したペリーと日米和親条約を結び、下田と箱館を開港しました。

ペリーの来航は日本に大きな衝撃を与えました。幕府はその対応について広く意見を求めたため、有力大名やその家臣を中心に政治参加の拡大を求める動きが強まり、**幕府による政権運営の独占に疑問を持つ人々もあらわれました。**

クローズアップ ⑰通商条約の締結と貿易の始まり

1856年に、アメリカの総領事として**ハリス**が下田に着任すると、ハリスは幕府に通商条約の締結を迫りました。

この条約を結ぶかどうかという問題に対して、これまでの幕府の方針を変えるということに反対する勢力と、諸外国と関係を結んでいくべきだという勢力があらわれ、この2つの意見を軸とする対立も見られました。

1858年に日米修好通商条約が結ばれ、5港が開港されました。これは、**外国人に対する裁判権を外国の領事に認め、日本が自由に関税額を決められないなどの不平等な内容を含むものでした。**同様の条約は、オランダ、ロシア、イギリス、フランスとも結ばれ、日本は本格的に国際情勢に参入することになります。

貿易が始まると、生糸や茶などが主要な輸出品となり、輸出が大きく輸

入を上回りました。また、欧米との金銀の相場の違いにより金そのものが大幅に海外に流出しました。こうした状況を受けて幕府は金の含有量を大幅に下げた小型の金貨をつくりましたが、それが大幅な物価の上昇を招き、経済の混乱は幕府に対する批判につながりました。

クローズアップ ⑱大政奉還によって終わった長い江戸時代

欧米との貿易が始まったあとも、日米修好通商条約をはじめとする条約が天皇の意思に反して結ばれた不正な条約だという意見を持つ人々が多くいました。天皇を尊び、外国人を排除するべきだと考える尊王攘夷運動も展開され、幕府に対する批判も強まりました。

幕府はこの状況を政治改革で乗り切ろうとしましたが、薩摩藩や長州藩は外国勢力と交戦した経験から、**幕府を倒して早期の近代化をはかるべきと考えるようになり、連合して幕府の打倒に動くようになりました。**

1867年、15代将軍の**徳川慶喜**は政権を朝廷に返上する大政奉還を実施し、公家の岩倉具視や薩摩藩、長州藩の指導者は幕府を廃止して新政府の樹立を宣言しました（王政復古の大号令）。

クローズアップ ⑲明治新政府が行った様々な改革

幕府滅亡後も旧幕府軍はしばらく抵抗し、戊辰戦争が起きましたが、新政府が旧幕府勢力を屈服させました。

政権を握った新政府は様々な改革を行いました。まず行った重要な改革は、**幕藩体制を解体し、中央政府のもとで国家が一丸となって動けるような中央集権化です。**そのために1871年に藩を廃止し、府と県を設置する廃藩置県が行われました。また、税制や兵制の改革である地租改正や徴兵令も実施されました。教育などの制度も改革され、日本もまた「国民国家」の形成を目指していったのです。

また、西洋の技術や文化も盛んに摂取され、いわゆる「文明開化」の風潮の中で人々の暮らしも大きく様変わりしました。

⑳外交の開始と国境の画定

　日本の開国は、外交の開始も意味していました。1871年、政府は岩倉具視を大使とする使節団を派遣しました。**欧米諸国との不平等条約改正の予備交渉と、欧米諸国の視察が目的でしたが、条約改正については話が進まず、日本の実力不足を実感することになりました。**

　周辺諸国に対しては、1871年に清と<u>日清修好条規</u>を締結し、対等な立場での国交を開きました。朝鮮ははじめ、日本の国交要求を拒否していましたが、1875年に起きた、<u>江華島事件</u>（ソウルに近い江華島周辺で日本の軍艦が測量などの挑発行為を行い、朝鮮側が発砲した事件）を機に<u>日朝修好条規</u>を締結して朝鮮を開国させました。1875年にはロシアとの国境を明確にするため<u>樺太・千島交換条約</u>を結びました。南方では、琉球人が台湾人に殺害された事件を利用して、台湾に出兵するとともに、琉球を日本の領土と主張し、<u>沖縄県</u>が設置されました。

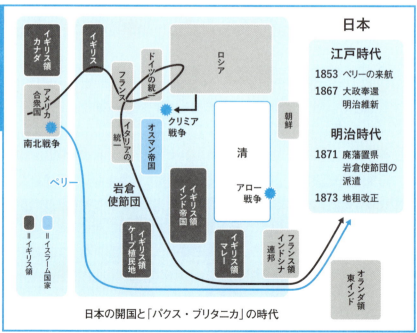

日本の開国と「パクス・ブリタニカ」の時代

帝国主義と
第一次世界大戦

1880~1915

列強による
「世界分割」の時代

～日本の近代化と日清・日露戦争～

帝国主義と第一次世界大戦

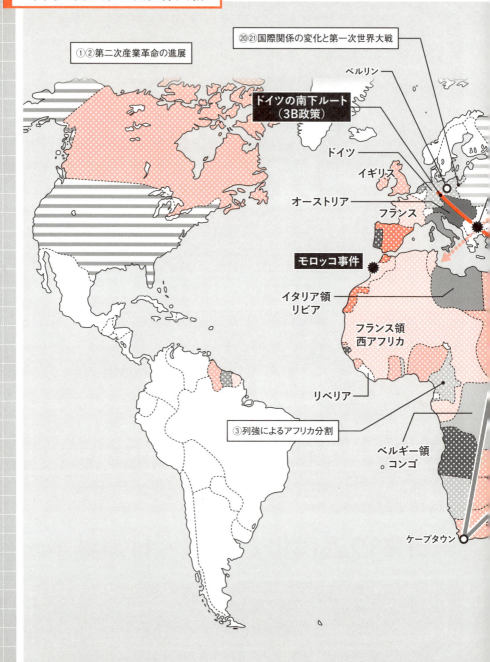

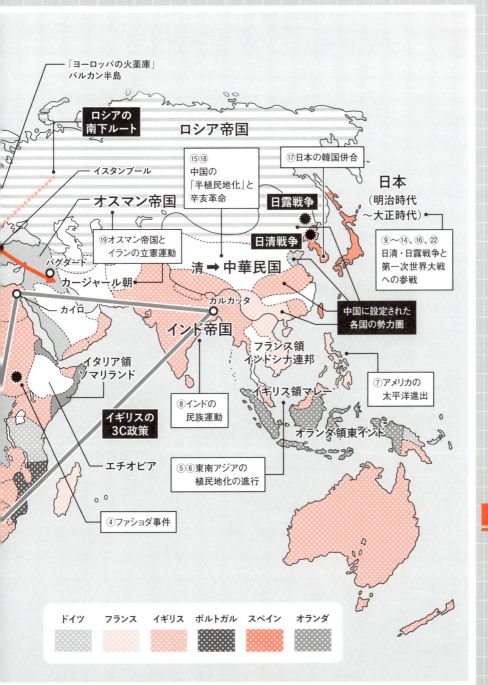

帝国主義の時代を読み解く

夏目漱石が目撃した「幸先の悪い」20世紀の始まり

🔍 明治の日本を生きた文豪

　明治時代を代表する文豪といえば、**夏目漱石**と答える人は多いかもしれません。

　夏目漱石が生まれたのは大政奉還が行われ、明治政府が発足した1867年です（明治元年は、翌年の1868年と定められました）。また、漱石が亡くなったのは大正5年の1916年です。

　こう考えると、夏目漱石は、**明治時代とほぼ同じ時代を生き、第一次世界大戦中に亡くなった人物といえます**。まさに、本章で扱う時代を代表する人物のひとりといえるでしょう。

　その生涯の中で、夏目漱石は1900年から1902年までイギリスに留学しています。留学期間としてはけっして長くなかったものの、漱石にとって留学生活はつらいものとなったようです。その留学期間中の1901年、夏目漱石はロンドンである光景を目にしているのです。

　それが、イギリスの**ヴィクトリア女王**の葬列でした。夏目漱石は日記に、「世紀の始まりなのに、とても幸先が悪いと嘆いた者がいた」と記録しています。

　夏目漱石が書き留めた「予感」のように、20世紀、特にその前半は第一次世界大戦、第二次世界大戦という、人類がそれまで経験したことのない大きな悲劇の時代となってしまったのです。

🔍 第一次世界大戦を繰り広げたヴィクトリアの孫たち

　じつは、**ヴィクトリア女王の死は、ひとりの女王の死という以上の衝撃を世の中にもたらしていたのです**。ヴィクトリア女王は生前、9人の子を残し、41人の孫がいました。それぞれが様々な王家と婚姻関係を結んだた

め、ヨーロッパのほとんどの王家がヴィクトリアとの血縁関係があったともいわれます。

それらの孫の中には、イギリス王の**ジョージ5世**、ドイツ皇帝の**ヴィルヘルム2世**、そしてロシア王妃のアレクサンドラがいました。ロシア王妃ということは、その夫はロシア皇帝の**ニコライ2世**ということです。

つまり、第一次世界大戦の「三国同盟」側のドイツ皇帝ヴィルヘルム2世と、「三国協商」側のイギリス国王ジョージ5世とロシア皇帝ニコライ2世は、孫（と義理の孫）同士の関係であり、**第一次世界大戦は「ヴィクトリアの孫（と義理の孫）同士の戦い」といえるのです。**

もちろん、戦争には多くの理由や背景が存在し、ヴィクトリア女王の死そのものが大きく影響したというわけではないでしょう。**しかし、数多くのヨーロッパの王家をつなぐ「扇の要」のような存在を失ったことが、ヨーロッパに暗い影を落としたことはたしかです。**

小さいころから目をかけてくれていた「おばあちゃん」がいなくなったことで、孫同士が大きな戦争を始めてしまうことになったのです。

夏目漱石の視点から見た第一次世界大戦

夏目漱石は、第一次世界大戦中に亡くなります。その最晩年の随筆には第一次世界大戦のことも書かれています。「あの弾丸とあの硝薬とあの毒瓦斯とそれからあの肉団と鮮血とが、我々人類の運命に、どのくらいの貢献をしているのだろうか」と、戦争を批判的に描き、イギリスのように個人の自由を重んじる国で強制徴兵の法案が通過してしまうという状況を、「ヨーロッパの人々の中で『軍国主義』が勝利しているのだ」と憂いています。

また、夏目漱石は「個人の場合でも唯喧嘩に強いのは自慢にならない。徒に人を傷めるだけである。国と国とも同じことで、みだりに干戈を動かされては近所が迷惑するだけである。文明を破壊する以外になんの効果もない」と皮肉交じりに論じました。しかしこの時代は、夏目漱石の懸念とは裏腹に、日本も「喧嘩に強い国」づくりに向かっていくのです。

帝国主義の成立

生産力の拡大が招いた市場獲得競争

クローズアップ ①生産力が飛躍的に向上した「第二次産業革命」

　この章では、帝国主義と第一次世界大戦を扱います。「帝国主義」の時代とは、ヨーロッパを中心とした国々が世界の覇権を握り、爆発的に植民地を形成した19世紀の後半から20世紀にかけての時代を指します。

　この帝国主義の背景が「**第二次産業革命**」という生産様式の変化です。19世紀後半から20世紀初頭、物を生産するのみならず、「物をつくる機械を機械でつくる」という変化が見られました。たとえるなら、**以前は、「100個の商品を製造する機械」をつくっていたのが、「100個の商品を製造できる機械を100台つくれる機械」**をつくるようになったのです。

クローズアップ ②植民地拡大を進めた「ハイリスク・ハイリターン」の構造

　生産力が増えるのは喜ばしい反面、「在庫を抱えてしまう」可能性が高まることにもつながります。それまで100個売れればよかった商品を、今度は1万個売らなければならなくなったからです。

　全部売り切れれば儲けは100倍ですが、原料や設備投資にすでにお金をかけているので、売れなければ100倍の在庫を抱えて一発で倒産してしまうリスクがあるのです。このように、**第二次産業革命以降（現在もそうです）の産業構造は「ハイリスク・ハイリターン」**にならざるを得ないのです。

　かくして、資本家たちは政府に要請し、軍隊を各地に派遣して植民地を獲得し、商品の売りつけ先（市場）と原料の供給先にしてもらおうとします。植民地が広げられなければ、国内の企業は倒産して、ライバルの国に先を越されてしまいます。このような**資本主義の高度化が、植民地を拡大し、様々な民族を支配する帝国主義の時代を招いた**のです。

帝国主義時代のアフリカ、東南アジア、太平洋、南アジア

アフリカ・アジアに広がった列強の「世界分割」

クローズアップ ③全土が植民地化されたアフリカ

　ヨーロッパ列強による帝国主義支配がもっとも進み、「世界分割」の象徴となった地域がアフリカです。19世紀以降、アフリカについての情報がヨーロッパにもたらされると、各国は鉱山や農園にふさわしい地を求めて、盛んにアフリカに進出しました。

　アフリカの植民地化の第一波は、1880年代にやってきます。1881年にフランスがチュニジアを保護国化、1882年にイギリスがエジプトを占領、同じころにベルギー王がコンゴを私有地とすることを発表しました。

　このベルギー王の動きにイギリス、フランス、ポルトガルが反発すると、ドイツのビスマルクが**ベルリン会議**を開き、調停にあたりました。その結果、ベルギー王のコンゴ領有の承認と、以後のアフリカ分割の原則が示されました。

　その原則とは「**先に占領し、植民地支配の実績がある**」国を優先とする（**先占権と実効支配の原則**）」です（もちろんそこに、アフリカの代表はいません。アフリカの国々や人々は無視されたのです）。

　いわば、アフリカの支配は「早い者勝ち」になったわけなので、各国がさらに植民地拡大に力を入れるようになります。瞬く間にアフリカの植民地化は進み、1910年ごろには**エチオピア**と**リベリア**を除くアフリカ大陸全土が植民地化されてしまいました。

クローズアップ ④ファショダで衝突したイギリスとフランス

　イギリスはエジプトから南アフリカまで、南北方向に進出する、いわゆる「アフリカ縦断政策」を展開しており、フランスはモロッコからジブチまで東西方向に進出する「アフリカ横断政策」を展開していました。1898

年、当然のように、両国の進出線が交わるスーダンのファショダという村の付近で、イギリスとフランスの両軍が衝突をするという**ファショダ事件**が起きました。

この事件は、フランスが一歩引くことで大規模な軍事衝突になることが回避され（ドイツの成長を警戒したフランスが、イギリスと衝突することでドイツと戦う余力がなくなることをおそれ、一歩引いたのです）**かえって両国が接近することになりました**。

また、イギリスは南アフリカから北上し、かつてのオランダ系の入植者の子孫であったブール人の国を攻撃しました。この戦争のことを**南アフリカ戦争**といいます。イギリスは勝利したものの、かなりの国力を使ってしまいました。

クローズアップ ⑤東南アジアでも進んだ植民地化

東南アジアでも列強による植民地化が進みました。すでにスペインはフィリピンを、オランダはインドネシアを、イギリスはインドやシンガポールを植民地としていましたが、1880年代以降も植民地化が進みました。フランスはベトナムやカンボジアを植民地とし、これらの地域を**フランス領インドシナ連邦**とし、総督を置いて統治しました。

列強はプランテーションを経営して商品作物の栽培を進め、本国の工業のための原材料の産出を行わせました。タイは、名君といわれる**ラーマ5世**が近代化改革を推進し、東南アジアの国家で唯一独立を保持しました。

クローズアップ ⑥植民地化に反発した東南アジア諸国

植民地化されたアジア各地では、植民地化に反発し、民族の解放や独立を訴える運動も起こりました。

フィリピンのホセ＝リサールやベトナムのファン＝ボイ＝チャウなど、各地で植民地化に対抗する人物があらわれ、独立や自立を求める民族運動も始まりました。

クローズアップ ⑦南北戦争後に強まったアメリカの太平洋進出

　19世紀半ばに日本を開国させたアメリカですが、南北戦争によってしばらく太平洋方面の進出は下火になります。南北戦争終結後に太平洋への進出を再び強化したアメリカは、1898年に**ハワイ**を併合し、同じ年にスペインから独立しようとしていたキューバに手を貸す形で**アメリカ＝スペイン戦争**を起こして勝利し、スペインの支配下にあったフィリピンとグアム、プエルトリコを獲得しました。キューバはスペインからの独立は達成できましたが、今度はアメリカの事実上の保護領になりました。

クローズアップ ⑧インドの民族運動の始まり

　インド帝国を支配しているイギリスにとって、悩ましいところは圧倒的多数のインド人を、少数のイギリス人官僚が支配しなければならないところです。そこで、イギリスは教育によって地方行政を担当するインド人エリート層を育成しようとしました。しかし、**西洋の知識を学んだエリート層は「国民国家」という考え方や、インドがイギリスに搾取されているという不平等な状況も「知って」しまうことになりました。**

　インドの人々の、イギリス支配に対する不満が高まると、イギリスは対話によって状況を改善するため、**インド国民会議**を創設しました。統治にあたるイギリス人とインド人エリートからなる穏健な組織として始まったこの組織でしたが、次第にイギリスの思惑に反し、インドの独立を訴える反イギリス的な性格を持ちはじめました。

　反イギリスの声が高まるとイギリスは、**ヒンドゥー教徒とイスラーム教徒の対立を利用して反イギリス運動を分裂させようと工作を行いました。**インド国民会議はこれに反発し、イギリス製品の不買運動などが一気に燃え上がりました。しかし、イギリスの分裂工作はそれなりの成功をおさめ、**イスラーム教徒の指導者たちは親イギリス側に転じ、インドの民族運動は分裂しました。**

帝国主義時代の日本

近代国家として国際社会を勝ち抜こうとした日本

クローズアップ ⑨自由民権運動と新憲法の作成

日本では、江戸時代から明治時代へ国家を「一新させる」という段階から、近代国家としてどのように国際社会を勝ち抜いていくか、という段階に入ったのがこのころです。

日本では1870年代半ばから自由や権利の拡大を求める**自由民権運動**が活発になり、各地で政治結社がつくられました。

自由民権運動の進展とともに、政府内でも国会開設の議論が進み、1881年に**国会開設の勅諭**が出され、1890年に国会が開設されることが約束されました。これを受け政府は憲法制定に本格的に動き出し、憲法や法体制を学ぶために**伊藤博文**らをヨーロッパに派遣しました。

伊藤博文たちは**主に君主権の強いドイツの憲法理論を学んで帰国し、**極秘のうちに憲法の作成にとりかかりました。並行して内閣制度などの制度改革や国家のしくみの再編成なども行われました。

クローズアップ ⑩大日本帝国憲法の発布と帝国議会の創設

そして1889年、**大日本帝国憲法**が発布されました。憲法は天皇が定めて国民に授けるという欽定憲法の形をとり、天皇には宣戦や講和をすることや条約締結、陸海軍の統帥など、きわめて強い権限が与えられました。一方で国民は天皇の「臣民」とされ、法律の範囲内での自由や権利が与えられました。議会は貴族院と衆議院の二院制をとり、**国民は納税額による制限選挙ながらも、衆議院議員を選出することができるようになりました。**

国民の権利や自由には制限はあるものの、大日本帝国憲法によって、法によって国家が運営されるようになり、**法案や予算の審議など議会による合意形成を行うしくみがととのえられたことは非常に意義深いことでした。**

⑪次第に妥協するようになった政府と政党

　第1回の帝国議会が開かれたのは1890年のことでした。初の衆議院議員選挙の結果、政府に批判的な政党が多くの議席を獲得しました。

　初期の議会では、軍事費の増大を求める政府に対して、税の軽減や行政費の削減を求める政党勢力の声が強く、政府はその声に耳を貸さないという対応が続きましたが、**日清戦争が起こると政府批判はやみ、予算が全会一致で可決されるようになりました**。政府が議会と妥協しながら政権運営をすることも見られるようになり、政党内閣も出現するようになりました。

⑫イギリスの譲歩により進展した条約改正交渉

　明治時代の日本にとっての大きな課題は、不平等条約の改正でした。予備交渉にあたった岩倉使節団の時代からしばらくは条約改正交渉は不調でした。時には、極端な欧化政策をとって外交官を招いた舞踏会が開かれたり、外国人を被告とする裁判には外国人の裁判官を任用するという譲歩案が浮上したりしましたが、このような外国に対する譲歩案は国内の反発を招いてしまい、なかなか交渉はうまくいきませんでした。

　条約改正交渉に進展が見られるようになったきっかけは、**イギリスの歩み寄りです。ロシアが東アジアに対して圧力を強めたことに対して、その対抗のために日本に好意的な姿勢を見せるようになったのです**。

　イギリスとの交渉が進む中、1891年に来日中のロシア皇太子（のちのニコライ2世）が襲われ、負傷させられるという大津事件によって当時の外務大臣の青木周蔵が辞任するという事態が生じ、交渉が滞ることもありましたが、**陸奥宗光**外務大臣のときにイギリスとの条約改正交渉がまとまり、日清戦争の直前の1894年に領事裁判権の撤廃と関税自主権の一部回復が定められた日英通商航海条約が成立しました。諸外国とも同じような条約が結ばれ、さらに日露戦争に勝利したあとの1911年には**小村寿太郎**外務大臣の交渉により関税自主権の完全な回復が達成されました。

315

帝国主義時代の中国、朝鮮半島

東アジアの勢力図を塗り替えた日清・日露戦争

クローズアップ ⑬ロシアに「先回り」して朝鮮を勢力圏に置こうとした日本

　日朝修好条規によって朝鮮を開国させた日本ですが、清は朝鮮を清に従属している朝貢国とみなしていました。日本はロシアが次第に東アジアに進出しようとしていることに危機感を持ち、日本は南下するロシアに対する安全を確保するためにも、**いわばロシアに「先回り」して朝鮮を勢力下に置こうとしていました。同時にこれは、朝鮮を属国と考える清との対立を意味しています。**

　こうした国際状況の変化に対して、朝鮮の国内では、日本にならって近代化を果たそうとする一派と、従来どおりに清を頼っていこうという一派に分かれ、抗争が激化しました。この抗争に日本と清の両国が介入したことで、情勢はさらに不安定になりました。

クローズアップ ⑭大陸進出の足掛かりとなった日清戦争

　1894年、朝鮮で**甲午農民戦争**と呼ばれる農民反乱が起きると、日本と清の両国は朝鮮に兵を送り込んで介入しました。事態の収束後も日清の両軍は朝鮮内から兵を引かず、以後の朝鮮の内政をめぐって対立が深まりました。そして、日本は清に宣戦布告をして**日清戦争**が勃発しました。日清戦争は日本の有利に展開し、1895年、**下関条約**が結ばれて講和が成立しました。この条約で清は朝鮮の独立を認めることとなり、日本は遼東半島や台湾、多額の賠償金を獲得することが決まりました。

　下関条約の調印により、日本が大陸進出の足掛かりを得たことに対し、東アジアへの進出をはかるロシアは反発し、フランス、ドイツとともに**三国干渉**と呼ばれる交渉を日本にもちかけます。列強3か国による共同介入に日本が折れた形になり、**遼東半島は清に返還されました。**

日清戦争に敗北した清は朝鮮への宗主権を失い、琉球も日本の帰属であることが確定しました。ヨーロッパ列強の東南アジア進出により、清はビルマやベトナムの宗主権も失っており、清を中心とする東アジアの秩序は崩壊しました。清の弱体化が明るみに出たことにより、欧米列強は清への進出を本格的に行い、**それぞれが「勢力圏」を設定して鉄道や鉱山の経営が行われました。この時代、清は「半植民地化」されたといわれます。**

クローズアップ ⑮挫折した「変法運動」と清に迫ったさらなる危機

　欧米列強による「半植民地化」に危機感を持った清の改革派の**康有為**や**梁啓超**といった人物は、**国家を挙げて戦争を遂行できる体制が作れなかったという日清戦争の反省をもとに、明治維新を手本にした改革を目指す「変法運動」**を起こしましたが、西太后ら保守派による反対で失敗しました。

　こうした中、外国勢力の排除を訴えるグループである**義和団**が民衆の不満をもとに勢力を広めました。清王朝はこの「外国勢力の排除」ということに期待して義和団と共同歩調をとり、各国に戦争をしかけます。これを**義和団戦争**といいますが、日本を含む8か国の連合軍に手痛い敗北を喫し、清王朝はますます危機に立たされてしまいます。

クローズアップ ⑯日英同盟の締結と日露戦争

　義和団戦争後、各国の軍は兵を引き上げましたが、ロシア軍は中国の東北部に駐留を続け、朝鮮半島を勢力圏とする日本との対立は深まりました。

　同じころ、南アフリカ戦争に力を注ぐ必要があったイギリスは、ロシアの南下をけん制するため、日本の存在に着目して日本に接近し、1902年、**日英同盟**を結びました。

　日本とロシアによる戦争回避の交渉は決裂し、1904年に**日露戦争**が勃発しました。強大な軍事力を持つロシアに対し、日本は多くの犠牲を払って奉天会戦や日本海海戦など優勢に戦争を進めましたが、弾薬不足や戦費の不足が深刻化し、ロシア国内も革命運動が起きて混乱し、1905年、アメリ

カ大統領の**セオドア＝ローズヴェルト**の調停で講和条約である**ポーツマス条約**が結ばれました。

　ポーツマス条約では日本の韓国に対する保護権が承認され、日本は旅順や大連の租借権、長春から旅順の間の鉄道とそれに付随する利権、北緯50度以南の樺太などを得ますが、賠償金は得られず、日本国内ではこの条約の内容が犠牲に見合わないとして反対運動が起きました。

クローズアップ ⑰日露戦争後進んだ韓国への支配

　日露戦争の結果、日本の韓国支配が進むことになりました。1905年には韓国の外交権を奪って保護国とします。韓国では武力で日本に抵抗する**義兵運動**が広がりましたが、1910年には**韓国併合**を強行しました。

クローズアップ ⑱辛亥革命により成立した中華民国

　義和団戦争後、清はようやく科挙の廃止や憲法の制定に動き出しますが、もはや実力はありませんでした。

　清を倒して漢民族の国家をつくろうという動きも目立つようになり、**孫文**を中心とする組織的な革命運動が展開されました。そして1911年、軍隊の革命派が挙兵し、**辛亥革命**が始まりました。革命勢力は孫文を臨時大総統とする**中華民国**の成立を宣言し、清王朝は倒れました。

クローズアップ ⑲立憲政治を目指したイランとオスマン帝国

　辛亥革命と同じように、**アジア各国でも王や皇帝による専制政治を終わらせ、憲法による立憲政治を目指そうという動きがありました**。

　イランでは1905年に専制的な政治を行っていた王朝に対し、議会の招集を認めさせる**イラン立憲革命**が起こりました。しかしこれは、ロシアやイギリスの介入によって失敗に終わります。オスマン帝国でも、憲法の復活を求める**青年トルコ革命**が起き、1908年にはミドハト憲法が復活し、憲法による政治が行われました。

第一次世界大戦に向かう国際関係の変化

世界を戦争に巻き込んだ
ドイツの「世界政策」

クローズ アップ ⑳3か国を敵に回したドイツの拡張政策

　ここまで見てきた「帝国主義の時代」から、第一次世界大戦に向かう「国際対立の時代」に移行するきっかけとなったのは、ドイツの皇帝に**ヴィルヘルム2世**が即位したことです。

　ヴィルヘルム2世はそれまでビスマルクが調整を重ねてつくってきた、**ヨーロッパの現状を維持するための外交関係を捨て、「世界政策」をスローガンにした植民地拡張政策をとりました**。具体的には、海軍の増強を行うとともに、バルカン半島を通ってアジアへ向かう**バグダード鉄道**をつくろうと計画したのです。また、アフリカ分割に参入するため、フランス領であったモロッコの港に軍艦で乗り付け、フランスによるモロッコの植民地化に抗議を行う**モロッコ事件**を起こしました。

　この政策がドイツと、ロシア・イギリス・フランスの3か国との対立を誘発してしまいます。**ドイツがバルカン半島を通ってアジアに進出しようとすると、同じようにバルカン半島を通って南下しようとしていたロシアと、アジアの市場がドイツに脅かされることを警戒するイギリスを同時に敵に回すことになります。また、モロッコをめぐってフランスとの対立も深まります。イギリス、フランス、ロシアは「三国協商」を形成してドイツと対決姿勢をとります**。一方、ドイツもオーストリアやブルガリア、オスマン帝国と同盟関係をつくって対決姿勢をとりました。

クローズ アップ ㉑対立関係が招いた参戦の連鎖

　1914年、ボスニアのサライェヴォで、ドイツの同盟国であるオーストリアの皇位継承者を、セルビア人の青年が殺害するという**サライェヴォ事件**が起きました。オーストリアはセルビアに宣戦布告し、セルビアと同じス

ラヴ系国家のロシアはセルビアの救援に動きました。

　この情勢を見てドイツがロシアとフランスに宣戦布告し、これにイギリスが参戦し、日本も参戦するというように、それまでの対立関係から連鎖的に参戦が続き、戦争は**第一次世界大戦**に発展したのです。

クローズアップ ㉒日本に空前の好景気をもたらした第一次世界大戦

　日本も第一次世界大戦とは無縁ではありませんでした。**日本は日英同盟を理由にドイツに宣戦布告して、ドイツ領であった南洋諸島と、ドイツ勢力圏にあった中国の山東半島を占領しました。**そして、日本はドイツが中国に持っていた権利や利益を日本に譲ることや、中国政府に日本人顧問を採用させることなどの要求が盛り込まれた「二十一カ条の要求」を中国の袁世凱政権につきつけ、その要求の多くを認めさせました。

　経済面では第一次世界大戦により、欧米の生産力が低下したため、代わりに日本製品が売れるようになり、好景気（**大戦景気**）となりました。

ドイツの「世界政策」と国際情勢の変化

ロシア革命と戦間期の世界

1915~1928

世界が平和に向かう第一次大戦後の世界

～大正デモクラシーと関東大震災～

第一次世界大戦後（戦間期）の世界

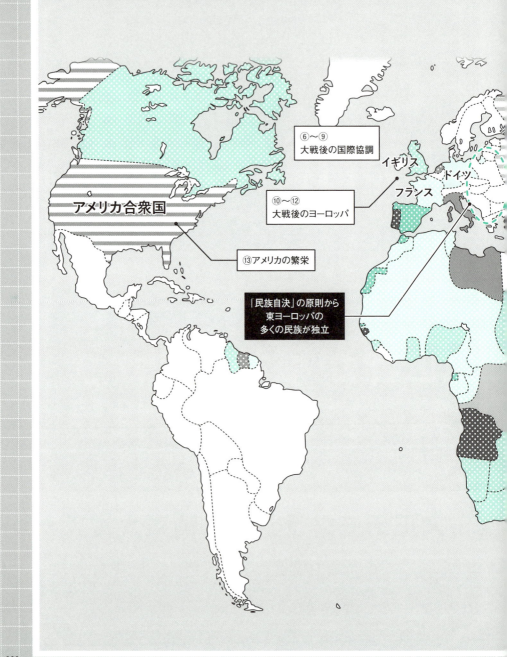

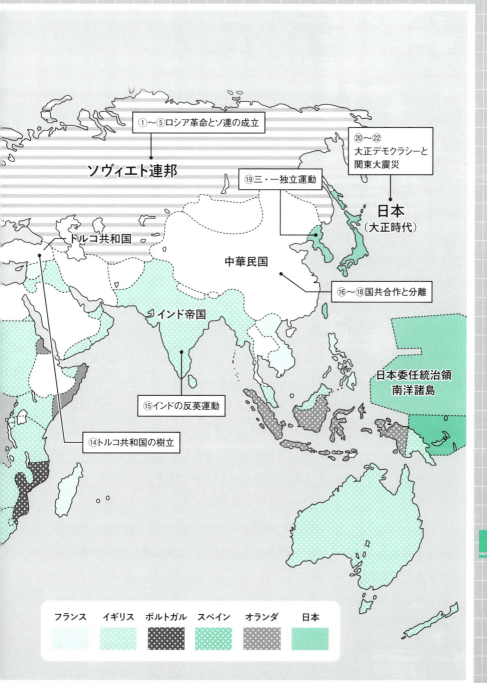

第一次世界大戦後の世界を読み解く

人々の「大衆化」に大きな影響を与えたメディアの登場

🔍 世界の主導権を握り繁栄したアメリカ合衆国

　第一次世界大戦後の、世界の主導権を握ったのはアメリカ合衆国です。第一次世界大戦中のアメリカは国土が戦争の被害を受けることなく、連合国に物資の供給や、資金の貸し付けを行い、のちには軍隊を送り込んで戦勝国の地位を得ることができました。**戦後のアメリカは、空前の経済的繁栄を迎え、T型フォードに代表される自動車、ジャズ、コカ・コーラ、ベーブ・ルースが活躍したプロ野球など、様々な大衆文化が花開きます**。企業の売り上げはあがり、「永遠の繁栄」といわれる時代が訪れました。

🔍 ラジオ放送が発揮した「大衆に訴える力」

　繁栄を迎えた第一次世界大戦後のアメリカで、人々の大衆化に大きな影響を与えたマスメディアが登場します。それが、1920年の**ラジオ放送の開始**です。ラジオ放送以前にも、新聞や雑誌といったマスメディアは存在していましたが、新聞や雑誌を読むのには、「文章が読める」という一定の教養が必要です。ラジオは、**話し言葉が理解できれば、誰でも楽しむことができるため、より大衆に訴える力が強いメディアでした**。

　1922年ごろからは「ラジオCM」が始まりました。ラジオの魅力は声による親しみやすさです。**自動車、家電など、ラジオの向こうからその商品の良さを訴えるCMが人々の購買意欲を喚起し、大量生産、大量消費に拍車がかかりました。**

　第一次世界大戦後の時代では、アメリカのみならず、様々な国でラジオ放送が始まりました。フランスでは1921年、ベルギーやドイツでは1923年にラジオ放送が始まります。イギリスでは1922年にBBCが創設され、1927年に国営放送となります。

関東大震災をきっかけに始まった日本のラジオ放送

　日本のラジオ放送も、この時代に始まりました。日本のラジオ放送のきっかけとなったのは、1923年の関東大震災といわれています。震災によって情報の伝達が滞った際に、東京湾に停泊中の船の無線機が活用されたことから、**災害時のラジオ放送の有用性が注目され、1925年に日本で最初のラジオ放送が始まったのです**（2011年の東日本大震災をきっかけにLINEが誕生したことも、このエピソードとよく似ています。「既読」機能は安否確認に有効として付加された機能です）。

　当時、ラジオの受信機は高価なものではありましたが、放送開始から1年半で聴取者数が30万と、かなりの普及を見せました。放送当初の番組表を見ると、ニュースと天気予報のほか、相場情報が多く、お金持ちが最新の相場情報を知るために購入する、という例が多かったことをうかがわせます。1927年には甲子園から全国中等学校優勝野球大会の中継が行われ、スポーツ中継の歴史が始まります。1928年（昭和3年）11月には昭和天皇の即位の礼が中継され（大正天皇の喪の期間があるので、昭和の始まりと少しずれます）、ラジオの普及が進みました。世界恐慌後の1931年には100万台ほどは普及していたといいますから、満洲事変のニュースは、その日のうちに全国の人々が知ることとなったでしょう。

「独裁の道具」にもなったラジオ放送

　大衆に訴える力が強いラジオはすぐに政治にも利用されるようになりました。恐慌に直面したアメリカのフランクリン＝ローズヴェルト大統領はラジオ演説を用いて事態の収拾をはかり、ヒトラーは「国民ラジオ」という安価なラジオを国内メーカーにつくらせて国民に買わせ、プロパガンダの道具にしました。自分に話しかけてくるような親しみやすさがあるラジオは、それゆえに世論操作に大きな効果を発揮しました。そして時には独裁の道具となったのです。

皇帝の世の中が終わり 史上初の社会主義国が誕生した

 ①２つの革命が連続したロシア革命

　第一次世界大戦中の1917年、世界を揺るがす大きな事件が起きました。それが、**ロシア革命**です。**ロシア革命は、「皇帝の政治を終わらせる」という革命と「社会主義政権を樹立する」という革命の、２つの革命が連続して起きたことを特徴としています。**

 ②ロマノフ朝が倒れた二月革命

　大戦中のロシアでは、長期にわたる苦しい戦争で、食糧や生活物資が極端に不足していました。不満をつのらせる労働者たちが大規模なストライキと暴動を起こすと、これに兵士も加わり、革命に発展します。暴動を鎮圧する側の首都の兵士も革命に加わったため、皇帝のニコライ２世は鎮圧しようにも鎮圧することはできずに退位し、ロマノフ朝がおさめるロシア帝国は滅びます。この革命を**二月革命**といいます。

③初の社会主義国家が成立した十月革命

　二月革命によって成立した政府も、戦争を継続しようとしたために、社会主義国家の早期樹立を訴える政党であった**ボリシェヴィキ**を率いていた**レーニン**は第一次世界大戦の即時停止と、すべての権力を評議会（ソヴィエト）が握ることを訴えて武装蜂起を行い、政権を獲得しました。この**十月革命**によって、**世界初の社会主義政権が樹立されたのです。**

　ソヴィエト政権はすぐに、地主の土地所有を廃止することを宣言して社会主義化を進める方針を示し、ドイツをはじめとする同盟国と講和条約を結び、自ら第一次世界大戦から降ります。ボリシェヴィキは**共産党**と改称され、一党独裁体制をとりました。

④ロシア革命が周辺諸国に与えたインパクトと干渉戦争の勃発

ロシア革命は、多くの国に衝撃を与えました。ドイツと戦っていたイギリスやフランスは、**一緒に戦っていたロシアに新政権が成立し、それが突如、戦争をやめてしまったことに反発します。**

また、世界中に貧しい人々は存在しています。そうした人々は、ロシアでの社会主義革命の成功を見て、「**自分たちも革命を起こして、平等な国づくりをしたい**」と思うようになるはずです。多くの国々の政権担当者が、自分たちの国で似たような革命が起きることをおそれました。

そこで、イギリス、フランス、アメリカ、日本はロシアに出兵し、ロシア革命をつぶそうと試みます（これを対ソ干渉戦争、日本ではシベリア出兵といいます）。ソヴィエト政権はなんとかこの干渉戦争を乗り切り、各国の軍隊をロシアから撤退させることができました。

 ⑤スターリンによって始められた本格的な社会主義化

この干渉戦争は、ソヴィエト政権にとってもダメージが大きいものとなりました。もともと、食糧不足や生活物資の不足から、ロシア革命が始まったわけですから、**干渉戦争によってさらに飢餓が広がり、多数の餓死者が発生していたのです。**

そこで、レーニンは復興を急ぐために、1921年に一部、余った農作物の販売の許可や、中小企業の経済活動の自由化など、資本主義を認める新経済政策を導入します。社会主義を掲げて起こしたロシア革命でしたが、早くも一時的に社会主義の看板を下ろすことになったのです。

1922年にはロシア・ウクライナ・白ロシア（ベラルーシ）・ザカフカースから構成されたソヴィエト社会主義共和国連邦（ソ連）を発足させます。

1924年にレーニンが死去した後は、**スターリン**が独裁体制を打ち立て、計画経済と労働力の国家管理を行う本格的な社会主義国家として舵をきることになります。

第一次世界大戦後の世界

平和に向かって推移した第一次世界大戦後の世界

クローズアップ ⑥「民族自決」が掲げられたパリ講和会議

1919年、第一次世界大戦の戦後処理のため、**パリ講和会議**が開かれました。この会議の基本原則は、アメリカの大統領**ウィルソン**が大戦中にかかげた、秘密外交の廃止や自由貿易、軍備の縮小、植民地問題の公正な解決などからなる「**14カ条の平和原則**」をもとにしたものでした。

この14カ条の平和原則の中で注目したいのは、「植民地問題の公正な解決」です。これは「**民族自決**」ともいわれ、その地域の問題は、当事者である住民の利害を尊重するべき、というものです。これはすなわち、**居住する民族がその独立を求めた場合、独立させるべき、ということを意味します**。この原則により、**ポーランドやハンガリーなど東ヨーロッパの多くの民族が独立を果たしましたが、アジアやアフリカの植民地には適用されず、植民地のままにとどめられました**。

クローズアップ ⑦ドイツに課せられた重い賠償金と国際連盟の成立

パリ講和会議の中では、敗戦国と戦勝国の間で様々な講和条約が結ばれましたが、ドイツと戦勝国の間で結ばれた**ヴェルサイユ条約**では、ドイツと戦ったイギリスとフランスが、ドイツに過酷な要求をつきつけました。**ドイツはすべての植民地を失ったうえに軍備も制限され、「天文学的」といわれるほどの賠償金を課せられたのです**（いろいろな紆余曲折がありましたが、その支払いの終了が、21世紀に入ったあとの2010年であったということを考えても、莫大な額の賠償金であったことがうかがえます）。

その一方で、パリ講和会議では、ウィルソンの提案にもとづき、国際平和機関として**国際連盟**が成立します。国際連盟は多くの国が参加する初の国際平和機関としてとても意義深いものではあったのですが、実際に平和

維持に実効性があるか、という点では課題が残りました。設立を提唱したアメリカ合衆国は国内の合意形成が不十分で参加せず、敗戦国のドイツや社会主義国のソ連の参加はしばらく認められませんでした。また、**規約違反があっても、軍事的な制裁がとれず、経済制裁を加えるにとどまる点も、その実効性は十分とはいえない点**でした。

クローズ アップ ⑧軍縮と平和維持の背後にあった日本へのけん制

1921年から1922年にかけて、第一次世界大戦の反省をもとに、軍縮と東アジアや太平洋の国際秩序をはかるための会議が、ワシントンで開かれました。ワシントン海軍軍縮会議では、イギリス・アメリカ・日本・フランス・イタリアの主力艦の保有は制限され、四か国条約では太平洋の現状維持が、九か国条約では中国の独立や主権尊重などが定められました。これらの条約は、**軍縮や平和維持の形をとりながらも、アジアに勢力圏を拡大する日本へのけん制**という意味もありました。

クローズ アップ ⑨平和に向けて推移した第一次世界大戦後の世界

第一次世界大戦の終結から1929年、すなわち世界が恐慌に陥るまでは、おおむね世界は平和に向かって推移していきました。

ドイツが戦後の急速なインフレーションを克服し、復興に向かうと、ドイツとフランスの外務大臣を中心に平和外交が進められました。1925年にはドイツがフランス国境の非武装化と国境の現状維持を約束するロカルノ条約が結ばれました。翌年ドイツは国際連盟に加盟します。

1928年には不戦条約が結ばれます。アメリカとフランスの外相が中心になって結ばれたこの条約は、国際紛争の解決や国策遂行の手段としての戦争を放棄することが明記されました。違反に対しての罰則がないため、実効性には欠けていましたが、それでも戦争を起こすことが正当な権利だと考えられていた世の中において、**戦争自体が違法なことだという考えの条約が成立したことの意義は大きなものがあります。**

第一次世界大戦後の欧米諸国

様々な変化が起こった「総力戦」後の各国

⑩女性や労働者、植民地の人々が求めた地位の向上

　第一次世界大戦は、国力のすべてを使い切る「総力戦」となりました。特に、死闘を繰り広げたヨーロッパの国々は、女性や労働者、植民地の物資や人員など「使えるものはすべて使って」戦い抜いたことになります。当然のように戦後、これらの人々が「**私たちのおかげで戦えたのだから、相応の権利がほしい**」と考えるわけです。**第一次世界大戦後は、女性の政治運動や労働者による社会主義運動、植民地の民族運動が盛んになった時代となります。**

⑪女性の権利向上とイギリス連邦の成立

　イギリスは、大戦末期に女性に参政権を認め、戦後、戦争に協力したカナダやオーストラリアなどに本国と対等な立場を認め、**イギリス連邦**を発足させます。しかし、**インドなど、非白人系の国々には独立が認められなかったため、それらの国々での民族運動が激しくなりました。**

⑫インフレーションに苦しんだ大戦後のドイツ

　ドイツでは、大戦末期に革命が起こって共和国となり、男女平等の普通選挙などが盛り込まれた、民主的な憲法（**ヴァイマル憲法**）が公布されました。この憲法のもとでのドイツを**ヴァイマル共和国**といいます。

　戦後のドイツを苦しめたのは、莫大な賠償金でした。当然のように、賠償金の支払いは滞ってしまいます。1923年、この賠償金の支払い遅れを理由に、根強い反ドイツ感情を持つフランスが、ベルギーとともにドイツ工業の心臓部ともいえるルール地方を占領するという事件が起きました。

　この**ルール占領**に対して、ルール地方の労働者たちがストライキなどを

して抵抗したため、物の生産がストップしてしまい、物価のバランスが崩れてしまったことから、**戦後から10年間で物価が1.2兆倍になるという急速なインフレーションが発生してしまいました。**このインフレーションは、フランスの撤退や新紙幣の発行により、ようやくおさまりました。

クローズアップ ⑬世界の「主役」に躍り出たアメリカ

　第一次世界大戦はアメリカにとっては、非常に得るものが大きな戦争となりました。自らの国土が荒廃することなく、**戦争の後半に「勝ち馬」に乗ることができ、大戦中にイギリス・フランスに莫大な額の貸し付けを行うことで、莫大な債権を持つことができたのです。**

　第一次大戦以降、アメリカは荒廃したヨーロッパの国々に代わり、世界経済の中心になります。ディズニー、ジャズ、コカ・コーラなどの文化が生み出され、Ｔ型フォードに代表される自動車や、電化製品などが普及し、ラジオ放送も始まり、**大量生産、大量消費の大衆文化が生み出されました。**

　莫大な賠償金に苦しんだドイツと、アメリカに多くの借金を抱えているイギリス・フランスに対して、いわゆる「**ドーズ案**」を提示してその解決をはかったのもアメリカです。アメリカの銀行家のドーズが示した案によれば、まず、アメリカの銀行や企業がドイツ企業に積極的な融資を行います。ドイツ企業はそのお金を元手に生産を行います。ドイツの経済がうまく回れば、税収から賠償金の支払いに回せるようになり、賠償金を受け取ったイギリス、フランスはアメリカに借金の返済を行うことができます。

　「アメリカの資金が一周まわってアメリカに戻る」というこのしくみは、ヨーロッパに和平的なムードをもたらしました。ドイツはもともと、重化学工業生産に強みがある国であり、資金が供給されればそれなりの収益が得られ、お金を生み出すことができたのです。この案によって、ヨーロッパ各国の経済は安定し、平和に向かっていきました。**ドーズ案は、ドイツ、英仏、アメリカのいずれにも利益がある「三方よし」の政策でした。**しかし、それは世界恐慌を迎える前だったからできたしくみだったのです。

第一次世界大戦後の西アジア・インド

大戦後のアジアに登場した「トルコの父」と「偉大なる魂」

 ⑭現在のトルコ共和国の基礎を作った「トルコの父」

　第一次世界大戦で敗戦国になったオスマン帝国は、イラクやシリア、ヨルダン、レバノンなどを失います。

　ごっそり領土を削られてしまったオスマン帝国ですが、ここで、**ムスタファ＝ケマル**という人物が登場します。ケマルは、第一次世界大戦で敗北したトルコにもう一太刀をあびせようと迫ってきたギリシア軍を撃退し、戦勝国の列強にも反転攻勢の構えを見せます。そして、アンカラに新政府をたて、<u>オスマン帝国のスルタン制を廃止してオスマン帝国を滅ぼし</u>、新たに<u>トルコ共和国</u>の樹立を宣言しました。

　列強は、ケマルの反転攻勢に驚き、新たにできたトルコ共和国と条約を結び直すことを承認します。敗戦国側に立った国が、実力で領土の一部を回復した格好になりました。<u>「アタテュルク（トルコの父）」といわれたムスタファ＝ケマルは、初代大統領として近代化改革を推進しました。</u>

 ⑮粘り強い抵抗運動を行った「偉大なる魂」

　イギリスは、インドに戦後の自治を約束して第一次世界大戦への協力を求めました。インドはこの約束を信じて第一次世界大戦に多くの兵士を派遣しましたが、戦後のイギリスはこの約束を守らず、インド統治を継続する法を定めて、独立派の民族運動を抑え込みました。

　これに対して、のちに「偉大なる魂（マハートマー）」と呼ばれる**ガンディー**はイギリスに対する非暴力・不服従の抵抗運動を指導しました。また、国民会議派を主導する**ネルー**は、完全独立（プールナ＝スワラージ）を要求しました。インドネシアやベトナムでも、各地で列強の支配からの独立を求める運動が起きました。

第一次世界大戦後の中国・朝鮮半島

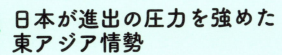
日本が進出の圧力を強めた東アジア情勢

クローズアップ ⑯ ヴェルサイユ条約の調印を拒否した中国

　辛亥革命の直後に始まった第一次世界大戦では、中華民国は連合国に加わって一応の戦勝国となりました。

　しかし、パリ講和会議では中国が求めた、日本から突き付けられていた二十一カ条の要求の取り消しとドイツが持っていた山東半島の権益の返還は認められませんでした。しかも、ヴェルサイユ条約ではドイツが持っていた山東半島の権益が日本に与えられることが追認されたため、1919年5月4日、これを不満に思う北京の学生たちが抗議のデモ行動を起こしました。これがきっかけとなって反日運動が全国に拡大します。これを、**五・四運動**といいます。中華民国の政府もこの声に押されてヴェルサイユ条約の調印を拒否しました。

クローズアップ ⑰ 思想の枠を超えて協力した国民党と共産党

　中国では、第一次世界大戦中に新しい文化運動が起きていました。清王朝が倒れたことにより、自由や民主主義など、西洋の価値観が中国に流れ込み、こうした考え方に触れた人々が、儒教道徳のような伝統的な考え方を排除し、新しい中国を創造しようとしたのです。

　また、中国にはロシア革命の影響から、社会主義の思想も入ってきており、こうした様々な思想が、中国での新しい政治運動を生みました。

　1919年、孫文の主導により**中国国民党**が、1921年にはソ連の支援により**中国共産党**が設立されました。この2つの政党は、方向性は異なっていましたが（中国国民党の支持層には資本家が多く、中国共産党の支持層は資本家を敵視する社会主義者が多いのです）、**第一次国共合作**という協力関係を結びます。

333

辛亥革命後の中国は各地の有力者である「軍閥」が存在して互いに争う状況があり不統一だったことと、列強による「半植民地化」が進行していたことから、国民党と共産党は国内の統一と民族の独立のため、思想の枠を超えて協力することにしたのです。

クローズアップ ⑱すぐに対立を始めた国民党と共産党

しかし、孫文が死去すると、中国の資本主義化を望む国民党と、労働者や農民の支持を背景とする共産党の間に溝が深まります。孫文のあとをついで国民党の指導者となった蔣介石は、全国の統一のために軍閥を倒すための北伐を開始しますが、その途中の上海で、共産党員や労働者たちを弾圧する上海クーデターを起こします。蔣介石を支持する人々には財閥や資本家たちがおり、平等を求める労働者や共産党が力を持つことを避けたかったのです。共産党勢力を排除した蔣介石は南京に新政府をつくり、国民党単独での北伐を行います。国民党と共産党は互いを敵視し、激しい内戦を繰り広げる関係となりました。

蔣介石率いる北伐軍は北京を占領しましたが、この北京を失った軍閥が、満洲を地盤とする張作霖でした。**満洲への進出をはかる日本軍は満洲を「空席状態」にするため、敗走する張作霖を爆殺するという事件を起こしました。**

クローズアップ ⑲独立を求める朝鮮の大規模な運動

1910年の韓国併合後、日本は朝鮮に対して言論や集会の自由を認めず、武力を用いる強圧的な統治を行っていました。

1919年、ソウルで数千人の民衆が独立を宣言し、大規模な運動を開始すると、朝鮮の主要都市でも独立万歳をさけぶデモ行進が行われました。これを三・一独立運動といいます。日本は軍を出して鎮圧を行いましたが、朝鮮では独立を求める運動が続きました。このあと、日本はそれまでの力による統治をゆるめ、民族の「同化」を重視するようになりました。

第一次世界大戦後の日本

民主主義を求めた大正時代の人々

1·2世紀
3·4世紀
5·6世紀
7世紀
8世紀
9世紀
10世紀
11世紀
12世紀
13世紀
14世紀
15世紀
16世紀
17世紀
18世紀
革命
19世紀前半
19世紀後半
帝国
戦間
恐慌
冷戦
グロ

クローズアップ ⑳民衆の行動が時の内閣を打倒した米騒動

　第一次世界大戦中の好景気は、資本主義の成長を促し、「成金」も生みましたが、その反面で日本の物価が総じて上昇し、都市の労働者や農民の生活はむしろ困窮しました。ロシア革命が起きると、1918年に日本は革命の進行を止めるためにシベリア出兵を行いましたが、この出兵の需要により米の値段が上がると考えた商人たちが米を買い占めて売り惜しみしたため、米の値段が急上昇しました。

　これに対し、日本中で米の安売りを要求した、いわゆる米騒動と呼ばれる運動が起こりました。この米騒動は労働運動などにも飛び火して大規模化します。政府は軍隊を出動させ鎮圧しましたが、**時の内閣であった寺内正毅内閣はこの責任をとって総辞職しました。**

クローズアップ ㉑民衆の政治意識が高まった「デモクラシー」の時代

　米騒動は、民衆の運動によって時の内閣が辞職に追い込まれた象徴的な事件になりました。**民衆は自分たちの行動が政治を変えうるとの「手ごたえ」を手にしたことになり、社会運動が活発になりました**。こうした、第一次世界大戦前後の民衆の政治意識の向上や活発な社会運動の風潮を、大正デモクラシーといいます。第一次世界大戦による、ヨーロッパにおける民衆の政治意識の向上や政治参加への要求の高まりと似たような状況が、日本でも訪れたのです。

　1918年9月には本格的な政党内閣である**原敬**内閣が成立します。民衆の選挙によって多数派となった政党が内閣を組織するという政党内閣の成立により、民衆の意見はより政治に反映されることになりました。

　そして、1925年には普通選挙法が成立します。この法により、財産によ

335

る選挙権の制限がなくなり、**満25歳以上の男性は全員選挙権を持つことができるようになりました**。しかし同時に、普通選挙の実施によって社会主義的な考え方を持つ人々や、天皇を中心とした国のありかたを変えようとする人々も政治参加が可能になると考えられたため、政府は治安維持法を定めて取り締まりを強化しました。

クローズアップ ㉒戦後の恐慌に追い打ちをかけた関東大震災

第一次世界大戦中には好景気だった日本も、大戦が終わるとヨーロッパ諸国の生産が回復して日本の輸出は不振になり、戦後恐慌という不況状態に突入しました。

戦後恐慌からの立ち直りができないままに、1923年9月1日、マグニチュード7.9と推定される大地震が関東を襲いました。この関東大震災は**日本の多くの産業にダメージを与え、震災恐慌、金融恐慌と、以後の日本に恐慌が連鎖する原因となりました**。

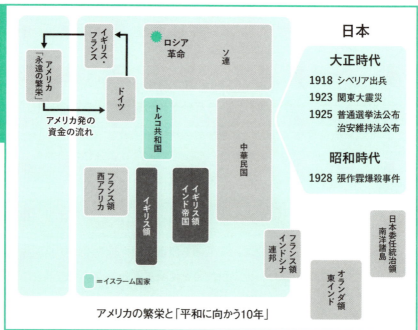

アメリカの繁栄と「平和に向かう10年」

世界恐慌と
第二次世界大戦

1929~1945

経済危機がもたらした
世界の分断

~戦争の道へと歩んだ日本~

世界恐慌と第二次世界大戦

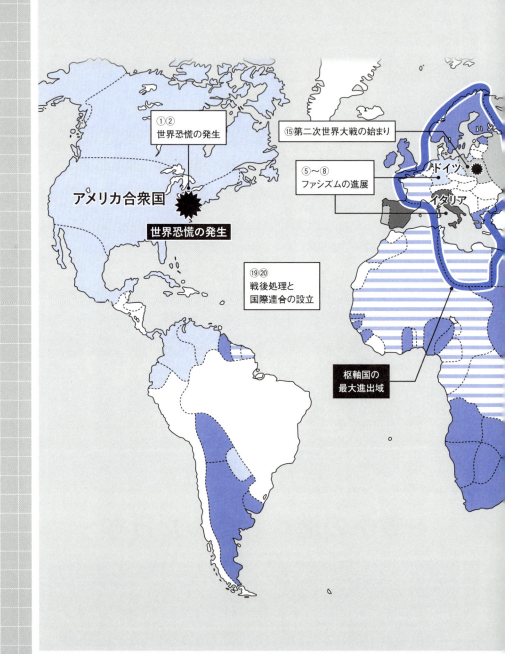

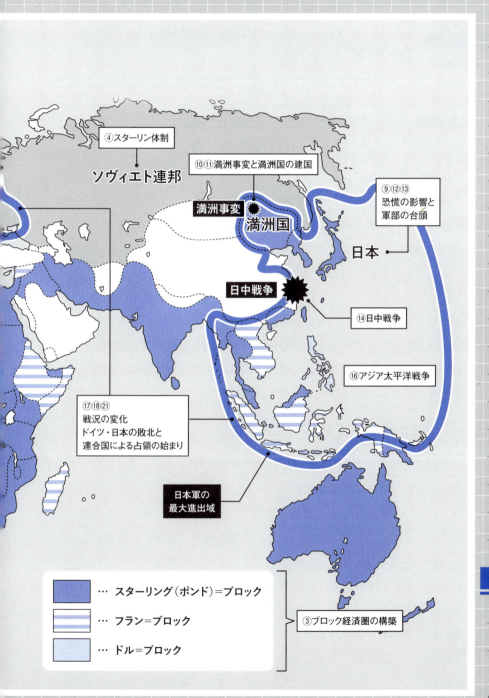

第二次世界大戦前夜の時代を読み解く

オリンピックを「政治利用」した独裁者ヒトラー

🔍 東京で行われた2回のオリンピック

　このページを書いている2024年の7月、ちょうどパリではオリンピックが開催されています。そのひとつ前の夏季オリンピックであった、2020年の東京オリンピックは、まだ記憶に新しいところです。新型コロナウイルスの流行で、実際の開催は2021年となり、ほとんどの種目が無観客になってしまいましたが、東京オリンピックはそうした面でも記憶に残るオリンピックになったのではないでしょうか。

　東京オリンピックといえば、アジア初のオリンピックとなった1964年の東京オリンピックは、日本の歴史にとって重要なオリンピックでした。このオリンピックに合わせて東海道新幹線の開業や首都高速道路の拡張などが行われ、戦後から復興を成し遂げて高度経済成長に向かう、昭和三十年代の集大成となる大イベントとなりました。

🔍「幻」となった1940年の東京オリンピック

　1964年の東京オリンピックは、日本のオリンピック、さらにはアジアでのオリンピックの「初開催」ですが、じつは、この東京オリンピックは、オリンピックの開催地として東京が2回目に選出されたオリンピックだったのです。<u>ということは、開催地として決定されて、実際には行われなかった「幻の東京オリンピック」があったということなのです。</u>

　その「幻」のオリンピックが、1940年の東京オリンピックです。このオリンピックが行われるはずだった1940年とは初代天皇である神武天皇が即位したとされる年を基準として2600年目にあたる「皇紀2600年」とされる年であり、国威発揚の大きな機会となることが期待されました。

　しかし、このオリンピックは開催されることがありませんでした。1937

年に**日中戦争**が始まり、アジアに進出する日本に対する国際的な批判が高まってきたことから、中止を余儀なくされたのです。

時代を通して行われてきた「オリンピックの政治利用」

世界的に注目が集まり、多くの国家が参加するオリンピックは、しばしば国威発揚の場となったり、「政治利用」されたりすることがあります。冷戦中の1980年に行われたモスクワオリンピックでは、ソ連と敵対していたアメリカをはじめ、日本や西ドイツなど多くの国がボイコットをして参加せず、次の1984年のロサンゼルスオリンピックは報復としてソ連を中心とする国々がボイコットして参加しませんでした。

また、記憶に新しいところでは2022年の北京冬季オリンピックの聖火リレーの最終走者として、中国による人権侵害が指摘されているウイグル人が起用され、民族融和をアピールする場面もありました。

こうした、オリンピックを「政治利用」した人物のひとりに**ヒトラー**がいます。1936年のベルリンオリンピックは、まさにナチス＝ドイツの国威発揚とプロパガンダ（政治的意図や思想の宣伝）のために行われたようなオリンピックです。このオリンピックでは初めて聖火リレーが行われましたが、そのコースはギリシアからバルカン半島を通り、ハンガリー、オーストリア、チェコスロバキアなど、各国の首都を回るコースでした。これはまさに、**ヒトラーがこれから侵攻しようとするルートであり、聖火リレーを使った「威力偵察」ともいえるものでした**。また、オリンピック期間中はユダヤ人の迫害を意図的に止め、人権侵害の事実を隠したといいます。そして、ヒトラーは壮大な競技場や華やかな開会式、そしてそれを美化する記録映画をつくり、内外に国威を宣伝したのです。

じつはこのオリンピック、ヒトラーが「手を挙げて」行われたオリンピックではありません。オリンピック会場としてベルリンが選ばれたのはヒトラーが政権を獲る前の1931年のことです。**ヒトラーは前の政権が開催に手を挙げたオリンピックを最大限「政治利用」したということなのです。**

1・2世紀
3・4世紀
5・6世紀
7世紀
8世紀
9世紀
10世紀
11世紀
12世紀
13世紀
14世紀
15世紀
16世紀
17世紀
18世紀
革命
19世紀前半
19世紀後半
帝国
戦間
恐慌
冷戦
グロ

世界恐慌期のアメリカ

世界に衝撃を与えた ウォール街の株式大暴落

　①「見せかけの好景気」だったアメリカ経済

　1929年10月、アメリカのウォール街で突如株価が急落し、**世界恐慌**が始まります。「永遠の繁栄」とまでいわれた第一次世界大戦後のアメリカ経済ですが、じつは見えないところではすでに崩壊の予兆がありました。

　農業輸出の不振から農作物のつくりすぎが起きて、農業不況がすでに始まっており、**空前の好景気も、「銀行から資金の融資を受けて企業がつくった商品を、消費者は銀行からローンを借りて買う」という、社会全体が借金漬けになっている、見せかけの好景気であり、恐慌の発生は「時間の問題」だったのです**。企業は生産するときにすでに銀行から借金をしていますので、売れ残りが発生すると、返済ができなくなり、すぐに倒産の危機に陥ります。企業からの返済がなくなれば、銀行も資金が底をつき、連鎖倒産してしまうのです。

②世界に波及したアメリカの恐慌

　さらに、この恐慌は世界中に広がっていきます。アメリカの銀行や投資家たちは、「俺たちも苦しいんだから金は貸せない」と、**それまで融資をしていたドイツ企業に手のひらを返したように貸し渋ります。ドイツ企業の資金繰りはたちまち悪化し、ドイツ経済は壊滅しました。**

　恐慌に直面した共和党の**フーヴァー**大統領は、経済への放任主義を変えることができず、アメリカの失業者は1200万人に達したといいます。

　1932年の大統領選挙では「**ニューディール政策**（新規まき直し政策）」をかかげた民主党の**フランクリン＝ローズヴェルト**が勝利しました。ローズヴェルト大統領は企業のつくりすぎを防ぐ生産調整を行い、公共事業を行った失業者を雇用するなどの施策で危機をしのいでいきました。

世界恐慌期のヨーロッパ①

世界の分断を招いた「ブロック化」

クローズアップ ③それぞれがとった「自国本位」の経済政策

　アメリカを発端とした恐慌は世界中に波及し、深刻な影響を与えました。恐慌に直面した世界の各国は、国際協力を行う方向には向かわず、**自分の国本位の解決策をとろうとし、それが世界の分断を招いていきます。**

　その解決策のひとつが、**ブロック経済**といわれる経済体制です。恐慌状態では国内企業が「売れ残り」を抱えて売れない状況ができるため、値下げしてよその国に売っていきたいと考えるわけです。また、安価だからといってよその国の製品を輸入すると、今度は国内の製造業がつくった製品が売れなくなり、自国の恐慌が進んでしまいます。

　そこで、豊富な植民地を持つ国では、**植民地を自国の製品の市場と考え、自国と植民地の間の貿易を優遇して「ブロック」を形成し、それ以外の外国との貿易には高関税をかけて海外製品の流入を阻止しようと考えたのです。** イギリスはイギリスの通貨である「スターリング・ポンド」の名をとって「**スターリング・ブロック**」を、フランスは「フラン・ブロック」を、アメリカは「ドル・ブロック」を構築しました。

　日本も、ブロックを形成することを目指して植民地の拡大をはかり、満洲事変ののち、「円ブロック」の構築を目指しました。

クローズアップ ④恐慌の影響を受けにくかった社会主義体制のソ連

　世界恐慌が発生したとき、ソ連は**スターリン**が主導していた計画経済の最中でした。**計画経済は恐慌の影響を受けにくく、この時代のソ連の経済は発展していきました。** ソ連は社会主義が資本主義よりも優れていることを盛んに宣伝しました。しかし、その裏には無理な計画に動員される民衆や反対派の粛清、処刑などの多くの犠牲もありました。

1・2世紀
3・4世紀
5・6世紀
7世紀
8世紀
9世紀
10世紀
11世紀
12世紀
13世紀
14世紀
15世紀
16世紀
17世紀
18世紀
革命
19世紀前半
19世紀後半
帝国
戦間
恐慌
冷戦
グロ

343

世界恐慌期のヨーロッパ②

ファシズムへ向かったイタリアとドイツ

⑤国家が行った強力な社会統制

恐慌に直面した国の中には、強力な指導者に独裁的な権力を持たせて国家の危機を乗り切ろうとする、**ファシズム**に向かう国がありました。ファシズムとは、**「危機を乗り切るために国民は国家に従え」という、国家による強力な社会統制を行う体制**です。

強力な社会統制を行うためには、ナショナリズムをあおったり、盛んなプロパガンダが行われたり、暴力が用いられたりすることが多く、革命を目指す社会主義や、様々な意見を戦わせるべきだという議会主義は国内の分断をもたらす思想として否定されました。

⑥世界恐慌前からファシズムに向かっていたイタリア

イタリアは世界恐慌の前からすでにファシズムが始まっていました。イタリアは第一次世界大戦ではそれまでの同盟関係から抜けて協商国側に立って参戦し、一応の戦勝国になったのですが、期待した領土の獲得はわずかで、国民の不満は高まりました。その機運をうまくとらえて権力を握ったのが、**ファシスト党**の**ムッソリーニ**です。

ムッソリーニはファシスト党の独裁体制を築くと、アドリア海の港湾都市フィウメを占領し、アルバニアの保護国化を果たします。世界恐慌で打撃を受けた後も、エチオピアを併合して国民の不満をそらし、国内での支持を固めていきました。

⑦たくみな演説と宣伝によって支持を集めたヒトラー

世界恐慌の影響はドイツで最も深刻でした。アメリカの資本が引き上げられたことでドイツ経済が壊滅し、数百万人の失業者が発生してしまった

のです。社会不安が高まる中で、ドイツの苦しみは第一次世界大戦の戦勝国によって押し付けられたヴェルサイユ条約にあるのだ、という意見が強くなりました。

こうした中で、勢力を伸ばしたのが**ヒトラー**率いる**ナチ党**（国民社会主義ドイツ労働者党）です。ヒトラーとナチ党はヴェルサイユ条約の破棄と再軍備を訴え、たくみな宣伝によって支持を拡大し、1932年の選挙でナチ党は第一党になり、ヒトラーは翌年首相になります。

首相就任後のヒトラーは共産党を弾圧し、政府に立法権を与える**全権委任法**を成立させ、ナチ党の一党独裁を確立しました。ヒトラーは1934年に大統領と首相を兼ねる「総統」の地位にのぼりつめます。ナチ党は言論や出版などに強い統制を行い、反対派を弾圧するとともに、ユダヤ人の迫害を行いました。

クローズアップ ⑧ヒトラーに妥協したイギリスとフランス

ナチ党はヴェルサイユ体制の打破を訴え、1935年に再軍備を宣言し、1936年、フランスとの国境であるラインラントに兵を進めました。同じ年にドイツとイタリアは、ともにスペインの内戦に軍事介入したことで接近し、共同歩調をとるようになります。

1938年にオーストリアを併合したドイツは、さらにチェコスロバキアにドイツ系住民の多いズデーテン地方の割譲を要求しました。チェコスロバキアは当然断りますが、この問題に対してヒトラーとムッソリーニに加え、イギリスと、フランスの代表を加えた**ミュンヘン会談**が開かれました。

イギリスとフランスはここまで、ドイツに譲歩を重ねて戦争を避ける「**宥和政策**」をとっていました。このミュンヘン会談でもイギリスとフランスは宥和政策を継続し、ヒトラーの要求を承認してしまいます。チェコスロバキアは泣く泣くズデーテン地方を手放しました。**この宥和政策は、ヒトラーを思い上がらせ、第二次世界大戦の原因をつくったという後世の批判を受けることになります。**

1・2世紀
3・4世紀
5・6世紀
7世紀
8世紀
9世紀
10世紀
11世紀
12世紀
13世紀
14世紀
15世紀
16世紀
17世紀
18世紀
革命
19世紀前半
19世紀後半
帝国
戦間
恐慌
冷戦
グロ

世界恐慌期の日本

軍部が力を伸ばし
大陸へ進出した日本

クローズアップ ⑨経済政策と世界恐慌が招いた深刻な不況

　日本国内では、1923年に起きた関東大震災のダメージから立ち直れないままに、経済危機が相次ぎ、慢性的な不況が連続していました。不安定な為替相場が続いたため、1930年に当時の「国際標準」であった、お金の額面と金の価値を結び付け、金貨も発行し、金で海外製品を取引する（金の輸出入を認める）という金本位制への転換をはかりました。

　しかし、**この政策が、世界恐慌の影響が直撃するようなタイミングで行われたことで裏目に出てしまったのです**。世界恐慌の中で大幅な円高になったために日本製品は世界の中でまったく売れず輸出不振になり、代わりに金が流出して深刻なデフレが進行したのです。株価の暴落や、賃金の引き下げ、農村の窮乏など、ほとんどすべての産業にその影響が波及し、失業者が増加して社会不安が広がりました。この恐慌を**昭和恐慌**といいます。

クローズアップ ⑩「生命線」の満洲に進出した関東軍

　中国では軍閥たちの抗争が一区切りつき、1931年までには国民党による支配がおおむね固まりました。ここから中国は産業の振興や鉄道網の整備に向かうのですが、ここで注目したいのが、中国東北部の満洲です。

　満洲では、日露戦争で日本が獲得した南満洲鉄道や、それに付随した炭坑の経営権をはじめとする多くの利権を日本が保有していました。**しかし、中国が統一され、その周辺地域の産業が開発されると、日本が満洲に持っていた利権が脅かされる可能性が出てきました**。たとえば、南満洲鉄道に並行する線路が引かれ、南満洲鉄道の儲けが減少してしまうことなどが懸念されたのです。

　これらの利権は、日本が日露戦争で死力を尽くして獲得したものです。そ

の利権が脅かされてしまったら、日露戦争の努力が無駄になってしまうため、武力をもってこれを守るべきであるという論調が強まりました。政党や財閥、新聞も「満蒙は日本の生命線（「蒙」は内モンゴル地域のこと）」と盛んに論じ、世論もそれを支持しました。

　1931年、関東軍（満洲の日本軍）は南満洲鉄道の線路を爆破して、これを中国軍のしわざであるとして軍事行動を開始して、満洲の主要部を占領しました。これを満洲事変といいます。

クローズアップ ⑪満洲国の成立と日本の孤立

　関東軍は中国東北部を中国から切り離して独立させるという工作を行い、1932年、清王朝の最後の皇帝である溥儀を執政（のちに皇帝）とする「満洲国」の建国が宣言されました。日本はこの満洲国を承認しますが、中国はこの日本の行動を侵略だと訴え、国際連盟は中国の訴えに応じてリットン調査団を派遣します。

　このリットン調査団の報告に基づき、1933年に開かれた国際連盟の総会では中国の東北地域における中国の主権を認めて、日本の撤退を求めるという勧告案が可決されました。この結果に反発した日本はこの勧告案を拒否して国際連盟を脱退し、国際的な孤立の道を歩きます。

クローズアップ ⑫恐慌からの脱出と大陸進出に期待した新興財閥

　満洲事変の一方で、深刻な不況であった日本は、犬養毅内閣のもとで金輸出が再禁止されました。これにより大幅な円安になり、輸出が急増し、日本は一気に恐慌から脱出することができました。

　しかし、諸外国はこの円安への誘導は日本による不当な「安売り（ソーシャル・ダンピング）」だと批判し、国際的な摩擦が高まりました。恐慌から脱出した日本は重化学工業を中心に新興の財閥が出現し、新興の財閥は原材料の確保や市場の拡大を求めて満洲、そして資源が豊富な華北地方へのさらなる進出を求めました。

1・2世紀
3・4世紀
5・6世紀
7世紀
8世紀
9世紀
10世紀
11世紀
12世紀
13世紀
14世紀
15世紀
16世紀
17世紀
18世紀
革命
19世紀前半
19世紀後半
帝国
戦間
恐慌
冷戦
グロ

347

⑬軍の発言力を増大させた２つの事件

　満洲や華北への進出を世論が求める中、軍人や右翼の中では政党政治に対する不満が高まりました。その背景には、財閥や地主と結びつき、汚職や利権にまみれた従来の政党政治に対する人々の疑問があったのです。また、政党政治は選挙の結果によって与党が交代するたびに政府の方針が変わり、安定しないというデメリットがあり（それがメリットでもあるのですが）、その点にも国民の不満が集まっていました。

　そのため、陸海軍の青年将校や右翼たちは「無能で腐敗した政党内閣を打倒して、軍中心の内閣をつくることが正義なのだ」という「国家改造運動」を起こすようになりました。1932年の五・一五事件では海軍の青年将校が犬養毅首相を暗殺して政党内閣の時代が終わり、1936年の二・二六事件では陸軍の一派がクーデターを起こし東京の一部を占拠して国家改造を訴えましたが、同じ陸軍によって反乱軍として鎮圧されました。こうした事件を通して、軍の発言力は次第に高まっていったのです。

⑭長期化・泥沼化した日中戦争

　満洲事変ののちも、日本は華北支配を進めていきました。華北地方には、石炭をはじめとする豊富な資源が存在し、産業界からの進出の期待も高いものがあったのです。この日本の華北地方の進出強化に対して、中国の内部で激しい内戦を展開していた国民党と共産党は再び手を組み（第二次国共合作）、一致して日本に対抗する姿勢がとられました。

　そして1937年７月、北京郊外の盧溝橋で日中両軍が衝突し、日中戦争が始まりました。中国の国民党と共産党は、抗日民族統一戦線を結成して日本に抵抗しました。日本軍は次第に南下し、中華民国の首都であった南京を占領しました。このとき、民間人を含む多くの中国人が殺害されたといいます。中国はアメリカやイギリスなどの支援を受けて内陸に拠点を移して戦いを続け、その戦況は長期化・泥沼化していきました。

第二次世界大戦期の世界

人類史上最大の悲劇となった第二次世界大戦

クローズアップ ⑮侵略の手を東西に広げたナチス＝ドイツ

　1939年8月、ドイツとソ連の間で**独ソ不可侵条約**が結ばれました。この条約にはお互いの勢力範囲をとりきめた秘密条項もあり、1939年9月、ドイツがポーランドに侵攻すると、ソ連もポーランドに侵攻しました。

　ドイツのポーランド侵攻に対してイギリスとフランスはそれまでの宥和政策を転換してドイツに宣戦し、第二次世界大戦が始まります。1940年6月にはフランスが降伏し、パリを含む全土の3分の2がドイツの占領下に置かれました。同じころ、イタリアも参戦し、日本もこれと接近し、**日独伊三国同盟**が締結されました。この陣営は「枢軸国」と呼ばれます。

　さらにドイツはイギリスへの攻撃を展開しましたが、イギリスはこの攻撃に耐え、次第に戦争は長期化します。ドイツは戦況の打開のため、ソ連に侵攻し、**独ソ戦**が始まります。

クローズアップ ⑯真珠湾攻撃とマレー半島侵攻で始まった太平洋での戦争

　日中戦争が長期化している状況の中、ヨーロッパでの戦争の開始と戦争当初のドイツの優勢な状況を見て、日本では陸軍を中心に、ドイツとの連携を深めて東南アジアに進出し、資源を確保するとともにアメリカやイギリスが中国を支援するための物資を送るルートを遮断しようという意見が強まりました。1940年9月に日本軍が**フランス領インドシナ北部に進駐**すると日米関係は急速に悪化し、日本は関係打開のための日米交渉を始めるとともに、北方の安全を確保するために**日ソ中立条約**を結びました。

　1941年7月、日米交渉がまとまらない中で日本軍は**フランス領インドシナ南部にも進駐**しました。これに対し、アメリカは石油の輸出禁止に踏み切ったため、日米関係はさらに悪化しました。

1941年11月、対米交渉でアメリカが提示した最終案も妥協を許さないものであったため交渉は破局を迎え、対米交渉を断念した日本は1941年12月にハワイの**真珠湾**を攻撃するとともに、イギリス領の**マレー半島**に上陸し、**アジア太平洋戦争**が始まりました。**ドイツとイタリアもアメリカに宣戦布告したため、ヨーロッパとアジアの戦争がつながり、その戦線は世界中に拡大しました。**

クローズアップ ⑰多くの爪痕を残した世界大戦の悲劇

第二次世界大戦は多くの民衆が犠牲になりました。ドイツやポーランドなどではナチス＝ドイツの迫害によって多くのユダヤ人が犠牲になったほか、支配下にあったポーランド人やロシア人なども強制労働に駆り出されました。日本の支配下にあった東南アジアでは過酷な支配が行われ、多くのアジアの民衆が戦争への協力を強いられました。また、連合国側、枢軸国側ともに多くの都市で空襲が行われ、多くの市民が犠牲になりました。

クローズアップ ⑱戦局の転換と独・伊・日の敗戦

第二次世界大戦の当初はドイツ・日本の優勢に展開しましたが、**1942年から戦争は連合国の優勢に傾きます**。1942年の**ミッドウェー海戦**ではアメリカ海軍が日本海軍に大打撃を与え、1943年の**スターリングラードの戦い**ではソ連軍がドイツ軍に大打撃を与えました。1943年にはイタリアが降伏しています。1944年には連合軍が**ノルマンディー上陸作戦**に成功してパリを解放し、ソ連とドイツを東西両面から挟み撃ちにする体制をとりました。ドイツは1945年5月に無条件降伏しました。

日本は1944年にサイパンを失ったことから本土空襲が始まり、1945年3月末には**沖縄戦**が始まり、住民を巻き込んだ激しい地上戦が行われました。1945年8月には広島と長崎に**原子爆弾**が投下され、その間にソ連も中立条約を破棄して日本に軍を差し向けました。こうした状況を受け、日本は**ポツダム宣言**を受諾して無条件降伏しました。

国際連合の設立

アメリカを中心に構築された戦後の世界秩序

クローズアップ ⑲ 戦争中にも話し合いが行われた戦後世界の構想

　第二次世界大戦中にも連合国の首脳により、戦後の国際社会のありかたについての話し合いが行われていました。1941年にはアメリカのフランクリン＝ローズヴェルトとイギリスのチャーチルが大西洋上で戦後の世界の構想について話し合いを行い、平和機構の再建などを示した**大西洋憲章**が発表されました。

　1945年2月の**ヤルタ会談**ではアメリカ・イギリス・ソ連の首脳によって戦後の国際連合の設立などについて話し合いが行われました。

クローズアップ ⑳ 国際連合の設立とドルを中心とした金融体制の成立

　第二次世界大戦がまだ終結を迎える前の1945年4月から6月にかけて、サンフランシスコで会議が行われました。この会議では連合国の50か国が**国際連合憲章**を採択し、1945年10月24日に新たな国際平和維持機関である**国際連合**が発足しました。

　世界平和に対して有効な組織であるために、**国際連合ではすべての国に平等な権利が与えられながらも、世界の平和と安全については大国に重い責任を持たせるようなしくみが考えられました**。主要な組織として**総会**と**安全保障理事会**が置かれ、総会は国の規模にかかわらずにすべての国が一票の権利を持ち、世界の平和と安全については、拒否権を持つアメリカ・ソ連・中国・イギリス・フランスの五か国の**常任理事国**をはじめとする安全保障理事会の理事国に大きな権限が与えられるようになりました。

　また、第二次世界大戦の勃発の理由のひとつが、世界恐慌による経済面での世界の分断だと考えられたため、経済の安定策がとられました。**アメリカのドルを基準として金との交換比率を設定し、他の国の通貨とドルの**

相場を固定することで、**通貨の安定をはかる**とともに、大きな経済危機を回避するための**国際通貨基金**と**国際復興開発銀行**が設立され、自由貿易を推進する**GATT**（関税と貿易に関する一般協定）も成立しました。このようなドルを中心とした通貨・金融体制を**ブレトン・ウッズ体制**といいます。

クローズアップ ㉑ ドイツと日本で始まった連合国による占領

戦争の終結は、ドイツと日本にとっては連合国による占領の始まりでした。**ドイツはアメリカ、イギリス、フランス、ソ連に分割されて占領を受け**、ドイツの指導者たちはニュルンベルクで開かれた国際軍事裁判で裁かれました。日本は分断されることなく、連合国軍の占領下に置かれました。「連合国軍」とはいえ、実際はアメリカの単独占領といえる状態でした。東京に置かれた**連合国軍最高司令官総司令部（GHQ）**がアメリカ政府の指令を受け、日本政府に勧告を行う形で統治が行われました。日本の戦争指導者は1946年から始まった**極東国際軍事裁判**によって裁かれました。

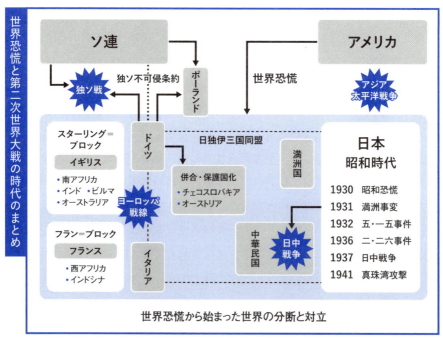

世界恐慌から始まった世界の分断と対立

冷戦の時代

1945~1980

核兵器を持ってにらみ合った米ソ

~敗戦国から経済大国への道を歩んだ日本~

冷戦の時代

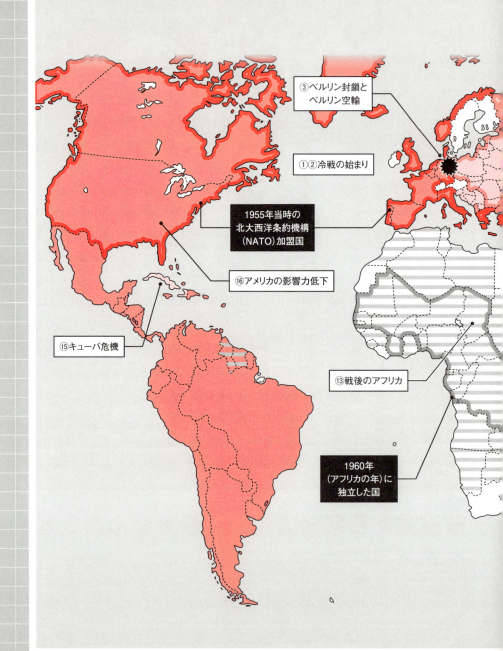

冷戦の時代を読み解く

日本の復興と高度経済成長を支えた為替相場

🔍 今から考えると「円安」だった戦後の時代

ニュースを見ていると、日本円とドル、そしてユーロの相場の話題がよく登場します。円相場、特にドルと円の相場は世界の経済の動向を知るのに必要な情報ですから、注目度の高いニュースとしてよく取り上げられます。このページを書いている、2024年の8月2日の時点で、相場を見ると1ドル＝149円とあります。ちょうどひと月前は1ドル＝161円だったので、だいぶ円高が進んでいる、というようなニュースの取り上げられかたです。

しかし、**それなりの年齢の人と話すと、「昔は、1ドルといえば360円と決まっていた」というような話を聞きます**。今から考えると、ずいぶん「円安」のように思えます。1ドル＝360円時代の日本を見ていきましょう。

🔍 戦後4年間で進行した急速なインフレーション

戦後すぐ、GHQは、日本の非武装化と民主化を推し進めます。経済的にも民主化を進め、財閥の解体や農地の改革が行われました。アメリカからは復興のための資金の貸し付けが行われ、日本も、復興を急ぐために石炭、鉄鋼などの重要産業に重点的な融資が行われ、資金が供給されました。**しかし、戦後すぐの食料や物資が極端に少ない中で、資金の供給が行われたために**、社会では「モノが少ないのにお金の流通量が極端に増える」という現象が起きてしまい、戦後4年間で物価が70倍になるという急速なインフレーションが進行してしまいました。

🔍 占領政策の転換とともに導入された「1ドル＝360円」

次第に冷戦が本格化すると、アメリカの日本に対する占領政策は変化していきます。「占領地」であった日本を自立させて同盟国に組み込み、ソ連

や中華人民共和国、北朝鮮からの脅威に対する「アジアの防壁」にしようと考えたのです。**GHQも日本の復興を悠長に待たず、復興を急がせようとしたのです**。

1949年、GHQは日本に「経済安定九原則」を示し、赤字を認めない財政の引き締めと、徴税の強化を指令します。翌年、銀行家のドッジという人物がアメリカ大統領の特使として派遣され、ドッジ＝ラインという大幅な財政の引き締め策が行われました。財政が引き締められると、公共事業が減り、銀行からの融資も抑えられ、市場に出回るお金の流れが滞るため、深刻な不況が訪れます。ドッジ＝ラインはインフレを終息させ、日本の経済復興を急がせる「劇薬」ともいわれました。

その一方で、このドッジ＝ラインには**1ドル＝360円**の単一為替レートという円安の為替レートの設定もあったのです。それまで輸出入の品目ごとに設定されていた為替レートを、すべての物品や取引において単一のレートとし、それに加えて**1ドル＝330円程度の「実力」であった日本円をさらに安い設定としたのです。これが「1ドル＝360円」時代の始まりです**。円安になると、当然安い日本製品は海外で売れやすくなるのです。アメリカは日本に、**無駄を見直して合理化しろ、円安にしてやったんだから、売れるものをつくってきちんと儲けろ**、というメッセージを送ったのです。

朝鮮戦争の「特需」によって始まった日本の経済成長

この「1ドル＝360円」のレートが日本を救うことになったのが、1950年から始まった朝鮮戦争です。日本はこの戦争に必要な軍需物資を生産し、輸出することで一気に経済が上向いたのです。これを「特需景気」といいます。**円安に設定された為替相場により、日本製品が国際的に割安になっていることがその好景気を後押ししたのです**。

この好景気を「ジャンプ台」にして始まったのが日本の「高度経済成長」です。1ドル＝360円の固定相場という「有利な設定」のもと、日本は日米安全保障条約により防衛力をアメリカにある程度頼りつつ、経済発展に

集中できたのです。

アメリカ経済の凋落と1ドル＝360円時代の終わり

しかし、この「1ドル＝360円」時代にも終わりの日がやってきます。それは、**アメリカがこの相場を維持できなくなったということを意味します**。戦後のアメリカドルの価値の源泉は、35ドルが1オンス（約28.35g）の金といつでも交換可能であるとされたことでした。アメリカが保有する大量の金の価値が、すなわちドルの価値だったのです。

しかし、アメリカが1965年ごろからベトナム戦争の泥沼にはまってしまうと、アメリカの財政難が深刻になってしまいます。アメリカは戦争の費用として多くのお金を使い、海外での物資調達や燃料、食料の輸入などにより海外に多くのアメリカドルが流れ出ていきました。

アメリカドルは金といつでも交換可能とされましたから、**ドルの流出は金の海外流出を意味します**。第二次世界大戦直後に世界の金の7割を保有していたアメリカの金の保有量は、ベトナム戦争によって世界の2割強まで低下してしまいました。もはや、アメリカドルの価値を金で維持することはできなくなり、1971年、アメリカのニクソン大統領は金とドルの交換停止を発表します。アメリカドルの額面と固定で結びつけられていた金との関係を断ち切り、金の流出を防ごうとしたのです。

「変動相場制」に移行した日本円とアメリカドル

金とドルの交換が停止されたことにより、当然、ドルの信用は下がり、日本円とドルの関係も変化します。1971年12月、1949年4月から続いた1ドル＝360円時代は終わり、1ドルが308円に切り上げられます。そして、1973年4月からは変動相場制に移行して、現在にいたります。

資源の多くを輸入に頼る一方で、工業製品の輸出が経済の軸となっている日本の経済にとって、為替相場は非常に大きな影響を与えるものです。毎日変動する為替相場にも、このような歴史があったのです。

冷戦時代の米ソ

東西両陣営が構築した同盟関係と対立の歴史

クローズアップ ①表面化したアメリカとソ連の対立

　第二次世界大戦中には連合国として協力関係にあったアメリカとソ連ですが、**第二次世界大戦の末期からは、アメリカとソ連の対立が次第に表面化していきました。**

　終戦を迎え、ソ連を中心とする社会主義国陣営が急速に勢力を拡大すると、アメリカを中心とした資本主義国の陣営は警戒を強めます。この両陣営が対立し、世界中でにらみ合ったことを**冷戦**といいます。米ソ両国は激しく対立したものの、両国の直接戦争にはいたらないという状況を「冷たい戦争」と表現したのです。

クローズアップ ②結束を固める米ソの両陣営

　第二次世界大戦後、ナチス＝ドイツの支配からソ連が「解放」した格好になっている東ヨーロッパ諸国は、ソ連の強い影響を受け、社会主義化が進みました。**東ヨーロッパ以外にも、この時代は西ヨーロッパやその他の多くの国や地域でも、社会主義を求める運動が盛んになっていました。**戦争による物資不足や、戦争で家財を失って困窮した人々は「平等」をかかげる社会主義に期待したのです。

　アメリカ大統領の**トルーマン**は、ソ連の影響が世界に広がりつつある状況を警戒して、ソ連の影響を世界的に「封じ込める」必要性があると訴えました。そして、ソ連の影響力が強まりつつあるギリシアとトルコへの経済支援の表明をして、アメリカ側に引き込もうとしました。このトルーマンのとった「戦術」を**トルーマン＝ドクトリン**といいます。これに続いて、アメリカの国務長官マーシャルがヨーロッパ諸国への経済支援計画である**マーシャル＝プラン**を発表しました。**アメリカの資金を用いて、ソ連の影**

1・2世紀
3・4世紀
5・6世紀
7世紀
8世紀
9世紀
10世紀
11世紀
12世紀
13世紀
14世紀
15世紀
16世紀
17世紀
18世紀
革命
19世紀前半
19世紀後半
帝国
戦間
恐慌
冷戦
グロ

359

響がヨーロッパ全域に及ぶ前にヨーロッパの国々をアメリカ陣営に取り込もうとしたのです。

これに対してソ連は、**コミンフォルム**（共産党情報局）を結成して、アメリカの取り込みに乗せられないように、影響下にある東ヨーロッパ諸国の共産党の結束を固めていきました。

クローズアップ ③冷戦の「第1ラウンド」の舞台となったベルリン

冷戦の中でも、いくつかの衝突や戦争が起きましたが、その第1ラウンドとなったのが、敗戦を迎えて占領状態にあったドイツのベルリンです。ドイツはアメリカ・イギリス・フランス・ソ連の4か国の分割占領を受けました。このうち、アメリカ・イギリス・フランスは資本主義陣営、ソ連が社会主義陣営です。**特に、アメリカ側の占領地であるベルリンの西側地域（西ベルリン）は、ソ連側の占領地にぐるりと囲まれており、ソ連側に浮かぶアメリカ側の「浮き島」のようになってしまっていました。**

このドイツに先に「仕掛け」を行ったのがアメリカ側です。ソ連がドイツ全域の社会主義化を狙っていると見たアメリカ陣営は、**ソ連の影響がドイツ全域に及ぶ前に占領地域の西ドイツと西ベルリンに新しい通貨を発行したのです。**

このアメリカ側の「取り込み策」にソ連は強く反発し、西ベルリンへの鉄道・道路・電気などの遮断をするという**ベルリン封鎖**を行ったのです。西ベルリンには200万人ほどの市民がおり、**ソ連はこの「兵糧攻め」に耐え切れなくなった西ベルリン市民がソ連側につくことを狙ったのです。**

しかし、ここで**アメリカは物量で対抗します。なんと、飛行機で200万人分の物資をベルリンに運び込み、人々を飢えから救ったのです。**この**ベルリン空輸**で、約1年間、ベルリン市民は飢えをしのぐことができ、ソ連は封鎖を解除せざるを得なくなります。

ベルリン封鎖後、ドイツの分裂は決定的なものになり、西ドイツと東ドイツは完全に別々の国になりました。このあと、アメリカは**NATO**（北大

西洋条約機構）という軍事機構を、ソ連側も COMECON（経済相互援助会議）という経済組織を設立して、お互いの陣営を固めていきます。

クローズアップ ④朝鮮を舞台に展開された冷戦の「第2ラウンド」

冷戦の「第2ラウンド」となったのは、朝鮮半島でした。第二次世界大戦前は日本に併合されていた朝鮮半島は、日本の敗北によって北をソ連、南をアメリカに分割占領されてしまいます。1948年、アメリカの支援で南部に**大韓民国**が成立すると、北部にはソ連の支援で**朝鮮民主主義人民共和国**が成立し、朝鮮半島は本格的に分断されることになりました。

1950年、北朝鮮が韓国へ侵攻して**朝鮮戦争**が勃発しました。戦争の最初期は北朝鮮軍が優勢で、韓国は釜山の付近まで後退を余儀なくされました。

しかし、ここでアメリカが本格的に介入に乗り出し、ソ連が欠席していた国連の安全保障理事会でアメリカ軍を主力とする国連軍の参戦が決定されました。アメリカ軍の火力が加わった韓国軍は形勢を一気に逆転し、今度は北朝鮮軍を押し返して、中国の国境まで迫ります。ここで介入をはかったのは中華人民共和国です。「国連軍」という大義名分を持つアメリカ軍との全面対決を避けるため、志願兵という形の「義勇軍」で北朝鮮を支援します。「義勇軍」といっても、50万人を超える大兵力であったため、今度は韓国側が押されてしまい、北緯38度付近で戦争は膠着し、休戦を迎えます（現在も「休戦」状態であり、戦争が終結したわけではありません）。**朝鮮戦争は決着がつかないままに「休戦」を迎えたのですが、冷戦が実際の軍隊が戦う「熱い戦争」に発展したことで米ソの緊張はさらに高まります。**

アメリカ側は、戦争中に日本との講和を進め、主権を回復させると同時に**日米安全保障条約**を結んで日本を同盟関係に引き込みます。オーストラリア・ニュージーランドとは **ANZUS**、東南アジアの国々とも **SEATO** という軍事同盟を結成します。ソ連側も、軍事同盟の**ワルシャワ条約機構**を結成しました。

1・2世紀
3・4世紀
5・6世紀
7世紀
8世紀
9世紀
10世紀
11世紀
12世紀
13世紀
14世紀
15世紀
16世紀
17世紀
18世紀
革命
19世紀前半
19世紀後半
帝国
戦間
恐慌
冷戦
グロ

クローズアップ ⑤突如訪れたスターリンの死と「雪どけ」

こうしてアメリカとソ連による冷戦は、お互いの軍事同盟を結成してにらみ合うというところまでいきました。しかしここで、アメリカとソ連の緊張が意外な形でゆるみます。**そのきっかけになったのが、1953年の、ソ連の指導者であったスターリンの死去です。**

スターリンの後にソ連の指導者となった**フルシチョフ**は、**共産党大会でスターリンのこれまでのありかたを批判し、アメリカとの平和共存をとなえました。**アメリカとソ連の対話のムードが生み出され、雪どけといわれる緊張緩和の状況が生まれました。

クローズアップ ⑥「雪どけ」をめぐる様々な反応

アメリカとソ連の歩み寄りにより、世界ではいろいろな反応が起こります。中国はソ連の方針転換に反発し、中ソ対立が起こりました。この対立は、両国の社会主義の路線の違いや、両国間の長い国境線をめぐる領土問題などで複雑化し、1969年には死者を出す紛争にまで発展しました。

東ヨーロッパの国々では、スターリン批判によりソ連の締め付けがゆるむと期待した民衆の反ソ暴動が起きました。東ドイツでは、西ベルリンを経由しての西ドイツへの亡命が相次ぎました。ソ連はこれらの反応に対しては強い姿勢で臨み、反ソ暴動を鎮圧します。東ドイツ政府は西ベルリンへの流出防止の壁、いわゆるベルリンの壁を建設しました。

西ヨーロッパも、独自の平和のありかたを模索するようになりました。「フランスとドイツを中心として石炭と鉄鋼の共同管理を行うことが、ヨーロッパの平和的な関係構築には不可欠だ」というフランスの外相シューマンの提案に基づき、1952年には石炭と鉄鋼の共同管理を目的とするヨーロッパ石炭鉄鋼共同体（ECSC）が発足し、1958年にはヨーロッパ経済共同体（EEC）とヨーロッパ原子力共同体（EURATOM）が発足しました。1967年にはこれらが統合されたヨーロッパ共同体（EC）が成立しました。

[冷戦時代の中国]

曲折をたどった共産党の「中国」

クローズアップ ⑦内戦に勝利した共産党により成立した中華人民共和国

　第二次世界大戦中、日本と戦っていた中国では、戦後に国民党と共産党が再び対立するようになり、内戦が本格化しました。この内戦では**毛沢東が率いる共産党が農民の支持を得て勝利し**、1949年に**中華人民共和国**が成立します。**敗れた国民党の蒋介石は台湾に逃れ、中華民国政府を維持して対抗します**。こうして、「2つの中国」が存在する状況が生まれました。当時のアメリカや日本は、台湾の中華民国政府を正当な中国政府とみなしました。

クローズアップ ⑧無理な計画が失敗を招いた「大躍進」政策

　社会主義をかかげる中華人民共和国では、**毛沢東**を中心とする政府による計画経済が始まります。その中の「第二次五か年計画」で打ち出された方針が「**大躍進政策**」です。鉄鋼や農産物の大増産を打ち出した無理な計画が「計画倒れ」につながりました。「増産した」という実績をつくるために食べるための分の作物も国庫におさめられたため、膨大な餓死者が発生しました。その不満の矛先は毛沢東に向かっていきました。

クローズアップ ⑨文化大革命の混乱から改革開放路線へ

　「大躍進政策」失敗の批判が毛沢東に向かうと、毛沢東はかえって態度を強め、「**プロレタリア文化大革命**」を発動します。毛沢東が自身の革命理論をふりかざして、批判勢力の一掃をはかったのです。

　この結果、多くの共産党幹部や知識人たちが迫害され、社会は大混乱に陥りました。この文化大革命は1976年の毛沢東の死去まで続きました。その後、鄧小平による改革開放路線がとられ、市場経済へと移行します。

冷戦時代の東南アジア、インド、中東、アフリカ

次々と独立を果たした戦後のアジア諸国

⑩東南アジアの国々の独立

　第二次世界大戦では、**アジアやアフリカを支配していたヨーロッパ諸国や日本が、戦争によって国力を大いに使い果たすことになりました。これは、アジアやアフリカの地域の人々にとっては独立のチャンスになります。**

　大戦中、日本軍の支配下に置かれていたオランダ領のインドネシアでは**スカルノ**が独立を宣言し、1949年に独立を果たしました。

　フランス領であったベトナムは、大戦中は日本軍の支配を受けましたが、日本軍に対する抵抗運動を行っていた**ホー・チ・ミン**が中心となって1945年9月に**ベトナム民主共和国**を樹立しました。旧宗主国であったフランスはこれを認めず、**インドシナ戦争**が勃発します。この戦争はいったん休戦となりますが、今度は**社会主義を志向するベトナム民主共和国の成立を認めないアメリカが介入し**、**ベトナム戦争**が勃発しました。長期にわたる戦争のあと、アメリカは撤退を余儀なくされ、1975年にベトナム民主共和国がベトナム全土を制圧し、これがベトナム社会主義共和国と改称されました。

⑪別々の国として独立することになったインドとパキスタン

　イギリスの支配を受けていたインドも、第二次世界大戦後に独立を達成することができました。このとき、**ガンディーやヒンドゥー教徒を主体とする国民会議派のネルーらは、統一された形でのインドの独立を求めたのに対し、イスラーム教徒によって構成される、ジンナー率いるインド・ムスリム連盟はイスラーム教徒が多数を占めるパキスタンの分離・独立を求めました**。その結果、1947年に**インド**と**パキスタン**は分離して独立することになりました。独立後のインドとパキスタンは北部の国境未画定の地域である**カシミール地方**をめぐって激しく対立しました。

⑫現在にも深い対立を残しているパレスチナ問題の始まり

イギリスとフランスの影響力が強かった中東では、ヨルダンやシリアが独立を果たしました。一方で、パレスチナは、イギリスの統治下にあった時代に入植してきたユダヤ人と、昔から暮らすアラブ人が対立するようになりました。これに対し、1947年にユダヤ人とアラブ人の仲介に入った国連の調停案（**パレスチナ分割案**）が示され、この調停案に基づき、1948年にユダヤ人を中心とする国家である**イスラエル**が建国されました。

しかし、パレスチナ分割案はユダヤ側に有利なものであったため、アラブ人側はこれを不服とします。このユダヤ人とアラブ人の対立が軍事衝突を招き、4度にわたる**中東戦争**が勃発するのです。1973年の第四次中東戦争では、アラブの産油国たちがイスラエルを支援しているとみられた諸国に対して原油価格の引き上げや輸出制限などを行う、いわゆる**石油戦略**を発動したため、世界経済が大きく混乱し、**石油危機（オイルショック）**が起こりました。

⑬アフリカ諸国が次々と独立した「アフリカの年」

ヨーロッパ諸国の植民地となっていたアフリカでは1956年にフランス領であったチュニジアとモロッコが独立し、その後も独立が相次ぎます。17ヵ国もの国々が相次いで独立した1960年は「**アフリカの年**」と呼ばれます。

⑭世界平和を求めて声をあげ始めた新興諸国

アメリカやソ連の対立から距離を置いたアジア、アフリカの新興諸国は、東側でも西側でもない、**第三世界**と呼ばれました。1955年、インドネシアで開催された**アジア＝アフリカ会議**や、1961年にユーゴスラヴィアで開催された**非同盟諸国首脳会議**は、冷戦体制を批判して世界平和を訴える第三世界の存在感を示す機会となりました。しかし、これらの地域の経済はまだ自立しているとはいえず、その影響力も限られたものでした。

冷戦構造の再燃

「雪どけ」のあとも続いた米ソの対立

クローズアップ ⑮ かろうじて回避された全面核戦争の危機

いったんは「雪どけ」といわれたアメリカとソ連ですが、**ミサイル技術の開発競争などにより再び対立が深まり、軍事的な摩擦が生じました。**

1962年には、キューバにミサイル基地を建設しようとするソ連とキューバを海上封鎖しようとしたアメリカとの緊張が高まり、全面核戦争の危機が訪れました。これを**キューバ危機**といいます。この危機はアメリカのケネディ大統領がソ連のフルシチョフにミサイルの撤去を迫り、ソ連が譲歩したため、かろうじて回避されました。

また、アメリカは1965年に社会主義化が進行するベトナム情勢に介入し、**ベトナム戦争**が始まります。しかし、この戦争は長期化してしまい、消耗が激しかったアメリカ軍は引き上げざるを得なくなりました。

クローズアップ ⑯ 低下するアメリカの影響力と「ニクソン＝ショック」

このベトナム戦争は経済的にも、政治的にもアメリカの影響力を大きく低下させるものでした。

当時のアメリカ大統領のニクソンは、2つの「ニクソン＝ショック」を引き起こしました。ひとつは、1971年に**ドルと金の交換停止**を発表したことです。ベトナム戦争中に金の流出が進んだアメリカは、手持ちの金が減り、ドルと金の交換ができなくなる可能性が出てきたのです。**ドルを中心とする国際通貨体制は大きく動揺し、主要国は変動相場制に移りました。**

もうひとつは1972年に**ニクソンが中華人民共和国を電撃訪問し、外交関係を結んだことです。**ベトナム戦争の終結に向けて中国の協力を得ることがひとつの理由とされています。この訪問に衝撃を受けた日本も中華人民共和国との関係改善に向かい、**日中共同声明**が調印されました。

冷戦期の日本

敗戦から立ち直り経済成長を見せた戦後の日本

クローズアップ ⑰「国民主権」が明示された新憲法の成立

　占領期の日本は、GHQの勧告により非軍事化と民主化が進められました。1946年に公布され、1947年に施行された日本国憲法では、**天皇は日本国と日本国民統合の象徴とされ、国民主権や戦争の放棄などが明記されました。**また、農地改革や財閥の解体など、経済の民主化もはかられました。

クローズアップ ⑱冷戦の深まりとともに実現した日本の独立回復

　1950年に朝鮮戦争が勃発すると、日本は国連軍に軍需物資を提供することによって経済が回復しました。冷戦の深まりに応じて、アメリカは日本の独立を回復させ、同盟国とするための平和条約の締結を急ぎました。1951年、**吉田茂**首相らはサンフランシスコ平和条約に調印し、日本の独立回復が実現します。しかしソ連や中華人民共和国との平和条約は結ばれず、ソ連との北方領土問題などは先送りになりました。

　サンフランシスコ平和条約の調印と同時に、日本とアメリカの間には日米安全保障条約が結ばれ、日本周辺の平和と安全の維持を理由に、日本の独立回復後もアメリカ軍が日本に駐留することが認められました。それとともに日本は再軍備に舵をきり、1954年には自衛隊が発足します。

クローズアップ ⑲「雪どけ」の時期に実現したソ連との国交回復

　米ソの「雪どけ」の時期にあたる1956年、**鳩山一郎**首相はモスクワを訪れ、日ソ共同宣言に署名してソ連と国交を回復しました。しかし、領土問題は未解決のままであったため、平和条約の締結は見送られました。ソ連の承認が得られることとなったため、**この年に日本の国際連合への加盟が実現しました。**

1·2世紀
3·4世紀
5·6世紀
7世紀
8世紀
9世紀
10世紀
11世紀
12世紀
13世紀
14世紀
15世紀
16世紀
17世紀
18世紀
革命
19世紀前半
19世紀後半
帝国
戦間
恐慌
冷戦
グロ

367

クローズアップ ⑳ 日本の高度経済成長と東アジアの国々との国交回復

　1950年代から1970年代にかけての日本は、「**高度経済成長**」と呼ばれる急速な経済発展の時代でした。1964年にはアジアで初のオリンピックが東京で開催されました。この経済成長は1973年の石油危機の影響を受け、1974年に経済成長が戦後初のマイナスになるまで続きました。

　1965年には**日韓基本条約**、1972年には**日中共同声明**が締結され、韓国、中華人民共和国との国交正常化も実現しました。日中共同声明の結果、日本は中華人民共和国を唯一の合法政府と認める一方、台湾の中華民国との正式な国交は断絶しました。

　アメリカの占領下にあった奄美や小笠原諸島はそれぞれ1953年、1968年に日本に返還されましたが、沖縄は引き続きアメリカの占領下にありました。1960年代から祖国復帰運動が展開された結果、1971年には**沖縄返還協定**が締結され、翌年には日本への復帰が実現しました。

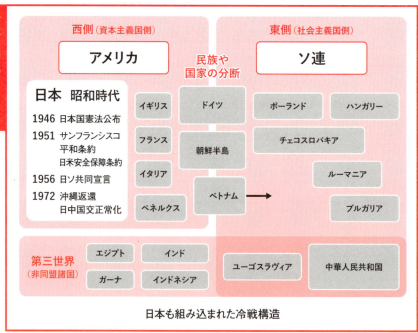

日本も組み込まれた冷戦構造

グローバル化が進む世界

1980~

テクノロジーの発達が促した世界の一体化

~相互に関連し合う世界と日本~

グローバル化が進む世界

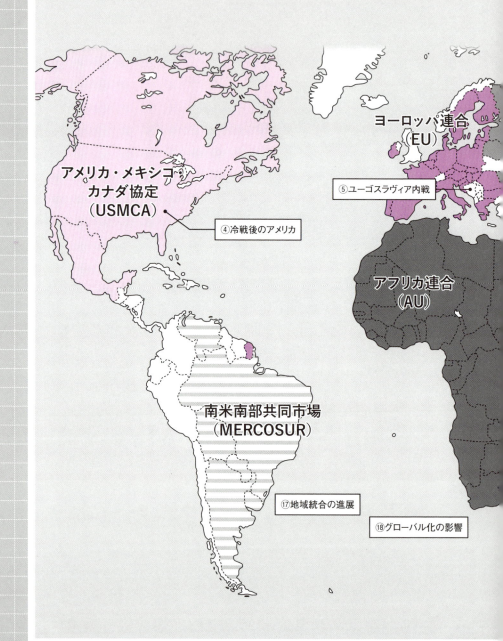

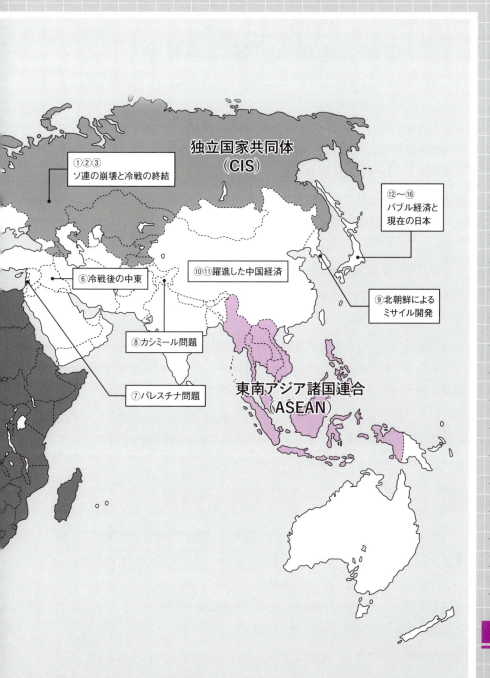

グローバル化が進む時代を読み解く

グローバル化によって「広がる世界」と「狭まる社会」

🔍 グローバル化に大きな役割を果たす情報通信技術

　冷戦後の世界は、交通網や情報通信技術の発達、金融の自由化によって、**お金やモノ、情報が地球規模で動き、世界が一体となるグローバル化が進みました**。現代の世の中では、誰もが海外の商品を通販サイトで買うこともできれば、海外の企業に投資を行うことも可能です。

　このようなグローバル化に大きな役割を果たしているのが、**インターネット**をはじめとする情報通信技術の発達です。インターネットは1960年代のアメリカで軍事技術として原型ができ、日本では大学間ネットワークとして1984年に実験が始まり、1993年に商用サービスが開始されました。

　このインターネットが普及する大きなきっかけになったのは、1995年にマイクロソフトが発売したWindows95です。この製品によってパソコンの利便性が大幅に高まり、一般家庭にもパソコンが普及していきました。通信回線も次第に高速化、常時接続化して利便性が向上し、2007年にはアップルコンピュータ社のスマートフォンであるiPhoneが登場し、手のひらの上で世界中にアクセスできるようになりました。

🔍 グローバル化によって薄れる「国境」の意義

　このような**グローバル化が進むと、次第に国境の意味合いは薄れていきます**。日本に本社があっても製品は海外でつくる、という多国籍企業も多いですし、労働者がよりよい労働条件を求めて国境を越える、ということもよく起こります。EUやASEANなど、国家の枠を越えて人やモノ、お金の移動の自由化を進める地域的な経済統合も進んでいます。人々は容易に世界中の情報にアクセスできますし、世界中の商品を手に入れることもできます。グローバル化によって私たちの世界は国家の枠を飛び越え、大幅

に「広く」なりました。

　しかし、グローバル化には負の側面もあります。1997年に起こった**アジア通貨危機**や2008年に起こった**リーマンショック**など、経済危機の影響はすぐに世界全体に波及しました。2020年には新型コロナウイルスと、それに対する不安が瞬く間に世界に広がりました。また、過激派組織やテロ組織も、インターネットでつながり、国境を越えて活動するようになりました。**世界が一体化しているだけに、その課題も大規模化するのです。**

🔍 インターネットがもたらす社会の分断

　一方で、インターネットは、社会を分断させ、人々の視野を「狭く」させるはたらきをすることも指摘されています。スマートフォンの画面には、本人の好みに合わせたコンテンツが次々と「おすすめ」され、SNSでは、知らず知らずのうちに自分がつながりたい人を「選別」してつながり、その人の言動ばかりが目に入ってくるようになります。

　こうして、インターネットでつながるのは思想や信条、経済的な階層が同じような人ばかりになり、**自分の視野が広がるような多様な意見や、自分とは相いれない意見を目にすることが少なくなります。**また、自分とは違う意見の者をインターネット上で徹底的に攻撃するということもよく起きています。**広くなる「世界」とは逆に、私たちの「社会」はどんどん狭くなっているのかもしれません。**この細分化された社会が、経済的格差や世代間格差の拡大、思想や宗教の細分化や過激化などを招き、社会の分断を加速させているのです。中世に逆戻りしたような迷信や陰謀論が人々に伝播し、「魔女狩り」のような炎上騒ぎもよく目にします。こうした社会の分断は、次第に従来のような「国家」の枠組みを破壊しつつあります。

　こうしてインターネットは、**世界の一体化を進めながらも、その内側では分断を進めている、**という役割を果たしています。15世紀ごろから形成されてきた従来型の「国境」や「国家」という存在そのものが、インターネットによって岐路に立たされているのが、現代の社会なのです。

冷戦後のソ連とアメリカ

ソ連の崩壊と
優位性を失いつつあるアメリカ

クローズアップ ①ソ連の末期に推進された情報公開と改革路線

　1980年代に入ってからも、冷戦と呼ばれる状況は続きましたが、アメリカとソ連の影響力は次第に低下していきました。

　特にソ連では深刻な経済力の低下にみまわれていました。平等な分配が行われるはずの社会主義ですが、政治的な地位によって分配に大きな格差が起き、さらには慢性的な物不足がヤミ取引を活発化させており、経済成長はゼロという事態になっていたのです。

　そうした中、ソ連の書記長に就任したのが**改革（ペレストロイカ）**を推進していった**ゴルバチョフ**です。この書記長の就任直後に起きたのがチェルノブイリ原子力発電所の事故です。この事故の事実がなかなか明るみに出ないというソ連の隠ぺい体質が国際社会から批判されたため、ゴルバチョフは**グラスノスチ（情報公開）**を進めていきます。

クローズアップ ②冷戦の終結と東ヨーロッパの動揺

　ソ連の政策の変更によって米ソ間の関係は大幅に改善され、1989年、米ソの首脳による**マルタ会談**で冷戦の終結が宣言されました。

　ソ連が率先して社会主義体制の見直しをしたことで、**ソ連の強い影響下にあった東ヨーロッパの各国では次々に「ソ連離れ」が起きました。**ポーランドやハンガリーをはじめとした国々では民主化運動が起き、それぞれの国の共産党による独裁体制は次々と崩壊しました。

　ドイツでは、1989年にベルリンの壁は開放され、1990年には東ドイツを西ドイツが吸収する形で**ドイツの統一**が実現しました。1991年にはソ連と東ヨーロッパの国々を結び付けていたCOMECONとワルシャワ条約機構が解体されました。

クローズアップ ③ソ連の崩壊とロシアの周辺に残された民族問題

グラスノスチにより、少しずつながら言論の自由が認められていくと、ソ連を構成する国々でも独立を求める声が上がり始めます。1991年、ついに**ソ連は崩壊**し、15の共和国が成立しました。

ソ連崩壊後のロシア周辺では、民族問題が後を絶ちません。独立を果たしたソ連の構成国のように、自分たちも独立したいと考えるロシア内の民族の存在や、旧ソ連の構成国内で少数派になってしまったロシア人たちの存在が根強い問題となっているからです。2022年から始まったロシアのウクライナ侵攻も、そうした民族問題がひとつの原因になっています。

ソ連がひとつの国として認識されていたときには、国境を意識することなくロシア人が多くの共和国に出入りしたり、居住したりしていたために、**ソ連崩壊後、もとの構成国に少数派としての「ロシア系住民」が残ってしまうのです**。ロシア政府はウクライナを攻撃する理由として、ウクライナでは少数派になっているロシア系住民の「保護」を主張しています。

クローズアップ ④方向性を模索している冷戦後のアメリカ

冷戦の終結は、ソ連側の自滅という性格が強かったため、**アメリカは世界規模で軍を展開できる唯一の超大国として強い影響力を与えました**。それとともに冷戦の「勝者」であるアメリカ合衆国の価値観が「グローバル・スタンダード」として世界に広がりました。すなわち、市場経済のもとで企業や個人が自由に競争し、その自由を基礎とする民主主義体制を必要とするという考え方です。

21世紀に入っても、情報技術産業やグローバル企業の成長など、アメリカは世界をリードしていますが、2008年のリーマンショックの発生や、国内での深刻な格差などにより、これまでの優位性を失ってきています。**アメリカのとるべきスタンスとして、世界に影響を与え続けようとするのか、アメリカの国益を中心にするのか、世界の注目が集まっています**。

冷戦後の世界の課題

今なお残る解決すべき世界の「宿題」

クローズアップ ⑤冷戦後に民族対立が表面化したユーゴスラヴィア内戦

冷戦の終結により、世界平和が実現することが期待されましたが、実際には冷戦が終わったことによる新しい混乱も生まれました。

たとえば、大きな対立構造が存在していた冷戦の時代にはあった「共通の敵」がなくなると、それまで目立たなかった民族対立が表面化するようになり、民族紛争や民族の分離独立の動きが多発したのです。**特に激しい民族対立が起きたのがユーゴスラヴィアです**。多くの民族が連邦をつくっていたユーゴスラヴィアでは東ヨーロッパの民主化運動の影響を受け、それぞれの民族が独立を要求するようになり、激しい内戦が起こりました。

クローズアップ ⑥アメリカが積極的に介入した中東の情勢

特に、冷戦後の世界で注目が集まったのが、中東の情勢です。1990年、石油の利権の確保を狙ったイラクがクウェートに侵攻し、翌年、**湾岸戦争**が起こりました。イラクは1980年から1988年に戦われたイラン＝イラク戦争で莫大な負債を抱えており、石油資源が豊富なクウェートを狙ったのです。これに対してアメリカは1991年に国連のイラク制裁の決議を受けて多国籍軍を組織し、イラク軍を破ってクウェートを解放しました。

2001年9月11日、アメリカでイスラーム過激派による**同時多発テロ**が起きました。これは、中東情勢に介入するアメリカや、アメリカを中心とするグローバル化に対してのイスラームの原理主義者の反発が背景になっていると考えられています。アメリカはこれに対し、テロリストをかくまっていたアフガニスタンのタリバン政権を攻撃しています。

さらに、アメリカは2003年には大量破壊兵器を保有しているとして**イラク戦争**を起こし、イラクのフセイン体制を崩壊させています。

クローズアップ ⑦解決の目途はいまだ立たないパレスチナ問題

　パレスチナ問題は「世界の宿題」として冷戦後も継続し続けています。1993年、ノルウェーの仲介とアメリカの後押しによって、イスラエルとパレスチナ解放機構（PLO）が交渉のテーブルにつき、**パレスチナ暫定自治協定**が成立しました。否定し合っていた両者がお互いの存在を承認し、パレスチナ人によるガザ地区やヨルダン川西岸地区での自治が認められました。

　しかし、その後も**一時的な改善は見られても、再び対立が再燃するという状況が続いています**。2023年にはガザ地区を実効支配しているイスラーム急進派のハマスがイスラエルを奇襲するという事件が起こり、イスラエルがその報復としてガザ地区に侵攻し、戦争状態に陥りました。2024年8月現在、交戦は続いており解決の目途は立っていません。

クローズアップ ⑧今も地図に記される世界最大の「帰属未決定地」

　インドとパキスタンの間の**カシミール**の帰属問題も未解決です。インドとパキスタンの間の領土問題に、1960年代に中国も加わり、問題がさらに複雑化しています。

　近年では2019年にインドがパキスタン内のイスラーム過激派に空爆を行い、2020年に中国とインドの間で紛争が起きるなど、トラブルも多発しています。インド、パキスタン、中国と、関連する国がいずれも核兵器保有国であることも、問題の解決が困難な理由になっています。

クローズアップ ⑨東アジアの安全を脅かす北朝鮮のミサイル開発

　1991年に韓国と北朝鮮が同時に国連に加盟し、南北主脳会談で、両国は将来の統一を目指して平和共存を確認するとする合意書に調印しました。しかし、北朝鮮は独裁体制を維持するために核ミサイルの開発を進め、国際的な非難の声が上がっています。北朝鮮による日本人拉致問題も未解決のまま残されています。

冷戦後の世界で躍進した中国経済

 ⑩「一帯一路」をとなえて世界進出を強化する中国

　1990年代から2010年代にかけて躍進したのが、中国の経済です。1992年に「社会主義市場経済」をかかげた中国は、「世界の工場」として欧米や日本の多くの企業の進出先となり、目覚ましい経済発展をとげました。

　中国国内の企業も、繊維業から重工業、先端技術産業とより付加価値の高い産業が成長し、2010年には国内総生産で世界第2位の経済大国に躍進しました。こうした経済発展を背景に、中国は南シナ海などの海洋進出を強化し、「一帯一路」などの広域経済圏の構想をかかげ、**経済的、軍事的な「一強」であったアメリカに挑戦する存在となっています**。

　しかし、2020年代に入ってからは、かつての「一人っ子政策」の反動の少子高齢化などによって、社会や経済のひずみが目立ってきています。

⑪緊張が続く中国と台湾の関係

　中国とその周辺地域の問題も国際的な注目が集まっています。1997年にはイギリスから香港が、1999年にはポルトガルからマカオが中国に返還されました。中国は返還後の両地域に、返還前の経済体制や政治体制を一定程度認めるという「一国二制度」を適用しましたが、**統制を次第に強めるようになり、それに対する香港の民衆の運動も高まりました**。

　また、中国は台湾の中国への統一を「中華民族の偉大なる復興」の重点と位置づけ、台湾に圧力をかけ続けています。**台湾も、この中国の圧力に対し、現状維持路線をとるのか、中国との融和をはかるのかという意見で揺れており、軍事的な緊張状態が続いています**。また、ウイグルやチベットなどでは、民族の人権侵害も行われているのではないかという国際的な指摘がなされています。

変化する国際社会の中で模索を続ける日本のありかた

クローズアップ ⑫石油危機を受けて発揮された日本の「強み」

　石油危機のあと、いちはやく経済が上向いたのが日本です。石油危機によって、世界全体で「省エネ」を求める傾向が強まったからです。**日本の製造業は小型軽量で、精度の高い製品をつくるのが得意な傾向があり**、省エネを求める人々の間で日本の燃費のよい自動車や、小型軽量の電子機器の需要が高まり、輸出が伸びたのです。

クローズアップ ⑬経済大国4か国に妥協を迫られたプラザ合意

　一方で、1980年代のアメリカは多額の軍事費などによる財政赤字と、日本製品の輸入による貿易赤字の「双子の赤字」に苦しめられていました。世界に強い影響力を持つアメリカの経済が不安定になると、世界全体の経済も不安定になってしまうと危惧されたことから、この赤字の是正を求める声は次第に大きくなりました。

　1985年、アメリカ・イギリス・西ドイツ・フランス、そして日本は、**アメリカの意見を認めるかたちで、（「不当」な円安をあらためて）アメリカのドル高をおさえようということで合意しました**。これを**プラザ合意**といいます。日本は経済大国4か国に妥協を迫られ、大幅な円高に誘導することを認めたのです。その結果、合意前の1ドル240円程度から、2年間で120円程度と、大幅な円高になりました。実質、日本製品は世界市場で倍の値上がりになり、深刻な輸出不振となる「円高不況」が訪れます。

クローズアップ ⑭低金利が生んだバブル経済

　この不況に対し、日本企業は海外に工場を移転し、人件費を抑えることで対処しました（これが、中国や東南アジアの経済発展のひとつのきっか

けになります）。そして、日銀は低金利政策をとって企業にお金を供給しようとしました。その結果、経済は再び上向くのですが、金利の引き下げにより企業のみならず、**誰もが低金利でお金を借りられることから、低金利でお金を借りて、土地や株式や債券などの資産を買い、値が上がったら売って借金を返すという「投機」が日本中で行われるようになってしまいました**。その結果、土地や株価が実際の資産価値以上に高騰するという「**バブル経済**」が進行してしまったのです。

1991年ごろを境に、資産価格や地価の上昇は止まり「バブルがはじけて」しまいました。一気に不景気が広がり企業や金融機関が連鎖倒産し、日本は「失われた20年」と呼ばれる景気低迷の時代に突入しました。

クローズアップ ⑮国際環境の変化で問われる日本の安全保障体制

冷戦後、日本は経済大国の一角として世界平和への貢献が求められるようになりました。1991年の湾岸戦争では海部俊樹内閣が多国籍軍に多額の資金援助を行い、1992年には宮澤喜一内閣のもとで国際平和協力法が成立し、カンボジアで実施されていた国連の**平和維持活動（PKO）**に自衛隊の部隊が初めて派遣されました。

北朝鮮のミサイル開発や中国と台湾との緊張関係など、不安定な東アジア情勢を受け、1990年代から2010年代に、アメリカとの関係強化がはかられました。2014年には集団的自衛権の行使を部分的に容認する憲法解釈の変更に踏み切りました。

クローズアップ ⑯日本が直面する課題

日本を取り巻く国際環境の変化は大きく、国内では少子・高齢化など様々な問題を抱えています。また、日本は豊かな自然に恵まれる一方で、2011年に発生した東日本大震災などの自然災害も多く、災害対応のあるべき姿が議論されています。様々な問題をどう解決し、グローバル化が進む世界の中でどのような役割を果たすのか、考えるべき時がきています。

各地で進む経済的・政治的な統合

⑰存在感を発揮している「国家のまとまり」

　アメリカとソ連の影響力が低下し、冷戦が終わりに向かうころ、世界の国々が独自の協力関係を模索するようになり、国家のまとまり（国家群）が形成されるようになります。

　こうした国家のまとまりの代表が、1993年の**マーストリヒト条約**の発効により成立した**ヨーロッパ連合（EU）**です。EUはそれまでのヨーロッパ共同体（EC）をさらに発展させ、経済だけでなく、司法・警察や外交・安全保障の統合も目指されました。1999年に域内共通通貨の**ユーロ**が導入され、2002年には流通も開始されました。現在、EUの加盟国は北欧や東欧にも拡大しています。

　アメリカ・カナダ・メキシコの3か国は自由貿易を進め、1994年に**北米自由貿易協定（NAFTA）**が締結されました。2020年には当時のアメリカ大統領であったトランプの要請により自由貿易に一定の制限を設けた新協定である**アメリカ・メキシコ・カナダ協定（USMCA）**が結ばれました。

　東南アジアでは、東南アジアの10ヵ国の協力関係からなる**東南アジア諸国連合（ASEAN）**が存在しています。豊富な人口を抱える東南アジアは経済的な「伸びしろ」の多い地域として注目されています。環太平洋地域では、**アジア太平洋経済協力（APEC）**という緩やかな協力関係がつくられています。このほかにも、EUをモデルとする統合を目指すアフリカの**アフリカ連合（AU）**、南米諸国の経済協力を推進する**南米南部共同市場（MERCOSUR）**などの国家群も存在しています。アメリカと西ヨーロッパ諸国を中心とする強力な軍事同盟である**北大西洋条約機構（NATO）**や、産油国の利益を守るために結成された**石油輸出国機構（OPEC）**も国家のまとまりとして存在感を発揮しています。

グローバル化の「負の側面」

グローバル化の一方、世界に広がる「自国優先」の傾向

 ⑱「連帯責任」となる世界の諸問題

　グローバル化や地域の一体化にはよい面もありますが、世界的な環境破壊や、感染症の世界的な拡大などの負の側面もあります。また、グローバル化によって世界の富を集める超富裕層が出現する半面、グローバリズムに「取り残された」人々が貧困に苦しむという構図も表面化しています。

　経済面でも、地域的な経済危機が世界全体に急激に広がり、深刻な影響を与えるケースがしばしば発生しています。国家間で投資をしたり、多国籍企業が増加したりして**国同士の経済が「持ちつ持たれつ」になっているため、ひとつの国や地域の経済危機が世界全体の「連帯責任」になってしまうのです**。1997年にタイを皮切りにして起きたアジア通貨危機や、2008年にアメリカの投資銀行の破綻によって起きたリーマン・ショック、2009年から発生したギリシア経済危機は世界に大きな影響を与えました。

　地域の結びつきが深まったEUでは、経済的に遅れをとっている東ヨーロッパの人々が、「出稼ぎ先」として西ヨーロッパに大量に流れ込んでいます。加えて、アフリカや中東からの労働者も西ヨーロッパに流入しています。西ヨーロッパの国々では、海外から来た労働者に仕事を奪われる懸念や、海外から移住してきた人々に与える福祉によって、自分たちにまで福祉が行き渡らないことへの懸念から、移民を追い出そうという意見が強まりました。そうした懸念が強かった**イギリスは2016年の国民投票でEUからの離脱を決定しました**。他の国でも、**グローバリズムに対して不満を示し、自国の利益を優先する政治家に人気が集まる現象が見られます**。

　グローバル化の負の側面を解消し、持続可能で多様性のある社会を実現するための目標として、2015年の国連サミットで、すべての国が取り組むべきとされる「**持続可能な開発目標（SDGs）**」が採択されました。

おわりに

「社会科好き」の多くは「地図好き」かもしれません。

歴史や地理が好き、という人たちは、「地図を眺めているといつまでたっても見飽きない」「世界史の資料集の地図を見るのが好きだった」とよく言います。本書の背景のひとつには、そうした「地図好きの社会科好き」の感覚を多くの人に味わってもらいたいという思いもあります。

私は2018年に『一度読んだら絶対に忘れない世界史の教科書』を出版しました。世界史を初めて学ぶ方々のために、できるだけ地域ごとに視点を固定して、つながりを理解しやすくした「タテ」方向を重視した本です。この本を出版したあと、「同じ時代の世界の各地域のつながりがわかる『ヨコ』の本も読みたい」「東南アジアやアフリカ、中央ユーラシアなどの地域の歴史も知りたい」というご意見を多くいただきました。

また、2019年に『一度読んだら絶対に忘れない日本史の教科書』を出版させていただいたときにも、「世界史との関連をもっと知りたい」というご意見をいただきました。「日本を含めた各地域の『ヨコ』のつながり」がわかる本書は、そうしたご意見にお応えできる一冊だと思います。

本書を読んだ後には、ぜひ私が執筆した「一度読んだら絶対に忘れない教科書」シリーズの世界史や日本史、地理、そして、『世界史と地理は同時に学べ！』なども手にとっていただけたら嬉しいです。

本書をきっかけに、世界史、日本史という垣根を越え、ひとつの「歴史」という枠組みでの学びの面白さに共感してくれる人がひとりでも多く増えてくれることを願っています。

2024年 9月

山﨑圭一

著者略歴

山﨑圭一（やまさき・けいいち）

元福岡県立高校教諭。1975年、福岡県太宰府市生まれ。早稲田大学教育学部卒業後、埼玉県立高校教諭、福岡県立高校教諭を経る。昔の教え子から「もう一度、先生の世界史の授業を受けたい！」という要望を受け、YouTubeで授業の動画配信を決意。2016年から、200回にわたる「世界史20話プロジェクト」の配信を開始する。現在では、世界史だけでなく、日本史や地理の授業動画も公開しており、これまでに配信した動画は600本以上にのぼる。授業動画の配信を始めると、元教え子だけでなく、たちまち全国の受験生や教育関係者、社会科目の学び直しをしている社会人の間で「わかりやすくて面白い！」と口コミが広がって「神授業」として話題になり、瞬く間に累計再生回数が3,000万回を突破。チャンネル登録者数も14万人を超えている。著書に『一度読んだら絶対に忘れない世界史の教科書』『一度読んだら絶対に忘れない日本史の教科書』『一度読んだら絶対に忘れない世界史の教科書【経済編】』『一度読んだら絶対に忘れない世界史人物事典』『一度読んだら絶対に忘れない地理の教科書』『世界史と地理は同時に学べ！』（以上、小社刊）などがある。

世界史と日本史は同時に学べ！

2024年11月8日　初版第1刷発行
2024年12月19日　初版第3刷発行

著　　者　山﨑圭一
発 行 者　出井貴完
発 行 所　SBクリエイティブ株式会社
　　　　　〒105-0001 東京都港区虎ノ門2-2-1

装　　丁　石川清香（Isshiki）
本文デザイン　松田喬史（Isshiki）
DTP・図版　さかがわまな（Isshiki）
本文地図　金定和沙
特別協力　甘粕遼、院内智隆、上間邦子、加藤友規、兼松秀幸、鴨川高雄、住友翔馬、柘植結佳、徳原正敏、能登大貴、前原健人、守屋貴大サキブ、四倉武士

参考文献リスト
左のQRコードより、本書の執筆に際して参考にした文献を確認することができます。

編集担当　鯨岡純一
印刷・製本　三松堂株式会社

本書をお読みになったご意見・ご感想を下記URL、またはQRコードよりお寄せください。
https://isbn2.sbcr.jp/26426/

落丁本、乱丁本は小社営業部にてお取り替えいたします。定価はカバーに記載されております。
本書の内容に関するご質問等は、小社学芸書籍編集部まで必ず書面にてご連絡いただきますようお願いいたします。
©Keiichi Yamasaki 2024 Printed in Japan
ISBN 978-4-8156-2642-6